レジェンド・オブ・ミュージカル

with 井上芳雄

日経エンタテインメント！編

日経BP

草笛光子

2017年11月7日

写真提供:東宝演劇部

『王様と私』(1966年)

写真提供:東宝演劇部

『ラ・マンチャの男』(1970年)
写真提供:東宝演劇部

宝田 明

2018年2月15日

写真提供：東宝演劇部

『キス・ミー・ケイト』(1966年)
写真提供:東宝演劇部

『マイ・フェア・レディ』（1970年）
写真提供：東宝演劇部

松本白鸚

2018年12月14日

写真提供:東宝演劇部

『王様と私』（1965年）
写真提供：東宝演劇部

『ラ・マンチャの男』(2002年)

鳳蘭

2019年6月23日

写真提供:東宝演劇部

『シカゴ』(1985年)

写真提供:東宝演劇部

『ラ・マンチャの男』(1997年)
写真提供:東宝演劇部

上條恒彦

2019年11月13日

写真提供：東宝演劇部

『屋根の上のヴァイオリン弾き』(1986年)

写真提供:東宝演劇部

『マイ・フェア・レディ』(2005年)
写真提供:東宝演劇部

光枝明彦

2021年1月21日

写真提供:東宝演劇部

『ハムレット』(1972年)
写真提供:東宝演劇部

『グレイ・ガーデンズ』(2009年)

写真提供:東宝演劇部

初風 諄

2022年1月25日

写真提供:東宝演劇部

『エリザベート』(2000年)
写真提供:東宝演劇部

『ウェディング・シンガー』（2008年）
写真提供：東宝演劇部

PART 3　日本のミュージカル事始め

『マイ・フェア・レディ』初演（1963年）の集合写真　写真提供：東宝演劇部

LEGEND
OF MUSICAL
WITH INOUE YOSHIO

はじめに

井上芳雄

過去を知ることは未来を知ること。ミュージカルブームと言われる昨今の状況をありがたく思うたびに、日本のミュージカルの創生期から活躍されてこられた先輩方の情熱に思いを馳せてきました。どのような喜びや困難があって今に至るのか。そして、これからのミュージカルについてどう思われているのか。そこに、現在を乗り越え、未来へとつながる大いなるヒントがあるはずです。

そんな僕の思いから始めさせてもらった企画が、２０１７～22年にかけてシアタークリエで開催したトークショー『レジェンド・オブ・ミュージカル in クリエ』です。草笛光子さんから始まり、宝田明さん、松本白鸚さん、鳳蘭さん、上條恒彦さん、光枝明彦さん、初風諄さんの7人のレジェンドをお迎えして、デビュー当時のエピソードや代表作の舞台裏、ミュージカルへの思いや後進へのメッセージなどを伺いました。この本は、そのときのトークを基にまとめたものです。

振り返ると、何年も前の自分がこれほどの大御所の方々を相手によくホストを務められたと思います。そんな恐れ多いことができたのも、レジェンドの皆さんの懐がとても深かったから。そして皆さん、素敵なユーモアをお持ちでした。お客さまを前にしてのトークとあって、テンションがもう一段上がって、饒《じょう》舌《ぜっ》になられたり、ユーモアの分量が増えたりしたようにも思います。

それに応えて、僕も進行役としてできる限り笑いを交えて、なごやかに進めたいと、せんえつながらレジェンドの方々に突っ込んだり、お客さまに語りかけたりしました。その空気をリアルにお伝えしたく、レジェンドの方々にお許しをいただき、トークの採録では基本的に発言をそのまま載せています。度が過ぎた言葉もあったかもしれませんが、お客さまがいる劇場という温かい空間の中で、レジェンドの深い懐に包まれてのことなので、大目に見ていただけるとありがたいです。

レジェンドの方々のお話で印象に残ったのは、それぞれにテーマともいえる、生きる上での核となるものをお持ちだったこと。草笛さんからは、エピソードの1つひとつからミュージカルへの激しい情熱が伝わってきました。橋を架ける、という言葉が心に残っています。宝田さんは、自分の体験を後世に伝える思いが強かったように感じます。その後、お亡くなりになられたので、残してくださった大切な言葉になりました。白鸚さんからは、とにかく今を大事にしているという信条。鳳さんはとても華のある方ですが、挫折した経験のお話を聞き、そこから努力もされて華を咲かせた人だったのだと知りました。上條さんからは、何回もやった上で、もっとうまくできるんじゃないかという芸への思い。光枝さんにはミュージカルへの純粋な気持ちと、もうひと手間かける自負を教えていただきました。初風さんは1度家庭に入られて、また舞台に戻ってこられた生き方を含めて、愛される力をお持ちでした。それぞれに歩んでこられた人生そのものが、胸を打つお芝居のようで、教えられることや勇気づけられることが多い時間でした。

そんなトークを採録したＰＡＲＴ１「レジェンド・オブ・ミュージカル in クリエ」に続き、ＰＡＲＴ２「トークを終えて　レジェンドに学ぶ」では公演後に僕が感じたレジェンドへの思いを載せています。当時ウェブ（ＮＩＫＫＥＩ ＳＴＹＬＥ エンタメ!チャンネル、現在は休止）に連載していたコラムの記事をそのまま掲載しました。

ＰＡＲＴ３「日本のミュージカル事始め」では、東宝演劇部の宮崎紀夫プロデューサーに日本のミュージカル創生期の話を伺っています。宮崎さんは、１９６３年に日本で初めて上演された本格的なブロードウエイ・ミュージカル『マイ・フェア・レディ』に始まり、２０２３年の『ラ・マンチャの男』に至るまで、ミュージカルの制作に関わっておられます。『レジェンド・オブ・ミュージカル in クリエ』にはアドバイザーとして参加していただきました。宮崎さんはいつもほがらかに僕たち俳優を励ましてくださる、ミュージカル愛にあふれた方です。その経験と知見に基づく、ミュージカル創生期の先人たちについてのお話には、学ぶべきことがたくさん含まれていると思います。貴重な記録となりました。

この本を手に取っていただいているのは、ミュージカルや演劇がお好きな方だと思いますが、初めて知る話がたくさんあることでしょう。レジェンドの方々が初めて話されたこともあると思います。僕自身、活字になったものを読んで、その場では何気なく聞き過ごした言葉を、もう1度よくかみしめたいと思ったり、この先、何年後かに読み返すと、そういうことだったのか、と気づくことがたくさんあるだろうと思ったりもしました。読んだ方にとっても、そんな行き先を照らす道しるべのような本になるとうれしいです。

レジエンドの方々の素敵な言葉が種となり、いつか、どこかで、また新しい芽が生まれてくることを願っています。それがミュージカルの素晴らしい未来につながることを信じながら。

目次

装丁　　　　新井千佳子
本文デザイン　MOTHER

PART 1・3／構成・文
長谷川あや

協力　　　　グランアーツ
『レジェンド・オブ・ミュージカル in クリエ』公演製作
プロデューサー　小嶋麻倫子
制作　　　　　　清水光砂　田中景子　梶原亜沙子
東宝株式会社演劇部

PART1

レジェンド・オブ・ミュージカル in クリエ

レジェンド・オブ・ミュージカル in クリエ

企画
井上芳雄

構成・演出
小林 香

製作
東宝

HOST
井上芳雄

LEGEND

Vol. 1	2017年11月7日	草笛光子
Vol. 2	2018年2月15日	宝田 明
Vol. 3	2018年12月14日	松本白鸚
Vol. 4	2019年6月23日	鳳 蘭
Vol. 5	2019年11月13日	上條恒彦
Vol. 6	2021年1月21日	光枝明彦
Vol. 7	2022年1月25日	初風 諄

劇場
日比谷シアタークリエ

草笛光子

ミュージカルは歌と踊りと芝居の結婚

2017年11月7日

草笛光子（くさぶえ・みつこ）

神奈川県出身。１９５０年松竹歌劇団に入団。松竹大船、東宝を経て数多くの舞台、映画に出演。58年から始まった音楽バラエティー『光子の窓』（日本テレビ）では自ら司会を務め、人気を博す。日本ミュージカル界の草分け的存在で、『ラ・マンチャの男』（70年）、『シカゴ』（83年）の日本初演に参加。映画では『犬神家の一族』『武士の家計簿』などに出演。舞台での活躍も目覚ましく、『私はシャーリー・ヴァレンタイン』（91～96年）、『ロスト・イン・ヨンカーズ』（13年）に出演。受賞歴も多く、『6週間のダンスレッスン』（06年）で読売演劇大賞優秀女優賞、松尾芸能賞大賞、紀伊國屋演劇賞・個人賞などを、『ドライビング・ミス・デイジー』（19年）では毎日芸術賞を受賞。映画では『老後の資金がありません』で日本アカデミー賞・優秀助演女優賞を受賞。１９９９年紫綬褒章、２００５年旭日小綬章を受章。

井上　『レジェンド・オブ・ミュージカル in クリエ』、記念すべき第1回のゲストは草笛《くさぶえ》光子《みつこ》さんです。草笛さんのヒストリーを簡潔にご紹介します。

日本で初めて上演されたブロードウェイ・ミュージカルは、１９６３年の『マイ・フェア・レディ』。東宝株式会社が、東京宝塚劇場で上演しました。草笛さんは、その翌年の１９６４年に、『努力しないで出世する方法』で東宝ミュージカルに初出演。その後も『キス・ミー・ケイト』『ラ・マンチャの男』『王様と私』『ピピン』『ラ・カージュ・オ・フォール』など、たくさんの名作に出演されています。最近では、ここシアタークリエで２００９年に上演された『グレイ・ガーデンズ』で、大竹《おおたけ》しのぶさんと共演され、話題になりました。僕も拝見させていただきました。

ご出身は松竹歌劇団（ＳＫＤ）です。ＳＫＤで歌と踊りとお芝居を勉強され、大スターになります。ＳＫＤ在団中の１９５３年、20歳の時には、松竹映画『純潔革命』で銀幕デビューを飾っています。…『純潔革命』、どんな映画だったんでしょう？（笑）、気になります。そして、１９５４年にＳＫＤを退団。１９５８年からは、全国的に大ヒットしたテレビ番組『光子の窓』で司会を務められます。『光子の窓』は、歌ありコントありの、当時の日本では革新的な本格バラエティショーとして、窓から顔をのぞかせてテーマ曲を歌うオープニングが印象的で、草笛さんは一躍、お茶の間の人気者になりました。

これと並行して、東宝のプロデューサーで、演出家、脚本家としても大御所であられる菊《きく》田《た》一《かず》夫《お》先生に誘われて、東宝ミュージカルに出演するようになりました。そのあたりのことは、後ほど詳しくお聞きしましょう。

テレビや映画、舞台など、あらゆるジャンルで活躍されている草笛さんは、僕がご紹介するまでもなく、ミュージカルの創生期の大スターでもいらっしゃいます。今日、お話を聞かせていただけることは、とても光栄ですし、とてもうれしく思っています。

それでは、『レジェンド・オブ・ミュージカル』第1回のレジェンド、草笛光子さんをお呼びしましょう。草笛さん、どうぞ！　いや、僕が連れに行きます！

井上　本日のレジェンド、草笛光子さんです。今日はどうぞよろしくお願いします。

草笛　こちらこそ。

井上　今日は、本当にお伺いしたいことがいっぱいあって、何からお聞きしようかな。シアタークリエにいらっしゃったのは、『グレイ・ガーデンズ』以来でしょうか。

草笛　そうですね。あれ以来になります。

井上　素晴らしい作品でしたね。

草笛　はい、でも難しかった（笑）。

井上　1幕と2幕で、がらっと話が変わる作品でしたね。

草笛　そうなんです。

井上　草笛さんは、シアタークリエの前身の芸術座にもたくさん出演されています。

草笛　そう。芸術座のこけら落としでは、私、『三番叟《さんばんそう》』（五穀豊穣への祈りを表わすといわれる伝統芸能）を踊ったんですよ。シャンシャンシャンと踊って、パーンとやったら、もうカーテンの向こうへ引っ込んじゃったんです。

井上　引っ込んじゃった（笑）。

草笛　すごく小さい小屋だと思いましてね。

井上　そうか、草笛さんはＳＫＤ出身だから。

草笛　そう、大きなところで育っていましたから、3歩行ったらもう引っ込んじゃって。

井上　（笑）。芸術座は草笛さんには、小さすぎたということですね。

草笛　というか、私、大きさが分からないまま、踊っちゃったんです（笑）。でも、その後もたくさんの作品に出させていただいて、だから思い出もたくさんあります。

井上　今日はそういったお話も出てくると思いますが、まず、この『レジェンド・オブ・ミュージカル』の第1回のゲスト出演のオファーがあったときはどう思われました？

草笛　私は今はもう、あなたみたいに、ミュージカルをやっていませんから、本当にもう。
井上　本当にもうって（笑）。
草笛　あなた、一手にミュージカルを引き受けていらっしゃるでしょう。
井上　そんなことありません。最近は若手がいっぱい出てきて（笑）、あ、またこれ、こいつがやるのか、みたいなことがしょっちゅうあります。
草笛　あなたもお若いほうでしょう？
井上　そうなんですけど、でも最近はミュージカルをやろうという若い人がほんとうにたくさんいるんですよ。時代は変わりました。
草笛　本当にそうね。私の頃はミュージカルの〝ミュー〟もありませんでしたから。
井上　草笛さんは、日本人がミュージカルがどんなものかも分からなかった時代から、ミュージカルに興味を抱いていらっしゃったわけですよね？　最初にミュージカルをご覧になったのは、いつ、どんなきっかけだったのでしょうか。
草笛　１９５５年のニューヨークです。ニューヨークに行くまでは、私、生でミュージカルを見たことがなかったの。
井上　初めて見た生のミュージカルがニューヨーク！　そうか、その頃、まだ日本にはミュージカルはな

かった⁉

草笛　なかったです。

井上　当時ニューヨークに行ける方は、そういらっしゃらなかったと思います。

草笛　まず、映画祭でベネチアへ行ったんですよ。

井上　話がもう素敵すぎます。

草笛　（笑）。ＳＫＤを離れて、まだ間もない頃で、私にとっては初めての海外でした。私が出演した、松竹映画『修禅寺物語』がベネチア国際映画祭に出品されて、松竹の城戸《きど》四郎《しろう》社長がご家族と一緒に連れていってくださったの。１カ月ほどイタリアに滞在し、パリにも行きました。その後、ニューヨークまで足を延ばしたんです。城戸社長が手配してくださいました。

井上　それ以前からミュージカルには興味を持たれていたんですか。

草笛　はい、まだＮＨＫがラジオだけだった頃から興味がありました。

井上　テレビはまだ放映されていなかった。

草笛　はい。でもね、当時はまだ、日本ではミュージカルとは言っていなかったんです。

井上　なんて言っていたんですか。

草笛　歌入りドラマって言うの。

井上　そのままですね（笑）。

草笛　そう（笑）。その歌入りドラマで、森繁《もりしげ》久彌《ひさや》さんと共演したときは、マイクの前で、「初めまして」とご挨拶させていただいて、歌を入れました。

井上　それは生ですか。

草笛　収録です。

井上　お芝居の台詞と歌が1つのドラマの中にあるわけですから、形としては、まさにミュージカルですね。

草笛　ミュージカルって言えるかどうかは分かりません。当時はまだ、歌とお芝居は完全に離れたものとして考えられていましたからね。歌は歌、お芝居はお芝居、でした。今はもう一緒でしょう？

井上　そうですね。歌と芝居のつなぎ目が分からないようにしたいというのが、僕たちが目指すところですが、きっと、その頃は、「はい、ここから歌いますよ」みたいな感じだったのではないかと想像しています。そもそも日本では、まだミュージカルは上演されていなかったんですよね？

草笛　はい。ＮＨＫの資料室で、『オクラホマ！』の譜面を借りて、それを写しました。レコードを借りて、聴きながら、これはどんなシーンかな、どんなふうに歌ったり踊ったりするのかと想像するしかなかったの。

井上　そうか、台本と譜面と音源だけで想像を膨らませる。もう本当に手探りだったんですね。

草笛　ええ、そうなの。ニューヨークへ行って、最初に見たのは、ミュージカル『マリウス』でした。今でもはっきりと覚えています。この間、日本へ来ましたでしょう?

井上　山田《やまだ》洋次《ようじ》さんが脚本・演出を手がけた音楽劇『マリウス』ですね。そのミュージカルバージョンをご覧になった?

草笛　そうです。エツィオ・ピンツァという、世界的なオペラ歌手が出演していました。だから、歌のシーンはとても盛り上がっていました。

　びっくりするような出会いもあったんですよ。ニューヨークに滞在中に、知人が、ミュージカルの作曲を手がけているという方の家に連れていってくれたんです。私、そのとき、前日に見た作品の曲を、ラララーン、ララーン、ララーンと歌ったんですよ。そうしたら、その方、「それ、僕が作った曲だ」って(笑)。私、知らないで、作曲家ご本人の前で歌っちゃったんです。

井上　話のスケールが大きすぎます。しかもそれが初めてのニューヨークとは!　ニューヨークでは、『マリウス』のほかにもいろいろなミュージカルをご覧になったと思いますが、本場でご覧になって、いかがでした?　それまで想像していたものと、実際にニューヨークで見たものとは、やはり違いましたか。

草笛　はい。本当にびっくりしました。ああ、これがミュージカルっていうものかって。それ以来ずっと、年に1度は、ミュージカルを見にブロードウェイに通っていました。

井上　すごいです。今でこそ、日本からも、たくさんの方がブロードウェイに観劇に出かけていますが、当時は、毎年、日本からブロードウェイに行く人なんて、ほとんどいなかったんじゃないかな。

草笛　そうかしら。

井上　今のようには、簡単に海外に行くことはできなかったと思います。

草笛　そうね。だから仕事の間を縫って、1週間、時間が空くと急いでニューヨークに飛ぶの。それで、1日2回、1週間で8本とか9本とか観劇するんです。

井上　僕もそれ、よくやります。楽しいですよね。作品はもちろん、劇場をはしごすることそのものが楽しくて（笑）。

草笛さんが、「ミュージカルをやっていこう」と心を決めたのは、やはりニューヨークでミュージカルを見たことがきっかけだったのでしょうか。

マイクを落とすと「卵を産んだ」

草笛　自分がやりたいというより、日本にはまだこういう文化がなかったから、日本にもこういった文化が来てほしい、ぜひ日本のみなさんにも見てほしいなと思ったんです。

井上　すごいなあ。その頃は、日本人によって日本でミュージカルが上演されるなんて、夢のような話だったんでしょうね。

草笛　そう。だからね、ニューヨークで学校にも通ったんですよ。1週間だけ、聴講生として。ミュージカル・スクール・オブ・ニューヨークという名前だったかしら。どんな人がミュージカルに出ているのかを知りたかったの。私が（学校に）行くと言ったら、小澤《おざわ》征爾《せいじ》さんも、「じゃあ、僕も一緒に行く！」とおっしゃって。彼、一生懸命、勉強していたわ。

井上　小澤さん、お上手でした？

草笛　もう忘れちゃった（笑）。でもね、面白かったですよ、とても。日本では、お芝居だけの方、歌手の方、それからダンサーさんと、当時ははっきりと分かれていました。だから、いったいどんな人がミュージカルに出ているのか興味があったんです。

井上　それで、どんな方がミュージカルに出演されていたんですか。

草笛　とにかくキャラクターが豊富なんですよ。ひょろひょろとした人がいるかと思うと、だぼーって人がいたり。

井上　だぼーって（笑）。でもわかります。そして、ブロードウェイでは、そのだぼーっとした人が、意外と踊れたりするんですよね。

草笛　そうなんです。例えば、先生が、ここにきれいな花があるからそれを体で表現してみようかと言って、ピアノを弾き始めるとするでしょう？　それで、自分が思っていることを順番に表現していくの。

井上　うわあ、僕が1番苦手なやつだ（笑）。ありがちな感じになって、自己嫌悪に陥ってしまうんです…。

草笛　昼間は学校に行き、夜、ショーを見に行くでしょう？　すると、あ、こういう勉強をしたからこういう舞台ができるんだな、って実感できるの。いろいろな国の方がいて、いろいろな背景があって、決して、きれいでかっこいいだけじゃないのね。本当に、みなさん、それぞれの表現をするんです、とても一生懸命に。恥ずかしがることなく、すべて発散していたし、それをとても素敵だなと思いました。こういうふうにしてみんな自由に歌と踊りとお芝居を体の中で結婚させていくんだなと、新鮮に感じました。

井上　素敵な表現ですね。歌と踊りとお芝居の結婚！　学校に通ってそんな気づきも得て、ミュージカルという表現が、ご自分に合っていると実感されたのですね。

草笛　合っているかどうか分からなかったけれど、まだ、外国のもの（のミュージカル）が日本に入ってきていなかったので、菊田ミュージカルに出演することにしたんです。

井上　（1963年に）『マイ・フェア・レディ』が上演される前のお話ですよね。冒頭でもお話しさせていただきましたが、日本初のブロードウェイ・ミュージカルとして、『マイ・フェア・レディ』が上演された翌年、草笛さんは『努力しないで出世する方法』に出演されています。『ハウ・トゥー・サクシード』と名前を変えて、現在も上演されているミュージカルです。

草笛　坂本九《さかもときゅう》ちゃんと共演しました。劇中で、3分キスしたままというシーンもあったんですよ。

井上　3分キスしたまま？　初めて聞きました（笑）。

草笛　そういうふうに（台本に）書いてあるんです。そのときね、私、ちょっとおこがましいんだけど…、その頃、日本でまだミュージカルってほとんど上演されていなかったでしょう？

井上　はい。ようやく『マイ・フェア・レディ』が上演された、その次の年ですからね。

草笛　まだミュージカルに不慣れな日本人が作っているわけです。でも、そのとき、私、音が気になってしまって。

井上　音？

草笛　それでね。ああ、やっぱりちょっと言いにくいわ（笑）。

井上　大丈夫です、1964年の話でしょう（笑）。ほとんどの人は忘れてますよ。

草笛　（笑）。会場は、今はもうない新宿コマ劇場でした。コマ劇場で、ミュージカルを上演するのは、それが初めてだったんです。それでね、舞台稽古のとき、がーっという音しか聞こえてこないんですよ。本来なら、普通に会話をしているのに近い音が欲しいわけでしょう？　でも、慣れていらっしゃらないから、その音が出せないんです。それで私、「すみません、今、マイクを付けないでバンドの方と1曲歌ってみますから、その声に近い音にしていただけますか」とお願いしたの。

井上　コマ劇場で、マイクを付けずに歌われた！

草笛　そうなんです。あの広いところで、（マイクを）付けずに歌いましたよ。喉が痛くて張り裂けそうでした。

井上　それで音響さんは、あ、お客さまにこういうふうに聞こえるようにすればいいのか、と気づくわけですね。

草笛　そうです。マイクを通した音も、これに近い音にしてください、お願いしますという意味で、恥を忍んで生の声で歌いました。

井上　草笛さんはすでにブロードウェイに出かけていて、ブロードウェイの音響を聴かれていて、ミュージカルで求められる音がどういうものだかご存じだった。なんか外国の劇場の音響って、すごく自然なんですよね。好みの違いもあるのかな。日本人は、迫力のある大きい音響を好きな傾向があるみたいで、海外から演出家が来ると、（マイクの音量を）下げろ、下げろと言われることがあります。草笛さんがおっしゃったように、マイクが入っているのか入っていないのか分からないくらいにしてほしいとおっしゃるわけです。

草笛　はい、私もマイクが入っているか、入っていないか分からないくらいの音が素敵だと思うの。

井上　やっぱりそうか。じゃあ、僕、だめだな。なんとか楽をしようと思って、つい、もうちょっと（音を）上げてもらえませんかね、なんて言ってしまいます（笑）。まあとにもかくにも、今の日本の音響さんは、大きくすることも、小さくすることもできますが、1964年当時は、技術が追いついていなかった。いえ、それ以前に、ブロードウェイではどうなのか、ほとんどの人は、知らなかったわけですよね。

草笛　そうです。だから、私、恥を忍んでお願いしたのよ。

井上　きっと、草笛さんをはじめとする、ミュージカル創生期の方々の努力があってこその今の音響だと思います。そしてマイクの進歩もものすごく速い（笑）。

草笛　すごいわね。宝塚劇場で、菊田ミュージカルをやっていた頃のマイクは、小さな懐中電灯くらいの大きさがあったの。それを衣裳の胸のあたりにはさんで舞台に出ていました。

井上　落ちちゃった！　なんてことはないんですか。

草笛　ありますよ！　だから、ちょっとした事故は頻繁にありました。汗をかいて、やけどしてしまったことも（笑）。熱くて痛かったけれど、歯を食いしばって一生懸命、歌って帰ってきたら、やけどをしていたの。舞台上で、マイクを落とすのも日常茶飯事で、マイクをポトンと落とすことを、私たち、「卵を産んだ」なんて言っていたんですよ。

井上　最近のマイクは送信機も小さいし、電気が通ることもありません。技術の進歩ですね。ただ、僕はとても汗かきなので、汗で水没することはあります（笑）。

草笛　今の方は幸せですよ。それに、最近は、日本でもいろいろなミュージカルができるようになって。海外からもいろいろなミュージカルが来るわけでしょう？

井上　来ますよ。いったい誰が頼んだんだっていうくらい、めちゃくちゃ来ます。でもそれは本当に、草笛さんをはじめ、黎明期にミュージカルの舞台に関わっていたみなさんが、電気にしびれたり、卵を産みながら、頑張ってくださったおかげだと思うんです。

話は尽きませんが、草笛さんの代表作と言ってもいい『ラ・マンチャの男』の話も、ぜひお聞きしたいです。草笛さんは、この作品でアルドンサを演じました。

草笛　この役は私の恋人でした。私、ニューヨークで『ラ・マンチャの男』にめぐり逢ったんです。その時、女優を辞めようと思っていたの。そうしたら、「ニューヨークでミュージカルでも見てきなさい」と言われて、1人で、ひょこひょこニューヨークに行ったんです。そのとき、『ラ・マンチャの男』を見てね、こんなミュージカルがあるのかって、ガーンときました。それまで、ミュージカルは明るくて楽しいものだと思っていたので。

井上　ブロードウェイ・ミュージカルは、ハッピーなものが多いですからね。

草笛　そうそう。基本は、踊って歌って幸せ！　でしょう？　でも、『ラ・マンチャの男』はそうじゃなかった。

井上　そうですよね。あの作品は舞台の上も暗いし（笑）。

草笛　はい。暗い中でうごめいているようなイメージでした。ミュージカルなのに、明るくもなければ楽しくもなくて、衣裳もぼろぼろなんです（笑）。でもね、すごく魂を奪われたというか、心に迫るものがあったの。それに、（ヒロインのアルドンサは）強姦までされますし。

井上　アルドンサって、大変な役ですよね。

草笛　とても大変な役です。でもね、ブロードウェイで見たとき、すごいな、これができたらいいなって、心から思ったの。女優をもう辞めようと悩んでいた時期だったのに、日本でこの作品が上演されるなら、ぜひ私がアルドンサをやりたいって思ったんです。ただ、日本でこういった、暗いイメージのミュージカルがはたして受け入れられるか否かについては不安がありました。

井上　初演は１９６９年。帝国劇場でしたね。『ラ・マンチャの男』は、今も定期的に上演されていますが、東宝が、早々に上演権を購入し、上演に踏み切ったのは大英断だったと聞いています。

草笛　主演は歌舞伎俳優の市川染五郎《いちかわそめごろう》（現在の松本白鸚《まつもとはくおう》）さんでした。ただね、私が演じたアルドンサはトリプルキャストでしたから、何がつらかったかって…。

井上　分かります、分かります。

草笛　シングルキャストの方は、毎日、稽古ができるわけです。でもトリプルキャストの俳優は、3日に1回しか稽古の順番が回ってこないの。

井上　日によって、誰が稽古をするか、決まっているんですか。

草笛　日によって、じゃないの。海外の演出家の方が、「スイッチ!」と言うと、そこでほかの方と入れ替わるんです。

井上　じゃあ、なかなか思うように稽古もできず…。

草笛　そう。だから、こんなに緊張して迎えた初日はなかったです。アルドンサ役は、ほかの方の3分の1しかお稽古ができずに、初日を迎えるわけですから、怖くてたまらなかったわ。十分に稽古を積んだ、という感覚が持てないんですから。

見ざる、言わざる、聞かざるが1番

井上　ブロードウェイで衝撃を受けて、「やりたい!」と願った作品だったけれど、実際にやってみたら、やっぱりものすごくご苦労があったという。今では、トリプルキャストやダブルキャストは当たり前のようになってきていますが、当時は…。

草笛　ええ、とても珍しいことでした。

井上　ですよね。僕も実は、ダブルキャストはつらいというのをネタにして飯を食っているみたいなところがあるんですけど（笑）、いや、でも本当につらいところではありますよね。しかも女優さん3人のトリプル！

草笛　だからつらかったんです（笑）。

井上　ハハハ。男優はまだなんかこう、のほほんとしている人が多いですけどね。

草笛　当時、トリプルキャストは珍しかったものですから、新聞にもいろいろ書かれてしまうの。ほら、格闘技でリングに上がった選手って、血を流しても闘い続けるでしょう？　それに近いと思いました。私たち3人がリングの上で、痛い思いをして血を流しているのを見て、みなさん、喜んでいるんだろうなと思うと、それがまた、つらくて。そういうときは、見ざる、言わざる、聞かざるが1番ね。でも、評判とか、どうしても聞こえてきてしまうんですよね。

井上　今だったらもうSNSでいろいろ書かれて大変ですよ（笑）。どっちがいいとか、あっちはどうとか、今日はどうだったとか。

草笛　耳を貸していたら大変です。だから、見ない、言わない、聞かない。

井上　正しいと思います。今のミュージカル俳優も、それ、知っておくべきですね。でも今はなんとなく、みんな仲良くやっています。僕はなかなか仲良くできないんですけど（笑）。

草笛　仲良くしないの？

井上　いや、なんていうか、ダブルキャストとかトリプルキャストになったときは、別にけんかをするわけではないけれど、あまり仲良くはできないんですよね。どうしてもライバルとして見てしまって。

草笛　同じ役柄を演じている人のやることは見ないの？

井上　稽古中は見ます。でも本番は見ません。

草笛　稽古場では見るのね。

井上　見ます。で、すごく落ち込みます。自分のことが嫌に思えて、消えてなくなりたくなります（笑）。草笛さんも、そう思われたこと、ありますか。

草笛　もちろんです。だって私、死のうと思って、死にに行きましたから。

井上　ご著作にも書かれていましたね。それは本気で？

草笛　明日、目が覚めたら自分が存在していなければいいなって思ったの。存在していたくなかったんです。

井上　そんなに苦しかったんですね。

草笛　ブロードウェイのアルドンサを見ているのは、３人の中で私だけだったんです。ブロードウェイのアルドンサの姿を頭に抱いて演じようと思うのだけど、どうしても追いつけないと思ったら、死にたくなっちゃったの。

井上　知っているが故の苦しさですね。僕も、本場で見ているからこそ、こんなものじゃないし、もっとやりたいと思い、焦ってしまいます。そんなんじゃないと言いたくなるんですけど、自分ができない苦しさというのはやはりあります。

草笛　うん。だから向こうのミュージカルを見て、あ、私、これやりたいわ、やる、と言う人と、とてもだめだわ、という、２つのタイプに分かれると思いません？

井上　黒柳《くろやなぎ》徹子《てつこ》さんがそうおっしゃっているのを聞いたことがあります。『マイ・フェア・レディ』を見て、ジュリー・アンドリュースがやっているのを向こうで見ちゃって、これは自分にはできないと思った、と。

草笛　でも、あの方は『ラ・マンチャの男』には一緒に出ていたわよ（編集部注・家政婦役）。

井上　じゃあ、その瞬間はそう思われたということですかね。

『ラ・マンチャの男』は、日本初演以来、（松本）白鸚（当時は市川染五郎）さんがずっとやられていますが、草笛さんがいらっしゃらなかったら、日本で、これほどコンスタントに上演されてはいなかったかもしれませんね。

草笛　どうか分かりませんけどね。

井上　きっと、そうだと思います。

草笛　ただ私はめぐり逢ってしまって、これが本当に大変で。

井上　その、やってみたらとても大変だったというお話が、今、僕にはすごく心に染みます。ブロードウェイで見て、アルドンサ役をやりたくて、実際にやってみたらもうすごく楽しくて、イエイ！　みたいな話よりも、真実味を感じます（笑）。

草笛　そうね。

井上　とてもいいお話を聞かせていただいたので、もうこの流れで僕が、『見果てぬ夢』を歌うの、本当にやめたいんですけど（笑）。

草笛　いえ、ぜひ歌ってください。

井上　…そういう構成になっていますからね。では、歌わせていただきたいと思いますので、草笛さんには少しお休みいただきまして。

草笛　私、ここにいちゃいけないの？

井上　いや、いちゃいけないというか、歌いにくい（笑）。ぜひお休みいただいて、喉を潤されたりなどしてください。

草笛　そう言われればしょうがない。引っ込みます。

井上　いや、そういう…（笑）。

〈退場〉

井上　トークの途中で歌を歌わせていただくというのも、僕自身が言い出しっぺなんです。せっかくなので僕が身を切って歌います、みたいな。
　今日、歌わせていただくのは、『ラ・マンチャの男』のテーマ曲とも言っていい、『見果てぬ夢』です。ただこの曲は本当にテーマが壮大で、僕が歌っていいのか分かりませんが、ただ、もしかしたら、『ラ・マンチャの男』をご存じない方もいらっしゃるかもしれませんし…。そんなわけで、ハードルが高すぎて本当は歌いたくないけど、歌います！

〈歌唱〉

井上　歌い始めてからも、何度もやめようかなって思いました。この曲、何度か歌わせてもらったことがあるのですが、歌うたびに、僕はまだまだだなと思います。テーマが深くて大きいので、何度歌っても、つかめない。でも、タイトルからして、『見果てぬ夢』ですからね、つかめなくていいのかもしれないなと思いながら歌わせていただきました。

では、ここからは、先ほどから何度か名前が出ている、菊田一夫先生の話に移りたいと思います。菊田さんは、東宝の重役であり、プロデューサーであり、作家であり、演出家であるという。ミュージカルを日本に持ってこられた第一人者と言っても過言ではありません。本当にすごい方なんです。

これも少し話題に出ましたが、菊田先生は『マイ・フェア・レディ』が上演される前の帝劇で、日本のオリジナル・ミュージカルの原型ともいえる作品をシリーズで上演されていました。それが「帝劇ミュージカルス」です。この「ス」がなにを意味するのかは僕には分かりませんが（笑）、ミュージカルは、当時、エンタテインメントのジャンルの中でも最先端を行っていたと思うんですよ。その「帝劇ミュージカルス」が「東宝ミュージカル」となり、いろいろなオリジナル作品を創りつつ、『マイ・フェア・レディ』を日本に持ってこられたのが菊田先生でした。先生は半世紀以上前、このような手記を発表されています。朗読させていただきます。

「日本ではミュージカル論議ばかりが華やかで、実際の中身はまだできていないのです。新聞や雑誌の上の名製作者、名演出家、名音楽家はたくさんいるが、本当のミュージカル脚本を提供する本当の実践家はまだいくらもいない。学説よりも、実行を先にいたしましょう。そして後に初めてブロードウェイと比べ、これを追い越しましょう」。

　当時の様子は僕たちにはうかがい知ることができません。でも、菊田先生のご本などを読ませていただく限り、その頃の日本にはミュージカル文化はなかったけれど、（1961年公開の）映画『ウエスト・サイド物語』が大ヒットしたことで、ミュージカルというのはこういうものなんだという議論がたくさん出てきた、と。「東宝ミュージカル」に対する厳しい声もあったと思います。それ以上に、ミュージカルに対する議論が熱かったと聞きました。そのあたりのことも、ぜひ草笛さんにお伺いしたいです。

　それでは、再びご登場されます。草笛光子さんです。

〈登場〉

井上　帽子をお取りになって。

草笛　はい。いけません？

井上　いや、もちろんいいです。髪の毛の色も素敵です。

草笛　いいえ、もうこれはあるときからこうなっちゃったんです。あなたは（白髪）ないの？

井上　あります、あります。このあたりはもう白髪でして、いずれは真っ白になると思うんですって、まあ、その話はいいんですけど（笑）。

草笛　私、真っ白だったのに、また黒いのが出てきちゃったの。

井上　そんなこともあるんですか。

草笛　そう。もっと真っ白だったのに、グレーになっちゃったので困っているの。

井上　人間の体というものは奥深いですね。

　怖いですが伺ってしまいます。僕の『見果てぬ夢』はいかがだったでしょうかね。

草笛　素敵でしたよ。

井上　ありがとうございます。いい歌であることはもちろんですが、何か本当に考えさせられる曲ですよね。

草笛　でも、あの歌が出てくるのは（物語の）最後のほう、あばずれ女であるアルドンサが、ドルシネア姫になってからでしょう？　私は違う歌詞で歌っていましたよ。舞台の片隅に座って、歌い始めるときはもう涙がにじんでしまうんです。

井上　…そんなに思い出のある歌を僕が歌ってしまったという…。申し訳ないです！

　『ラ・マンチャの男』のお話をさせていただきましたが、もう1つお伺いしたくて。こちらの写真になります。

草笛　あ、これ、『ブロードウェイから来た13人の踊り子』？

井上　１９６３年、『マイ・フェア・レディ』の前の年に上演された作品ですよね。菊田先生が、これから日本でミュージカルを創っていこうということで、ブロードウェイの踊り子を13人、呼んだそうですね。

草笛　そう、呼んだの。面白かったですね。

井上　日本でオリジナル作品を創ったんですよね。

草笛　ええ。黛敏郎《まゆずみとしろう》さんが初めてミュージカルの曲を作ったんです。

井上　かなり力を入れて創られた作品だったと聞いています。草笛さんも出演されていたんですけど、すごいんですよ。主要キャストには、草笛さんのほか、喜劇王といわれたエノケン（榎本健一《えのもとけんいち》）さんや高島《たかしま》忠夫《ただお》さん、フランキー堺《さかい》さん、越路吹雪《こしじふぶき》さん、そしてブロードウェイから招いた13人のアクター。なんど総勢１１７名が出演しています。今だったら、とてもギャラを支払い切れないんじゃないかな。映画『ウエスト・サイド物語』に出演されていた方もいらっしゃったそうですね。

草笛　そうなんです。はい。

井上　ジェイ・ノーマンさんと、ジェームズ・ロジャースさんですね。どんな感じだったんですか。

草笛　音に乗って踊り始めると、本当にすごいの。ただね、あちらの方は、振りを覚えるのが遅いんです。

大丈夫かな？ 本番、と思うのに、いざ本番となると、余裕たっぷりに踊るの。役を膨らませるみたいに。だから、私のほうを見てウインクしたり余計な動きが増えているわけ（笑）。

井上　つまり、ただ踊るだけじゃなくて表現になっているわけですね。

草笛　うん。ちゃんと膨らませて出てくるのね。びっくりしちゃいました。

井上　それがブロードウェイのアクターの特徴なんでしょうね。その後、その13人のダンサーは『マイ・フェア・レディ』の初演に出たと聞いています。

草笛　そうでしたっけ。

井上　そうです。この『レジェンド・オブ・ミュージカル』は、本日もいらしている東宝の宮崎《みやざき》紀夫《のりお》プロデューサーに、アドバイザーとして入ってもらっています。宮崎プロデューサーは、『マイ・フェア・レディ』初演のときには、すでに演出部にいらっしゃって。

草笛　そう。長いのよ、あの方。

井上　何歳なんだ、この方は、と僕も思ったのですが（笑）、今回は宮崎プロデューサーがいろいろな情報をくださって、これも宮崎さんに教えてもらった情報です。ところで、菊田先生というのはどのような方だったんですか。

草笛　とても話しやすい方です。それで、かわいいの。

井上　かわいい？　ちょびひげが、ですか？（笑）。チャップリンみたいで確かにかわいいです。

菊田一夫先生からかけられた言葉

草笛　あるときね、「今、台本を書いてるんだけど、君の役もあるからね。来月、2本、出るからね」とおっしゃるの。しばらくして、「ごめん。片方は、なくなっちゃったんだよ。でも、2本立てのうち1本は出るからね」って。私、ぷっとなるわよね。

井上　なりますよ、それはなります。

草笛　そうしたら、おごるからと言って、帝国ホテルでごちそうしてくれるの。それでおしまい（笑）。

井上　かわいいですね、それは（笑）。でもそれで納得させられちゃうんですか、草笛さん。

草笛　しょうがないでしょう。

菊田先生は、私が毎年のようにニューヨークにミュージカルを見に行っていることをご存じで、時々、歌を挿入するタイミングなどのご相談を受けていたんです。あるとき、先生が「テレビ用にミュージカルを書いてるんだけど、明日、書き上げて、振りを付けて、すぐ本番。それに出てほしい」と言うんです。ですから私、びっくりして「先生、ミュージカルってそんなに簡単にできるものじゃないですよ」と申し上げたんですよ。

井上　そうか、書き終えれば、すぐできると思ってらっしゃったんですね。
草笛　そんなのできませんというと、先生は、いや、やるんだよ、やってくれとおっしゃるんです。何度かそんなやりとりをして、それでも私が折れないと、先生は「干すからな」とおっしゃって、私、実際に干されました。
井上　今、面白い落語を聴いているみたいな感じになっていますけど、本当に干されたんですか。
草笛　はい。干すからな、と言うから、はい、いいですと。
井上　人を干すときに、わざわざ干すからなって言うんですね。
草笛　そう。それで、干されて1カ月たったかたたないかのうちに、「飯食おうか」って電話が入るわけ。
井上　ハハハ。
草笛　それで食事をしながら、そろそろいいだろう、と。私もしょうがないから、はい、と言って戻るわけ。だからわだかまりもどこかに行っちゃうの。恨もうと思っても恨めないの。
井上　憎めない人だという話はよく聞いていましたが、そういう方だったんですね。そして、一生懸命ミュージカルに力を注いでいらっしゃった。干されたこともあったけれど、草笛さんは、やはりかわいがられていらっしゃったんですね。
草笛　かわいがられたかどうか分からないですけど、どなたかの代役を、お前やれ、という話はたびたびありました。

井上　それだけ信頼があった。

草笛　私はほかの稽古があるから嫌だと言ってね。

井上　そんなこと言ったら、また干されますよ。

草笛　干されなかったわ（笑）。先生があんまり言うものですから、私、嫌、と言って泣いちゃったこともあるのよ。次にもう芸術座の『赤と黒』が入っているからできないと言ったら、先生、トイレに行ってしまって、しばらくして戻ってきたら、こんなことをおっしゃったの。「あのな、俺は猿回し。お前さんは猿回しの猿だ」って。

井上　女優になんてことを言うんだ（笑）。

草笛　そう。「だから猿は猿回しの言うことを聞くんだぞ」と。

井上　トイレでその文句を考えたんですね（笑）。

草笛　だから私、吹きそうになっちゃったんですよ。トイレに行って、菊田先生が、お前は猿で俺は猿回しだから言うことを聞くんだぞって、それだけを考えて戻ってきたんだと思ったら、ブーッと吹きそうになっちゃったんです。吹いたら悪いから我慢しましたけれど。でもね、なんてことを言うんだ、先生は、と思いながら、いい、やります、と言って、その代役を引き受けたの。台詞は3日間で覚えたわ。だって、おかしいじゃない。ちょっとトイレへ行って出てきたと思ったら、先生は突然猿回しになっていて、私は猿になっちゃったのよ。

井上　それで説得できると思ったところがすごいですね。そして、実際に説得されてしまった（笑）。やはり素晴らしい脚本家でもあった（笑）。

草笛　こっちもはいって言わされちゃったわけだものね。

井上　人間力ですよね、きっと草笛さんが女優さんとして素晴らしかったというか、それだけ信頼が大きかったのでしょう。ミュージカル女優としても、僕が思うに当時、歌と踊りと芝居、三拍子そろった人ってほとんどいなかったんじゃないかなって。

草笛　いや、そんなことないでしょう。ほら、宝塚とか松竹とかみんなも、３つともやりますから。私、これを三重苦と言っているの。

井上　どういうことですか。

草笛　歌と芝居と踊り。この３つを、同時にやっていくのはなかなか苦しいですよ。レッスン、レッスン、レッスンになって、だから三重苦。

井上　あ、何かすごく苦しくなってきた（笑）。

草笛　ね。あなたも三重苦でしょう。

井上　僕、そんな立派に三重苦は背負ってないですけど、たしかにそうですね。ミュージカルって、苦しいぶん、お客さまに見ていただいたときに、その苦しさが、みなさんの楽しみというか、喜びに変わればいいと思ってやっているんですよね。僕は三拍子そろっているミュージカル女優の先駆けが草笛さんだと思っているんですよ。菊田先生もそれを見込んで、いろいろなミュージカルに草笛さんを使われたんだと思うんです。

　どんどん時間が過ぎていくので、次の作品に行きます。次の作品はこちらです。『王様と私』。こちらも今も上演されている作品で、同作で草笛さんは、家庭教師のアンナを演じられました。このタイミングで、日本においてアメリカ演劇（ミュージカル）の発展に貢献した功績が認められ、１９７３年の第27回トニー賞で、東宝株式会社は国際特別賞を受賞しています。

草笛　そんなこともありましたね。

井上　その授賞式で染五郎さんと草笛さんによる、『シャル・ウィ・ダンス？』の映像を流したと聞いています。

草笛　そんなことやった？　先に映像だったのね。

井上　覚えてらっしゃいませんか？　草笛さんが実際にアンナを演じる前に、トニー賞のための撮影が行われたと、資料に書いてありました。

草笛　お話をさせていただいているうちに、思い出してきました（笑）。この作品って、小さな子がたくさん出演するでしょう？　みんな「アンナ先生」と呼んで慕ってくれて。それでね、私、ある子から結婚を申し込まれたんです。

井上　子役に、ですか？

草笛　そう。本番中、暗闇の中でささやくの（笑）。「アンナ先生、アンナ先生、僕、先生と結婚したいの」って。でもどの子が言ったのか分からなくて。私はどうしていいか分からなかったわ。

井上　すごい。なかなかやりますね、その子。

草笛　それから、２～３日たって、今度は、「先生、先生」と言って、私を引っ張るんです。「僕、先生と結婚したいの、この指輪を買ってくるからね」って。劇中で、王様が亡くなるとき、アンナは王様から指輪をもらって泣くんです。その子、指輪をあげれば、私が結婚してくれると思ったらしくて、本当に指輪を買ってきたのよ（笑）。

井上　かわいいですけど末恐ろしいですね。今はどうしていらっしゃるんだろう（笑）。

草笛　ある噺家《はなしか》さんの坊ちゃんでした（笑）。

井上　なるほど（笑）。ところで、こちらにあるのが、そのとき、トニー賞でいただいたトロフィーだそうです。

草笛　これ？

井上　たやすく触っていいものか分かりませんが、トロフィーというより、お菓子を入れる入れ物のようにも見えますね。

草笛　菊田先生、うれしかったでしょうね。

井上　そう思います。ただ、その頃、菊田先生は体調を崩されていて、現地での授賞式には参加できなかったそうなんです。

　ところで、草笛さんは、長くブロードウェイに通われていますが、ブロードウェイの舞台に立とうと思われたことはないんですか。

草笛　ハハハ。言われたこともありましたよ。菊田先生が、『風と共に去りぬ』を持ってきたでしょう。著作権者であるイングリッド・バーグマンのエージェントでもあるケイ・ブラウン女史から、権利を引き継いだんです。そのとき、彼女に、「光子ね、日本へ帰ったら英語を習いなさい」と言われたの。でもね、私、英語だめなのよ。

井上　何度もニューヨークへ行ってらっしゃったけど、英語は…。

草笛　しゃべらないで帰ってきちゃった（笑）。

井上　逆にすごいです！（笑）

草笛　もう堂々と日本語で（笑）。ケイ・ブラウン女史には、あなたが英語をマスターしたら、今すぐにでもあなたをブロードウェイの舞台に立たせてあげられるわと言われていたんです。

井上　うわ、すごく惜しいことを。

草笛　だけど私、やっぱり英語はだめだったの。それに、ブロードウェイのミュージカルの匂いとか、そういったものを日本に伝えるというのが私の生き方なんです。

井上　ちょっと言い方は悪いですけど、運び屋みたいなことですね（笑）。でも、とてもよく分かります。草笛さんは、雰囲気とかニュアンスとか、言葉にできない感覚を、日本に運んでくださったのだと思います。

草笛　そうだといいのですけれど。

井上　いや、絶対に運んでいます！

　もう少し『王様と私』の話をさせていただくと、先ほど話題に出た、宮﨑プロデューサーが、劇中のある台詞をぜひ皆さんにお聞かせしたいと言っておりまして。ご存じの方はたくさんいらっしゃると思いますが、当時ミュージカル作りに励んだ人々の心に深く響いたという台詞です。恐れ多いのですが、今日は僕が読ませていただきます。病床の王様がイギリスに帰るアンナに宛ててしたためた手紙です。

　「余はここに横になったまま、たぶんあの世に参るであろう。そちが余にはないと申した心臓が痛むのだ。人間が死ぬことも悪いことではないような気がする。なぜなら人間にとって1番大切なのは、いかに生きてその最善を尽くしたかということにあるからだ」

草笛　日本で『王様と私』の公演が終わった後、ブロードウェイに飛んでいったの。ちょうどブロードウエイでも、『王様と私』が上演されていて、（王様役で）ユル・ブリンナーさんが出演していたんです。

井上　またニューヨークに行かれた（笑）。

草笛　舞台袖で、ちょうど今の台詞のシーンも見ていたの。英語は苦手だけれど、自分が出演した作品だから、だいたい言い分かるじゃない？　それで、さあフィナーレというときに、ブリンナーが袖に戻ってきて、「ちょっと後ろを向いていて」と言うので、言われたとおりに後ろを向いたんです。何かと思ったら、パンツをはき替えていたのよ。

井上　ユル・ブリンナーにも恥じらいはあるわけですね（笑）。

草笛　そうみたい。端っこで、一瞬で着替えていたわ。そのとき、ブリンナーの顔を見たら、ほんの5ミリ程度、額のちょうど真ん中のところにすーっと白い線のようなものがあるんです。

井上　それはメークみたいなものですか？

草笛　そうね。すーっとこうやって白い線が入っているんです。近くにいた人に、「あれはなんなんですか」と聞いたら、隠し味なんですって？

井上　隠し味？

草笛　そうすることで、王様の顔に険《けん》ができるのね。ブロードウェイの方は、本当にメークが上手だと感心しました。

井上　じゃあ、僕がもし王様をやらせてもらうときには参考にさせていただきます！　予定はまったくありませんが（笑）。そういえば、草笛さんも、『シカゴ』でロキシー役をやられていたとき、ちょっと変わったメークをされたとおっしゃっていましたよね。

草笛　海外から来ていた演出家に言われたとおりにメークすると、ピエロのようになってしまうの。でも、そのメークが、舞台に立つと、とてもあどけなく見えるんです。「ロキシーのメークは天使の顔のよう」と言われていた意味がよく分かりました。ロキシーは殺人を犯した女だけれど、ときに少女のようにも無垢に見えることも必要なんだなと実感したものです。

井上　役の説得力にもつながってきますね。

草笛　夫を殺しちゃったけど、天真爛漫に、歌ったり、踊ったりするのがいいみたい（笑）。

井上　じゃあ、もし次にロキシーをやるときはぜひ参考に、って、いや、やる予定はないんですけれども（笑）。それにしても、今日だけでは、聞ききれないな。草笛さんには、お伺いしたいお話が本当にたくさんあって。

草笛　いいわよ、死ぬ前にしゃべってあげる。

井上　死ぬ前に（笑）。では、1ついいですか。僕、草笛さんがご著作に書かれていた、ミュージカルの舞台に立つ際に大切にされているということが、とても印象に残っているんです。

草笛　何かしら？

井上　（笑）。読ませていただきますね。

「歌を踊れ。踊りを歌え。踊りを演技しろ。演技を踊れ。歌を演技しろ。演技を歌え」。

草笛　私、そんなこと書いた？

井上　書いていました。あれ、ゴーストライターですか？（笑）

芝居を歌えとか、歌を芝居しろというのは聞いたことがありますけど、全部なんですね。

草笛　そう。先ほども少しお話しさせていただいたけれど、歌とお芝居を体の中で結婚させて、混ぜちゃうんです。

井上　そこが1番大事で、でも、1番難しいところですよね。

草笛　難しいけれども、それがうまくいくとね、あなた、分かるでしょう。

井上　分かります、分かります。

草笛　ミュージカルの醍醐味《だいごみ》よね。

井上　時々、離婚していることがありますもんね。
草笛　え？
井上　あるじゃないですか、あの人、離婚しているなってときが。すみません、口が悪くて（笑）。僕もとても大事なことだと思っていました。だから、草笛さんも同じことを思われていたのだと知って、うれしいです。そして、そのことを、「橋を架ける」ともおっしゃっていましたね。
草笛　ああ、橋ね。台詞から歌に移行するとき、区切りを付けないようにいくのが、ミュージカルの醍醐味だと思いません？　それを、私は「橋を架ける」と表現しています。
井上　分かります。
草笛　台詞を歌にスムーズに持っていけたときは、自分でもぞっとしない？　ラララ、シャル・ウィ・ダンス～、なんて（笑）。
井上　分かります。日常生活では、どんなにうれしくても、いきなり歌い出すことは、まずありません。それが自然に、むしろ歌うほうが自然じゃないかと思いながらやれるときの喜びといったら！　オーケストラも、いいオーケストラは、音楽もふわっと自然に入ってきます。
草笛　ねえ。それこそ、ミュージカルの醍醐味だし、ミュージカルの演者が最もやりがいを感じる部分の1つではないかしら。

井上　本当にそう思います。それを見てくださったお客さまにも喜んでもらえたら、こんなにうれしいことはありません。後輩たちにきつく言っておきますね、「橋を架ける」んだぞって。

　では、次の質問、いかせていただきます。音楽的に衝撃を受けた作品はありますか。出演されたミュージカルでも、ご覧になったミュージカルでも構いません。

ミュージカルが好きな人がやらないとだめ

草笛　出演したことはありませんが、（アンドリュー・）ロイド・ウェバーの曲は好きですね。

井上　僕も大好きです！　最初に聴かれたときはびっくりされませんでした？　ロイド・ウェバーの楽曲は、思わぬところに音がいきますから。

草笛　最初に『キャッツ』の曲を聴いたときは陶然《とうぜん》としましたね。

井上　それまでのミュージカルの音楽とはやはり違う匂いを感じられた？

草笛　変転（変調・転調）がたくさんあることに、まず驚きました。どちらかというと、オペラに近いんですよね。

井上　ロイド・ウェバー作品で、出演されたいものってあったりします？

草笛　『サンセット大通り』のノーマ・デズモンド！　あれはやりたいですね。ノーマを演じるには、私は年齢的に上をいってしまっているけれど、老女優の役ですから、私が演じてもいいんじゃないかしら。

井上　いいじゃないですか！　じゃあ僕、今からプロデューサーに電話しますから、僕は何か若者の役で（笑）。

草笛　若い作家のジョー（・ギリス）役ね。

井上　今日は1つ仕事が決まりましたね（笑）。

草笛　見に行ったとき、おいおい泣いちゃった。

井上　気持ちが分かる…？

草笛　ええ、老女優の話ですから。

井上　うーん、なかなかリアクションしづらいなあ（笑）。それにしても、ミュージカルって、時代時代で衝撃的な作品が出てきますよね。『ラ・マンチャの男』もそうですし、最近は、『ハミルトン』というラップを使ったミュージカルも出てきました。ご覧になりました？

草笛　（チケットが）取れなかったの。

井上　僕は人のお金で見させてもらったのですが（笑）、ミュージカルの作りとしては、オーソドックスな形態をとっているんです。ただ、音楽がものすごく新しいんですよ。

草笛　新しい？

井上　ラップなんです。だから、通常のミュージカルの楽曲の、３倍の量の情報量が入っていると聞きました。ミュージカルって、どんどん更新されていますよね。

　では、これが今日、最後のお写真です。こちらが、冒頭で難しいとおっしゃっていた、『グレイ・ガーデンズ』です。あと僕、『６週間のダンスレッスン』が大好きなんですよ！　あれも２人芝居ですよね。

草笛　ありがとうございます。来年（２０１８年）またやりますよ！

　あなたも最近、２人きりのがあったでしょう？

井上　はい、今も２人きりのミュージカルに出演中です（『ダディ・ロング・レッグズ』）。僕も、結構２人きりの作品、好きなんですよ。

草笛　でも、大変でもあるわよね。ずっと出て、相手役の台詞も覚えてなきゃいけないし。

井上　僕は相手の台詞を覚える余裕はないかな（笑）。しかも、『６週間のダンスレッスン』は、踊られますよね？

草笛　６曲踊ります。

井上　本当にすごいんです！　みなさん、絶対に見たほうがいいです。

草笛　今回で最後かなと思っていますけど、なんとか踊ろうと思っています（笑）。

井上　楽しみにしています。

今日は、本当にいろいろなお話を聞かせていただいて。

草笛　恥ずかしいです。だって、私、化石みたいなものでしょう。

井上　まだ生きて動いていらっしゃいますから、化石じゃございません（笑）。

そして、最後にもう1つぜひ聞かせていただきたいのですが、草笛さんが今、日本のミュージカルについて思われていることをお伺いしたいです。日本では、今でこそ、たくさんのミュージカルが上演されていますが、草笛さんは、ミュージカルという文化が日本にまだない頃から、情熱を持ってやられていて、日本におけるミュージカルの礎をつくられた1人だと思うんです。そんな草笛さんが、今の日本のミュージカル界をご覧になって、何か思われることはあるでしょうか。

草笛　あの頃は、ミュージカルなんて言い出そうものなら、畳があり、障子があるところで、なんで歌ったり踊ったりする必要があるんだとはよく言われていました。

井上　できるはずないじゃないかという。

草笛　そう、日本でそんなものはできるはずがないって。でも今では、ブロードウェイやウエストエンドと同じセットを組んで、上演できるわけでしょう？

井上　そうです。

草笛　もちろん向こうのものだから向こうのセットじゃなきゃね、ここを畳にするわけにはいかない（笑）。

井上　擦れちゃって大変ですよ、きっと（笑）。

今は、日本で上演されている舞台は、ストレートプレイよりも、ミュージカルのほうが割合が多いように思います。

草笛　利益も（ミュージカルのほうが）大きいですからね。

井上　そして、お金もかかるという（笑）。ちなみに、日本から世界に発信するミュージカルを創りたいという思いは、ミュージカルに出演され始めた当初から抱いていらっしゃいました？

草笛　菊田先生もおっしゃっていましたし、最初から夢見ていました。ブロードウェイではこれだけたくさんの作品が製作されているのに、日本ではなぜできないのだろうかと不思議に思っていました。それで、（ブロードウェイの）学校に通っているときに、『蝶々夫人』をなんとかミュージカルにできないか、日本に戻ったら進言してみてほしいと言われたの。

井上　オペラじゃなくて、ミュージカルとして？

草笛　そう、それで黛敏郎さんにシノプシスを創ってくれるようにお願いしたんです。でも、あまり乗り気ではなかったみたいで、それきりでした。

井上　実現はしなかった。

草笛　あれは、オペラだからいいんでしょうね、きっと。

井上　それは残念でしたね。僕も日本人がやる日本のミュージカルについては、ずっと考え続けています。日本にもミュージカルを愛してくださる方がたくさんいてくださるし、日本人にもきっとできると思うんです。あと、必要なものは何かなって。

草笛　やはりプロデューサーであり、それから書く方、でしょうか。

井上　企画をする人、そして、創る人。

草笛　あと、作曲家ね。ミュージカルって、終演後に送り出しの音楽を演奏するでしょう？　そのときに口ずさめるような、いつの間にかメロディーが頭に焼きついている楽曲がある作品はヒットしますね。

井上　肝に銘じておこうと思います！

草笛　どんどんなさって。あなたがなさらなきゃだめよ。

井上　もちろんです。僕もやりたいとは思っています！　そして、草笛さん、今度ぜひミュージカルで共演しましょう。先ほど話に出た、『サンセット大通り』とか、いかがでしょう？

草笛　いや、私はもう化石ですから（笑）。

井上　またまた（笑）。今日お話を聞かせていただいて、草笛さんをはじめ、日本におけるミュージカルの創生期に、ミュージカルに関わっていた方の情熱は本当にすごいなって、改めて痛感しました。草笛さんの言葉の節々から、「ミュージカルって、ミュージカルが好きな人がやらないとだめよ」というメッセージが伝わってきて、特に刺さりました。当たり前と言えば当たり前ですよね。

草笛　私だって、好きじゃなきゃやりませんよ。大変ですから。

井上　はい、その思いをひしひしと感じましたし（笑）、本当にそうやってこられたんだなと改めて思いました。そして、草笛さんの「好き」という気持ちは、きっと当時のほかのどの方にも負けていなかったんだろうなとも感じました。

草笛　いやいや、私はもう…（笑）。でもね、たとえば音楽がふっと流れると、体がこう動いてしまうの。

井上　草笛さんには、やはりミュージカル的な表現が合ってらっしゃる。最近では、日本でも歌ったり踊ったりすることが浸透してきていて、そういう方も増えていますが、草笛さんはまさにその草分け的な存在だと思います。

草笛　最近は、ミュージカルができる役者さんがそろっているし、演者の方の水準も上がっているでしょう？　今ならなんだってできるのではないかしら（笑）。

井上　いえ、今日は「橋を架ける」ことをはじめ、肝に銘じておきたい貴重なお話をたくさん伺うことができました。僕も、自分の中身を充実させて頑張っていきますので、ぜひこれからもお力をお貸しください。

　草笛さんは今日、こうやってお話をされていかがでしたか。実は、もうお話をスタートしてから、1時間40分ぐらいたっています（笑）。

草笛 そんなに話しちゃいました？

井上 完全に予定をオーバーしています（笑）。

草笛 私はあなたと舞台に立つのは今日が初めてで。そもそもお仕事でご一緒したこと自体、初めてなのよね。

井上 そうなんです。一か八か、オファーさせていただいたのですが、お引き受けいただいて良かったです（笑）。

草笛 どうなることかとどきどきしていたのですが、以前、お会いしたとき、すごく話しやすくて、真っすぐな方だなという印象があったんです。

井上 ああ、よく言われます（笑）。

草笛 だから今日はもう安心してお任せしてました。

井上 楽しんでいただけました？

草笛 ええ。

井上 本当にすごい時間だったなと思います。ミュージカルを志す若い方に後々知ってもらえればうれしいですね。

草笛　あなたは偉いわ、本当に（笑）。

井上　それもよく言われます（笑）。またぜひお話を聞かせてください。楽しみにしています。

草笛　元気でいればね（笑）。

宝田 明

大切なのは、稽古でいかに汗をかくか

2018年2月15日

宝田 明（たからだ・あきら）

旧満州ハルピン出身。１９５４年第6期東宝ニューフェイスとして、『かくて自由の鐘は鳴る』でデビュー。『ゴジラ』、『美貌の都』、『大学生』シリーズ、『香港の夜』シリーズ、『放浪記』などの文学作品、『あげまん』『ミンボーの女』などの伊丹十三作品に出演。映画出演本数は１３０本を超える。64年『アニーよ銃をとれ』で、ブロードウェイ・ミュージカルに挑戦し、芸術祭奨励賞を受賞。以後、『サウンド・オブ・ミュージック』『風と共に去りぬ』『マイ・フェア・レディ』など数多くの作品の主演をこなし、第6回紀伊國屋演劇賞、第10回ゴールデンアロー賞を受賞。２０１２年には、宝田明プロデュース・演出・出演のミュージカル『ファンタスティックス』を全国公演し、平成24年度文化庁芸術祭賞大賞を受賞。日本を代表するミュージカル作優として不動の地位を築く。２０２２年3月に87歳で逝去。

井上　本日は『レジェンド・オブ・ミュージカル in クリエ』、第2回にようこそお越しくださいました。ホストを務めさせていただきます井上芳雄です。よろしくお願いします。

去年（２０１７年）第1回が開催されたこの『レジェンド・オブ・ミュージカル』は、何を隠そう僕が言い出しっぺです。「日本にミュージカルブームが来ている！」と言われ続けて早何十年、いつ来ていつ去っていったのかよく分からない、いつもミュージカルブームなのかなと思ってはいるんですけど、ここ最近は、もう第何次か分からないけれど、ミュージカルブームは確実に来ていると確信しています。

東京をはじめ、日本全国でたくさんのミュージカルが上演されているし、ミュージカル映画もひっきりなしに公開されています。そして、それを、たくさんのお客さまが見に来てくださる。とてもうれしく思っています。でも、日本におけるミュージカルの歴史って、まだ60年、70年いくかいかないかくらいなんですよね。決して長い歴史があるわけではありません。その日本で、創生期にミュージカルを始められた方たちにはどんな苦労があって、どんな喜びがあったのか。そんな先輩方の情熱や働きの上に、今の僕たちのミュージカルブームがあるのではないか。これが、『レジェンド・オブ・ミュージカル』をやりたいと思った1番の理由です。

僕ももうすぐ40歳。今のことだけを考えて生きるほどもう若くはないし、ベテランというほどには年齢を重ねてもいません。どうしたらいいんだ、若い俳優がどんどん出てきて、（ミュージカル『モーツァルト！』の）モーツァルトの役は若者に取られてしまう（笑）。いや、自分で卒業したんですよ、譲ったんです。まあ、そういった世代交代もありますし、ミュージカル界、そして、自分はこれからどうしていったらいいのかなと思ったときに、温故知新じゃないですけれども、やはり昔のことを知るのは必要だと考えました。創生期のみなさんのエピソードには、自分たちにとって、ヒントになることが、たくさん詰まっています。何よりもご本人から直接お話を聞きたいという、僕のミュージカルオタク的な願望が形になったという部分も否定できませんが（笑）。

第1回は草笛光子さんに来ていただきました。そして2回目となる、今日のレジェンドは宝《たから》田《だ》明《あきら》さんです。ご登場いただく前に、まずは、僕から、宝田明さんのヒストリーを、ご紹介させていただきます。

宝田さんは、１９５４年、東宝ニューフェイス第6期生として、映画『かくて自由の鐘は鳴る』でデビュー。同年、映画『ゴジラ』に初主演されます。世界中でヒットした『ゴジラ』の第1作で主演をされているんですよ。

これを皮切りに長身でハンサムなスターとして映画界で大活躍。映画の出演本数は１３０本を超えます。その後、演劇畑でも次々に主演を務められています。僕は、恐れ多くも、いただいている役柄の系統が宝田さんとかぶるものがあるのではないかと自負していて（笑）、今日、お会いできるのをとても楽しみにしていました。別に、僕が長身でハンサムだと言っているわけではないですよ。ただ、大先輩のお話をお聞きするのが本当に楽しみで仕方ありません。

　１９６３年、東宝は、初めて海外ミュージカルを上演しました。『マイ・フェア・レディ』です。帝国劇場で上演された初演では、ヒギンズ役は高島忠夫さんが演じられていますが、１９７０年からは宝田さんが引き継がれました。それ以前の、１９６４年『アニーよ銃をとれ』で、宝田さんはブロードウェイ・ミュージカルに初挑戦。芸術祭奨励賞を受賞されています。１９６６年に『キス・ミー・ケイト』、１９６８年には『サウンド・オブ・ミュージック』に出演。１９７１年には『ファンタスティックス』、１９７２年には『スイート・チャリティ』などにも出演され、日本のミュージカル俳優の草分け的な存在でいらっしゃいます。

　その後も『南太平洋』『リトル・ショップ・オブ・ホラーズ』『ビッグ・リバー』『ピーター・パン』『ビッグ』――。え、『ビッグ・リバー』と『ビッグ』のどちらにも出演なさっているのですね（笑）。さらに、『ミー＆マイガール』など、有名作品に次々と出演されています。間違いなく、日本のミュージカル界を代表する俳優のお１人です。そんな宝田さんをお呼びしたいと思います。本日のレジェンド、宝田明さんです。どうぞ。

井上　宝田明さんです！

宝田　ご丁寧な紹介をしていただきました。ありがとうございます。

井上　とんでもないです。ちょっと序曲が長すぎて、宝田さんがこれから踊らなきゃいけないみたいな感じになってしまいまして（笑）、すみません。

宝田　実は、私は宝田明の父親でございまして。

井上　おっと、レジェンドジョークが出ましたよ（笑）。

宝田　お招きいただいてありがとう。

井上　本日はようこそお越しくださいました。

宝田　1回目は同僚の草笛くんが…。

井上　同僚…。そうですね、広い意味ではやはりみなさん同僚ですね。

宝田　あなたの舞台は『ファンタスティックス』を拝見しましたよ。

井上　ありがとうございます。

宝田　すてきなマットでした。

井上　ずいぶん前の話になっちゃいますよね。

宝田　その後は全然見ていませんけど（笑）。ちょっと事情がありまして。

井上　事情？

宝田　あなたが出演している作品は、なるべく見ないようにしようと思っていたんです。
井上　それはいい意味に取っていいですか（笑）。
宝田　もちろんそうです。君のものを見続けると、僕らはもうしぼんで消えなきゃならないかなと追い詰められてしまいそうでね。

役者になれるとは思ってなかった

井上　何か僕たちは似たようなものを持っているなという感じがします（笑）。
宝田　そうかな。ところで、あなた、この夏に、お子さんがお生まれになるんですよね。
井上　しばらく僕の舞台を見ていないわりには、僕のプライベートの情報をよくご存じですね（笑）。ありがとうございます。
宝田　私の事務所の者が言っていました。まずはお祝いを申し上げなきゃ失礼だなと思ってね。
井上　ありがとうございます（笑）。では、このあたりで座っていただきまして。
宝田　「よいしょ！」と座ると、さすがに年齢を感じますね。
井上　僕にも手ごわい感じがしてきましたよ（笑）。レジェンドというのはやっぱりすごい、一筋縄ではいきませんね。宝田さんとは、先日、打ち合わせで初めてご挨拶させていただいて、今日が2度目です。

今、まさに、これから宝田ワールドに入れてもらえるか入れてもらえないかというところでして。

宝田　果たしてどうでしょうか（笑）。

井上　（笑）。宝田さんは、シアタークリエは今日が初めてだと伺っています。

宝田　そうなんですよ。前身の劇場（芸術座）にも出演したことがありません。

井上　意外です。

宝田　この劇場の収容人数は、６００〜８００人くらいでしょうか。

井上　６００人ぐらいですかね…？

宝田　ちょっと教育的指導をさせていただくと、出演する劇場の収容人数は、ちゃんと調べてなきゃだめです（笑）。

井上　そうなんですよね。僕にはそういった悪い部分があります。６００人ぐらいだと思います！

宝田　今日はもう立錐《りっすい》の余地もない感じですね。

井上　たくさんの方が来てくださっています。前方に座ってらっしゃる若い方たちは、無料でご招待しています。

宝田　みなさんから見たら僕はもうおじいさんだ！

井上　おじいさんとおっしゃるには、あまりにもダンディーですよ！

宝田　僕、白状しますと…。

井上　白状？　まだ、始まって、10分もたっていませんけど。

宝田　１９３４年生まれ。

井上　え、19…。

宝田　１９３４生まれ。２０１８年から１９３４年を引くといくつになりますか。

井上　え、ちょっと僕、数字に弱いので（笑）。２０１８から１９３４を引くと…。

宝田　84歳。

井上　今は御年84歳でいらっしゃる？

宝田　はい。80歳は傘寿《さんじゅ》といいます。八十と書きますと傘という字ですから傘《さん》ですね。81歳は別な呼び方があるんですよ。わかりますか？

井上　すごい数字で攻められている。帰りたい…。

宝田　60歳が還暦で、70歳が喜寿です。

井上　81歳は？

宝田　盤寿《ばんじゅ》というんです。盤寿というのは碁盤や将棋の「盤」の字を使います。将棋の盤は、縦も横も9列で、その9と9をかけると、81でしょう？

井上　はあ。

宝田　今年（２０１８年）の４月29日には私は84歳です。84歳は、これもまた別な読み方がありましてね。84は「ハシ」と読みますね。だから、橋寿。お箸ではなく、ブリッジの「橋」のほうです。

まあ、我ながら、よく84年間も生きてきたな、このやろうといった感じはしますね。

井上　それは、いったい誰目線の…？

宝田　で、１２０歳になると…。

井上　すみません、そろそろ数字の話はやめてもらっていいですか（笑）。でも、１２０歳にも、そういった特別な言い方があるんですね。

宝田　天寿を全うしたというのは、１２０歳のことを言うんだそうです。

井上　今の人類最年長の方って、１２０歳を超えていらっしゃるのでは？

宝田　いや、世界でも1、２人いらっしゃるかどうからしいですよ。

井上　じゃあ、ほとんど誰も天寿を全うしていないことになりますね。

宝田　１００歳は百寿、99歳は１００歳を表わす百寿から、１本棒を引いて、白寿《はくじゅ》といいます。

井上　すごく数字にお詳しいんですね。

宝田　お祝いの言葉を掛けなきゃいけないことが多いですからね。

井上　はあ。もう、いちいち何寿と付けないでほしいですね。

宝田　120歳以上はもうないですよ。

井上　作ってもあまり使う機会がなさそうですもんね。

宝田　あえて作るとすれば、「ミイラ寿」とかですかね（笑）。

井上　いや、今日は本当に手ごわい感じだなあ。僕は、こんなふうに、みなさんの前で、お話をさせてもらうのは大好きなんです。でも、1回目に、草笛さんにお越しいただいたときも、始まった途端に大汗をかきました。『レジェンド・オブ・ミュージカル』は、いつもとは違う緊張感があります。

宝田　僕から見れば、ちょうど半分くらいの年齢のあなたは、息子みたいなものですからね。でも、このところの、あなたの活躍には、目覚ましいものがある。素晴らしいことです。

井上　僕の公演を見ていらっしゃらないのに、ありがとうございます（笑）。風の噂で聞いてくださっているのでしょうか（笑）。でも、先ほども少し触れさせていただきましたが、ミュージカル界の立ち位置としては、僕は長身や二枚目の役をやらせていただくことが多くて、宝田さんのことは本当に大先輩だと思っているんです。勝手ながら、宝田さんの流れの末端にいるという認識でいますが、問題ないでしょうか…。

宝田　そうですね。僕は映画で本当にいろいろな役を演じてきましたが、舞台でもそんな感じでしたね。

井上　今日は、そういった、宝田さんのヒストリーをお聞きしたいと思っています。いくつか写真も用意してもらいました。最初の写真はこちらです。これは、東宝のニューフェイスの頃のお写真でしょうか？

宝田　そうですね。東宝に入ったのが20歳でしたから、21歳ぐらいでしょうか。

井上　しっかりした顔立ちをされていますね。今の21歳はもっとちゃらちゃらしています。

宝田　浅草に、マルベル堂というプロマイド屋さんがあるのですが、そこで撮った写真です。

井上　聞いたことあります。これはギターを持っていらっしゃる？

宝田　ええ。よくこんな格好をさせられて撮ったものですよ。ウエスタンの帽子をかぶったりしてね。懐かしい写真です。デビュー当時は、役者になれるとは思っていませんでした。

井上　そうなんですね。もともと役者志望ではなかったんですか。

すぐに舞台がたまらなく好きになった

宝田　満州から引き揚げてきた軍国少年が、華やかな映画の世界に入れるなんて、考えてもいませんでした。ただ、友人や写真屋さんが、「宝田、お前、演劇をやっているんだから東宝を受けてみろ」と言うものでね。

井上　もともと演劇はされていたんですね。

宝田　高校のとき、演劇をやっていました。そんなこともあって、履歴書を書いて素人写真を東宝に送ってみたら、書類審査に合格したから出てこいと言われ、砧《きぬた》の東宝の撮影所の前まで行ったんだけど、怖くて入れなくてね（笑）。次のバスで帰ろう、次のバスで帰ろうと、1時間くらい立ったり座ったりしていました。

井上　だいぶ膝ががくがく言いそうですね（笑）。

宝田　立派な学生服を着た人や芸術家タイプの人がどんどんどん中に入っていくんです。もう気後れしちゃってね。そうしたら守衛さんが、「おい、学生さん、何をしているんだ」と聞いてきたので、「実は受験に来たんです」と答えると、受験番号を見せろと言う。で、見せると、「こんな若い番号ならとっくに入ってなきゃだめじゃないか！」って。

井上　もう時間が過ぎていた？

宝田　「いや、おっかなくてだめです」と言ったら、「入りなさい」と、守衛さんに背中を押されてやっと中に入ることができました。

井上　守衛さんのおかげですね（笑）。

宝田　足を向けて寝られません。

井上　その守衛さん、今はどうしていらっしゃるんでしょうね。

宝田　もう亡くなられたと思います（笑）。

井上　そりゃあそうですね。はい、わかっていてお聞きしてしまいました（笑）。

宝田　審査では、1人ずつ名前を呼ばれるのですが、見たこともないような大きなスタジオや、居並ぶ審査員たちに圧倒されて、あがってしまって。大きな声を出してみろとか、ちょっと歩けとか言われるのですが、うまく歩けなくて、「何だ、君は足が悪いのか」、「いや、そうじゃありません」なんてやりとりもありました。水着審査もありました。水着審査があることは事前に分かっていたので、自宅から海パンをはいていったのですが、もう蒸れちゃってね（笑）。その後、半年くらいかけて、6回ほど審査がありました。

井上　え、6回も審査があるんですか。

宝田　1カ月に1回しかやってくれないのですよ。

井上　じゃあ、6カ月かけて？　大変ですね、それは。

宝田　最終審査に残ったのは僕と佐原健二《さはらけんじ》と、足立玲子《あだちれいこ》というかわいいお嬢さん。ただ、実際に最終審査に行ってみると、外国人みたいな顔をした、背の高い男性がいて、名前を聞いてみたら、岡田眞澄《おかだますみ》ですと言うわけです。藤木悠《ふじきゆう》と河内桃子《こうちももこ》もいました。彼らは、それまでの審査は受けてなくて、最終審査で縁故で入ってきたんです。

井上　ああ、この世界はそういうことがありますからね（笑）。

宝田　もうみんな亡くなってしまいましたが、東宝の第6期の正式なニューフェイス、保守本流はもう僕らしか残っていません。

井上　縁故の話もとても気になるところですが、すでに時間がだいぶ押していまして、いや、大丈夫です、時間管理は僕の仕事なのでなんとかします！　東宝ニューフェイスの話ももっと伺いたいのですが、今日は『レジェンド・オブ・ミュージカル』ということで、ミュージカルのお話を中心にお伺いしたいと思っています。東宝に入られ、映画デビューをされ、『ゴジラ』にも主演されて、日劇のレビューにも出演されていらっしゃったんですよね？

宝田　日劇で、お正月に行われていた、「東宝新春スターパレード」ですね。1週目は越路吹雪さんが出演され、2週目になると、越路さんに代わって僕らが舞台に立ちました。

井上　そこで歌われたりされていたんですよね。

宝田　はい。自分のまだ持ち歌がない頃でしたからね。ジャズを歌ったりラテン語の歌を歌ったりしていました。

井上　もともと歌もお好きだったんですか。

宝田　東宝の俳優になって、地方に、自分の出演した映画の舞台挨拶に行くときに、宝田明でございます、どうぞよろしくとだけ言って、舞台からはけるのはあまりにも脳がなさすぎるので、地方の有力者の方に頼み込んで、もう流しでもいいしアコーディオンかギター1本でもいいから呼んでください、僕は何でも歌いますと言って。

井上　自分から?

宝田　そうです。それで、「おい、あの新人の宝田明というのは歌えるじゃないか」ということになり、やがて映画の主題歌を歌わせてもらうようになりました。

井上　それがミュージカルの出演につながっていくわけですね。

宝田　そうですね。

井上　やっとミュージカルの話になってきました(笑)。いや、もうならないかと思った。

宝田　(笑)。チエミちゃん、美空《みそら》ひばりちゃん、雪村《ゆきむら》いづみちゃんら、3人娘と映画をご一緒させていただきましてね。なかでも、江利《えり》チエミからは、「宝田さん、これからミュージカルの時代が来るから、ぜひそのときは一緒にやってね」とよく言われたものです。

井上　宝田さんのミュージカル初舞台は、その江利チエミさんとご一緒にやられた『アニーよ銃をとれ』ということで間違いないですか。

宝田　そうです。映画とはまた別の興奮と充実感みたいなものがあって、毎日、とても新鮮でね。すぐに舞台がたまらなく好きになってしまいました。

もうガラガラの声になってしまいましたが、ミュージカルで主演する男性は、キーのFからGくらいまでを求められるでしょう？

井上　そうですね。オペラの声質で言うと、ハイバリトンぐらいでしょうか。

宝田　そう、アメリカのミュージカルはそのあたりが出れば、十分にいけます。僕はわりと発声をやっていて、声はよく出ていたほうなので、あとは芝居心が問題になってくるわけです。

井上　では、あまり違和感なくミュージカルの世界に入ることができた感じでしょうか。

宝田　そうですね。わりとスムーズに入っていきました。

井上　初ミュージカルの『アニーよ銃をとれ』は、お客さまの反応はどうだったんですか。盛り上がっていましたか。

宝田　多くの批評家が見に来ていましたよ。「宝田は生で歌っているんじゃない、口パクだろう」と、おっしゃる方も多かった。

井上　あまりにうまいから？

宝田　うまいかどうかは分かりませんけど。

井上　今のはちょっとした自慢でしたね（笑）。要は、宝田さんがお上手だったからということですね。

宝田　映画の主題歌を歌っている程度としか、思われていませんでしたからね。ミュージカルの原曲を、オリジナルのキーできちんと歌ったので、驚かれた方も多かったと思います。

井上　ブロードウェイの俳優さんをお手本にされたんですか。

宝田　好きな酒も、断酒とまではいきませんけど、チエミと一緒に節酒して、ボイストレーニングにも励みました。

井上　そういう努力があったんですね。

宝田　千穐楽《せんしゅうらく》の日には、30分ぐらいカーテンコールをやってくれてね、舞台上で泣きました。

井上　それは感動されて？

宝田　はい、映画とは違う感動でしたね。そして、千穐楽の翌日は、自然と（『アニーよ銃をとれ』を上演していた）コマ劇場に足が向いてしまった（笑）。

井上　もう公演は終わっているのに（笑）。それくらい充実感や満足感があったのですね。

宝田　まったく新しい世界に飛び込ませてもらったという感覚です。映像も舞台も演じる気持ちは同じです。でも、表現の仕方がちょっと違うんですよ。そこに、たまらなく魅力を感じました。

井上　では、初ミュージカルだった『アニーよ銃をとれ』の感動を胸に、これからもミュージカルをやっていこうというふうに思われた？

宝田　そうです。当時、東宝には、映画担当の藤本《ふじもと》真澄《ますみ》さん、演劇担当の菊田一夫さんという2大プロデューサーがいらっしゃいました。その後しばらく演劇のほうに身を預けられることになって、ラッキーなことに、本当にいろいろな作品に出演することができました。

エッセンスを凝縮したような歌詞を

井上　「あなたは舞台に出なさい」という流れだったのですね。その流れで次のお写真を紹介させていただきます。こちらは？

宝田　『キス・ミー・ケイト』ですね。シェイクスピアの戯曲『じゃじゃ馬ならし』のバックステージのストーリーなんですが、なかなかいい歌がありましてね。

井上　今でもたびたび上演されていますよね。第1回のゲストの草笛光子さんが名古屋で、この作品に出演されたと話されていました。

宝田　宝塚劇場で1カ月チエミくんとやって、少し期間を置いて（名古屋の）名鉄ホールでの公演は草笛光子くんと共演しました。

井上　ヒロインが代わったということですね。どちらのほうがやりやすかったのでしょうか（笑）。

宝田　なかなか甲乙を付けがたいです（笑）。

井上　そうか、そこはそういう対応だな、勉強になります！

宝田　（笑）。コール・ポーターの名作中の名作ですが、歌がけっこう難しくてね。

井上　草笛さんもそうおっしゃっていました。こんなふうにして、ミュージカルの出演を重ね、歌のテクニックを身に付けて、ミュージカルでお芝居をすることにどんどん慣れていかれたのですね。

宝田　はい、やはり大切なのは、稽古でいかに汗をかくか、です。稽古で汗をかく量に比例して、いい舞台ができることを実感しました。ただ、翻訳ミュージカルで難しいのは、もともとの歌詞は英語じゃないですか。だから、日本語に歌詞を当てはめたときに、音が乗りにくいことがあるんです。

井上　日本で海外のミュージカルを上演する難しさは、そこにあると思います。

宝田　難しいね！　大変苦労しましたが、これを乗り越えるために、一生懸命稽古する。違和感を覚えたときは、音楽監督を通して、翻訳の人に「この歌詞でいきたいと思います」と言って、了承を得る、なんてこともありました。

井上　え？　ご自分で歌詞を考えることもあったんですか。

宝田　ええ。忠実に訳してしまうと、味も素っ気もないことがありますからね。

井上　1音に乗せられる文字の量は決まっています。日本語の場合、英語に比べてどうしても情報量が少なくなってしまうんですよね。当時、日本のミュージカルの歴史は始まったばかり。まだ、きちんとした方法論が確立していなかった時代に、みなさんでアイデアを出し合って、ああでもないこうでもないと言い合って…。

宝田　はい。その頃、苦労した経験が、後で大きな助けとなりました。僕の財産です。今でも宝物のように思っています。

井上　その経験について、ぜひ具体的に聞かせていただきたいです。

宝田　まず、分かりやすい歌詞で、お客さまに分かりやすいように歌うということを大切にしました。ミュージカルは、歌で物語が進んでいきます。歌詞が分からなければ、お客さまは話の内容が理解できませんからね。

井上　本当にそうだと思います。英語を日本語にすると、情報量が3分の1くらいになってしまうとも言われていて、僕たちは常にジレンマを抱えています。でも、僕の印象ですが、最近の日本のミュージカルの歌詞は、言葉もきれいだし、シンプルですごく歌いやすいなと思うものが多いです。

宝田　最近は少し散文詩的な歌詞が多いように思います。もっと集約されて練りに練ってそぎ落として、エッセンスを凝縮したような歌詞を作らなきゃいけない。

井上　お客さまが聴いてくださったときに、すぐ分かるような歌詞が求められますよね。…というわけで、今から、宝田さんが『キス・ミー・ケイト』で歌われた、『ソー・イン・ラブ』を歌わせていただきます。

この歌詞もそうやって作られたものの1つだと思います。

宝田　あ、でも、僕が歌った歌詞ではないですよ。

井上　違うやつか（笑）。いや、こちらの歌詞も素晴らしいと思うので、ぜひお楽しみください。

宝田　はい、あらためて拝聴させてください。

井上　ありがとうございます。「ここの歌詞はこっちのほうがいいじゃないか」というご意見があれば、ぜひ後で教えてください。

宝田　はい。もしだめだったら僕のほうの歌詞で歌いますから！

〈歌唱〉

井上　ありがとうございます。いや、これ、なんの罰ゲームという感じしますよね（笑）。

宝田　でも、あなた、そのうちきっとこの役をなさるでしょうね。

井上　そうか。そうですよね。僕は宝田さんの流れに乗っていますからね（笑）。最近は、松平健《まつだいらけん》さんが演じられていました。ちょっとまだ僕が入り込む隙はなさそうですが、そういう機会があればうれしいですね。

では、次のお写真をご紹介します。こちらの作品は…。

宝田　タタタタタタタ、ターターターターターターターター～♪『マイ・フェア・レディ』です。

井上　この写真のイライザは、栗原《くりはら》小巻《こまき》さんでしょうか？

宝田　はい、このときは、俳優座出身の栗原小巻さんがイライザでした。1970年に、僕が初めてこの作品に出演したときは、宝塚ご出身の那智《なち》わたるさんが演じられています。

井上　では、宝田さんは、那智さんとも共演されているのですね。

宝田　那智さんとの共演が最初で、次が栗原さん、その次が雪村いづみさんです。

井上　どなたが1番やりやすかったですか（笑）。今のはジョークです、ジョーク！

宝田　益田《ますだ》喜頓《きいとん》さんという方がピッカリング大佐をずっとやられていて、イライザの父親のドゥーリトルはフランキー堺さんが演じていました。懐かしい限りです。雪村さんと2回目に共演したときは、文部省が移動芸術祭といって、日本中にいいミュージカルを届けようということで、全国20都市を巡ったんです。

井上　ミュージカル公演が全国を回る機会は、当時はほとんどなかったのではないでしょうか。

宝田　北海道から沖縄まで回りました。

井上　すごい！　きっと、そのツアー公演で、初めてミュージカルを見たという方もたくさんいらっしゃったんでしょうね。お客さまの反応はいかがでしたか。

宝田　やはり最初は、「ミュージカルってなんですか」と言われることも多かったです。日劇ミュージックホールでやっていた、ストリップと勘違いしている方もいました（笑）。

井上　それくらい、みなさんミュージカルを理解されていなかったということですよね。

宝田　そんなところがありましたね。

ニュアンスは大事だが、そっくりやる必要はない

井上　宝田さんは、ブロードウェイで、『マイ・フェア・レディ』をご覧になられているんですよね。

宝田　はい、草笛光子くんと一緒に見ました。まだミュージカルに出演したことがなかった頃です。私が出演した映画を10本持ってハワイ、ロサンゼルス、ニューヨーク、サンフランシスコ、サンパウロ、それからアンデスを越えてペルーのリマへと出かける機会があったんです。

井上　『宝田明映画祭』というタイトルで回られたと聞いています。世界規模ですね。

宝田　ええ。それで、2カ月間ほど世界を旅して回り、その途中でニューヨークに行きまして、そうしたら、草笛くんが、「宝田さん、これからはミュージカルの時代が来るわよ」と言うわけですよ。

井上　草笛さんは大好きですからね、ミュージカルが。

宝田　ニューヨークって、寒いじゃないですか。僕は1杯（お酒を）ひっかけて、『マイ・フェア・レデ

イ』の劇場に行ったんです。そうしたら睡魔に襲われてしまい、隣に座っていた草笛くんから、「あなた、ココ、1番いいところだから目を覚ましなさいよ」とつねられてしまってね。アタタタと（笑）。

井上　草笛さんの性格がだんだん分かってきた気がします（笑）。

宝田　でも、そのときは、まさか自分がこの作品に出演するとは思っていなくてね。映画ばかりやっていた頃でしたからね。僕の出た青春ものやラブストーリーものは、アジアはもちろん、地球の裏側でもよく見られていたんです。

井上　世界各国の方が宝田さんの映画をご覧になっていた！　そんななかで、運命的に、ブロードウェイで『マイ・フェア・レディ』を観劇して、その後、それを演じるという…。

宝田　出演することになって、レコードを聴いて、映画も見て、だいたいこういうものなんだなというニュアンスをつかみましてね。その後は自分の考えで動きます。

井上　ブロードウェイでご覧になったものを、そっくりそのまま真似しようとは思わなかったわけですね。

宝田　僕が演じたヒギンズは、やもめ暮らしで、わがままで、お母さんには少しダダをこねるような男です。気位が高くて、少し女性蔑視的な部分もある。当時のイギリスは階級社会ですからね。花売り娘という存在を見下ろしている部分もあったかもしれません。僕はミュージカルの仕事をする際、その作品の印象を、これはウイスキーの水割りだな、こっちはブランデーのお湯割りで、あれは焼酎の牛乳割りなどと例えるんです。

井上　全部お酒だ（笑）。

宝田　ニュアンスをつかむのは大事ですが、猿真似みたいにそっくりやる必要はないと思っています。日本語で上演するんだし、そもそも海外の俳優とは肉体が違います。顔つきだって、全然違うじゃないですか。でも、演じる気持ちは同じでいい。喜怒哀楽は万国共通ですからね。

井上　そう思います。僕が思うに、ミュージカル俳優って、大きく2種類に分かれると思うんですよ。まず、自分がブロードウェイで上演している作品に出ることになったときに、すぐに見に行き、それを参考にしながら、自分はどんなふうに演じるか考える人。そして、宝田さんがおっしゃったように、参考にはするけれども、それ以上に、今、日本で、この作品を、どういうふうに作っていくかということに重きを置く人。どちらも間違いじゃない。でも本質的な部分は、宝田さんがおっしゃったようなことなんじゃないかと。

宝田　井上さんも、後者のほうでしょう?

井上　僕はミュージカルオタクだったので、最初の頃は、全部見に行き、あの俳優がどう歌って、どう演じてというのを確認していましたが、それをやってもあまりいいことがないってことに気づきました。やはり同じようにはできないんですよ。

宝田　それよりも、どう日本語で伝えていくか、どう日本語でドラマ性を打ち出していくかが大切になってくる。それに、声が良ければ、ある程度きれいに歌うことはできるんです。それよりも、役者は役を演じ、歌でその役柄の感情なり、物語なりを伝えていかないといけません。そんな気持ちで僕はミュージカルに取り組んでいます。

井上　はい、宝田さんの歌を聴かせていただくと、それを体現されていらっしゃることが伝わってきます。もう1つお聞きしたいことがあって、『マイ・フェア・レディ』も『キス・ミー・ケイト』もそうですが、1960年代から70年代にかけて、ブロードウェイのミュージカルは、コメディの要素が強いものが主体でした。そういった作品で、ブロードウェイではどかんどかん受けていたシーンが、日本では同じようにやっても、なかなか受けなかったり、伝わらなかったりすることは少なくありません。そういうときは、どんなふうに対応されていましたか。

宝田　難しい問題です。もうやめたくなりますよね（笑）。それに合うようなシチュエーション、あるいは言葉を探し出さなくちゃいけないですよね。

井上　日本のお客さまにも伝わるように。

宝田　ですから、『マイ・フェア・レディ』で、ロンドンの下町のコックニー（ロンドンの労働者階級で話される英語の一種。正確にはシティーにあるセント・メアリー・ル・ボウ教会の鐘の音が聞こえる範囲で生まれ育った人々が話すアクセントのこと）を、日本語の歌詞や台詞に落とし込むのは大変だったと思います。沖縄や鹿児島の言葉でやったりもしていましたが、これもちょっと違うんですよね。

井上　難しいですね。未だに試行錯誤している部分だと思います。イギリスの炭鉱の町が舞台になっている『ビリー・エリオット』の日本公演では、炭鉱の人たちは九州の方言を話していました。たしかに九州にも炭鉱はありましたが、九州出身の僕には少しばかり違和感があった。

宝田　ここを変えましょう、こうしましょうという発見があるんですよね。稽古が始まり、役者が実際に肉体を使って動くことで、机上で書いたものとは違う何かが生まれてきます。できることなら、訳詞家や作曲家にはどんどん稽古場に詰めてもらいたい。最初のうちは、「宝田さんは、生意気なことを言うなあ」なんて怒っていた人もいたかもしれませんが、必要なことだと思っています。

井上　稽古場に詰めてくださる方もいれば、なかなか姿を見かけない方もいます。ギャラの問題もあるのかもしれません（笑）。ただ、宝田さんがおっしゃるように、いろいろな人と喧々諤々《けんけんがくがく》して作品を創っていきたいですよね。

では、次は、写真はないのですが、菊田一夫先生の演出で上演された、『南太平洋』のお話を聞かせてください。宝田さんは、同作で、主人公のエミール・ド・ベック役（アメリカ軍が進駐する島に住むフランス人農園主）を演じています。相手役のネリー・フォーブッシュ（海軍所属の看護婦）は安奈淳《あんなじゅん》さんでした。

宝田　安奈淳さん、そうでした！

井上　ロジャース＆ハマースタインのミュージカルですよね。

宝田　第2次世界大戦の南太平洋が舞台になっていて、『バリ・ハイ』という名曲もあります。

井上　その『南太平洋』から、今日は、宝田さんに、1曲歌っていただけるということで、よろしいでしょうか。『南太平洋』から、『魅惑の宵』です。よろしくお願い致します。

〈歌唱〉

井上　素晴らしかったです。この素敵さをなんと表現すればいいのか悩むくらいに素敵でした！

宝田　久しぶりに歌いました！

井上　本当ですか！

宝田　この役も、いつか井上さんがなさるんでしょうね。

井上　これもですか！（笑）。最近だと、別所哲也《べっしょてつや》さんがやってらっしゃいますね。頑張れば切り込めるところがあるのかな（笑）。先ほどのお話の流れから、歌もお芝居の一部ということを意識しながら拝見させていただきました。

宝田　恐れ入ります。ただ、久しぶりに歌ったからかな、なかなかメロディラインがつかみづらいですね。

井上　はい。それこそ、先ほども話に出ましたが、日本語にすると、伝えられる要素がどうしても少なくなってしまいますからね。また、最近のミュージカルは、高低の差が激しいんですよ！　高い音を出せと言われたり、低い音を出せと言われたり、すごく幅が広い（笑）。やるほうは大変です。

宝田　失礼かもしれませんが、最近のミュージカルの歌唱は、変なアクセントを付けて、音の上げ下げに終始しているように聞こえることがあります。僕の個人的な意見ですが、もっとシンプルに歌ってもいいんじゃないかなという気がします。

井上　みんな、聞いているかな？（笑）。でも本当にそうだと思います。そして、今、歌っていただいた、『魅惑の宵』のように、こうやって1曲だけで歌っても十分成立する楽曲というのは、最近のミュージカルにはそう多くありません。

宝田　『魅惑の宵』も、『マイ・フェア・レディ』の『踊り明かそう』もそうですが、ミュージカルの楽曲が世界を席巻し、50年、１００年先にも歌い継がれていく。昔はそんな楽曲がたくさんありました。

井上　『ファンタスティックス』の『トライ・トゥ・リメンバー』もその1つだと思います。

宝田　おっしゃる通りです。

いかに邪魔なものをそぎ落とすか

井上　我ながら、いい感じで、『ファンタスティックス』に話を持っていけました（笑）。そこで、こちらのお写真です。

宝田　これは２０１４年に、私が制作、演出、出演をした、『ファンタスティックス』の写真ですね。

井上　エル・ガヨ役を演じられました。宝田さんは、『ファンタスティックス』にも大きな思い入れがおありだとか。

宝田　東宝から、『ファンタスティックス』を上演すると聞いたのは、１９６８年くらいだったかと思います。でも、当分、上演はやめてくださいとお願いしました。

井上　やめてください（笑）。

宝田　ぜひ出演したい、だから、待っていていただけませんかとお願いしたんです。すると、プロデューサーの方が、「宝田さん、今、あなたは『風と共に去りぬ』のレット・バトラー役をやっているし、『マイ・フェア・レディ』もあるんだから、１２０席くらいの小さな劇場の作品に出演する必要はないのではないか」とおっしゃるわけです。でも、大きな舞台で、大きな芝居をやってきた僕としては、もう少しお客さまの存在を間近で感じることができるような、吐く息、吸う息が全部お客さまに伝わるような、まばたき1つがお芝居に影響するような緊張感のなかで、演技の鍛錬をしたかった。なによりも、『ファンタスティックス』は、ぜひやっておきたい作品だなと思い、お願いしました。

井上　宝田さんは、ニューヨークで『ファンタスティックス』をご覧になっていたんですね。

宝田　はい、ニューヨークで見ました。1番前の席に座っていたら、ピアノとハープの音に合わせて、出演者が出てきて、挨拶をして、幕の中に隠れていくんです。で、私がふんぞり返って見ていたら、（ヒロインの）ルイザ役の俳優が私の足につまずいて、すってころりんとひっくり返ってしまったんですよ。

井上　ちょっと長いおみ足に。

宝田　僕が「I'm sorry」、「Very sorry」と言ったら、出演者みんなが芝居をストップして、「Don't worry」、「Are you all right?」って。

井上　役者さんたちがですか。

宝田　はい。「あなたこそ大丈夫?」「気にしないでいいから」「オーケー、もう1回、頭からいくぞ」と、もう1回やってくれた。僕は申し訳ないと思うと同時に、なんて、優しいんだろう、こいつらはと思って。

井上　そうですね、確かに。

宝田　こんな温かい芝居づくりもあるんだなと心が揺さぶられました。

井上　帝国劇場のような大きな劇場だと、足が引っ掛かって主演俳優が転ぶことは、まずないですからね。

宝田　ピアノとハープだけで醸し出す音楽の豊かさ、父と子の普遍的な愛の物語も素晴らしくて、ぜひ僕にやらせてほしいとお願いしたんですけれど。

井上　１９６７年の芸術座での日本初演では、沢木《さわき》順《じゅん》さんが（主人公の１人である）マット役を演じました。宝田さんがマット役を演じたのは、その後ですね。

宝田　はい、当時、渋谷にジァン・ジァンという劇場がありましてね。パルコに向かう坂の途中に、山手教会というのがあって、その地下にコーヒーや紅茶を飲みながら詩の朗読とか、シャンソンを聴くような店があった。それがジァン・ジァンです。東宝の演出家だった中村《なかむら》哮夫《たかお》と、アトリエ41の松江《まつえ》陽一《よういち》という演出家と僕の３人で、ジァン・ジァンの代表に、「ここを全部取り壊して、１５０席の客席を作りませんか」とお願いしました。

井上　人の喫茶店を（笑）。

宝田　そうです。

井上　それだけ、その空間が『ファンタスティックス』を上演するのに、適していると思われたということですか。

宝田　そうです。ただ、とにかく客席は、めいっぱいに作っても１５０席しかありません。

井上　また足が引っ掛かっちゃいますね。

宝田　で、初日開けたら、2、30人しか入らない。

井上　2、30人だと、足は全然引っ掛からないですね。

宝田　2日目もダメでした。でも、3日目になると、坂の下にある丸井のほうまで、お客さまが並んでいるんです！

井上　評判を聞いて、人が集まってきたんですね。

宝田　消防署や警察からお縄をちょうだいしても構わない、お客さんをどんどん入れようということになって、ステージの上にも座ってもらいました。

井上　今じゃ消防法が黙ってないですね（笑）。

宝田　それが大成功に終わりまして、それからあちらこちらで『ファンタスティックス』を上演し続けてきました。直近では、先ほどご紹介いただいたように、プロデューサーとして、演出も制作も出演もやらせていただきました。

井上　文化庁の芸術祭にも参加され、大賞を取られました。

宝田　賞を取るための作品づくりや演技はしていません。ただ、稽古をして、よし、この方向性でいいだろうということで突き進んで、それに対して評価をいただいたと認識しています。うれしいことです。ただしか、あなたもこの作品に出演されていますよね。

井上　はい。マット役を演じました。宮本《みやもと》亜門《あもん》さんの演出でやらせていただきましたが、きっとオリジナル版とはまた違う演出だったと思います。

宝田　僕は、お芝居というのはあまり写実的にやっても、しらけて嘘っぽくなってしまうと思っているんです。大切なのは、いかに邪魔なものをそぎ落とすか。そぎ落としていくと、そのエッセンスだけが残る。だから、純粋で美しい。そう思っています。

井上　たしかに。『ファンタスティックス』は、あらゆる世代の人にも伝わる物語ですし、この作品に取り組んでいると、やっている自分たちもすごくいい人間になったように思えてくるんですよ。カンパニーの雰囲気もとても良くて、今も仲良くさせてもらっています。

宝田　あなた、いつかきっとエル・ガヨをなさいますね。

井上　それは間違いないと思いたいです。その系統ですからね。直近で、（エル・ガヨ役を）やられていた宝田さんが、いいと言ってくださるのなら、ぜひやってみたいです。すごくいい役ですよね、エル・ガヨって。

宝田　そうですね。エル・ガヨはキザですが、少女から見れば、すてきなおじさんで。

井上　ずるい役なんだ、これが。

宝田　ほかの登場人物を、マリオネットの奏者が人形を操っているみたいに動かしてしまうんです。そして、語り部でもある。僕はそんなところがとても好きでね。

井上　覚えています。マットが一生懸命に汗水流しながら頑張っても、結果、エル・ガヨに全部持っていかれてしまうんです。大人の男って素敵ねといった感じで。そういう、おいしい役です。

　では、『ファンタスティックス』から、今度は僕が『トライ・トゥ・リメンバー』を歌わせていただきます。僕から話を振って、僕が歌うという流れが難しいんですよ、実は（笑）。でも、僕もこの作品に出演させていただいていましたし、いつかエル・ガヨ役が来るかもしれない。その予行練習的な意味合いを含め、歌わせていただきます。

＜歌唱＞

宝田　すみません、ついしゃしゃり出てしまいました。

井上　だいぶしゃしゃり出てくださって、ありがとうございます（笑）。リハーサルのときに、「さあ、さあ、一緒に歌おうか」と言ってくださって、今、一緒に歌わせていただいたんですけど…。

宝田　多少スリルがあっていいね。

井上　僕は一瞬、劇中でマットとエル・ガヨとして、歌っているような気持ちになりました。これって、すごく贅沢《ぜいたく》なことですよね。僕はミュージカルにおけるデュエットが大好きなんです。声を合わせることで伝わることは確実にあって、今、宝田さんと歌わせていただき、改めてその思いを強くしました。

宝田　期せずして、今、日本で１番美声の持ち主である井上さんと歌う機会をいただき、私こそ、光栄です。冥土の土産になりました。

井上　こういうときはなんて返していいのか、未だに分かりません（笑）。学んでいきたいと思います。

　あともう１つお聞きしたいことがあって。宝田さんは１９８０年に日本初のミュージカル俳優養成学校、宝田芸術学園を開設されています（１９８３年5月末で閉鎖）。

宝田　私は、映画時代にミュージカルの世界に足を踏み入れる機会を得て、いろいろな勉強をさせていただきました。でも、50代になって、ふと気が付いたんですよ。日本には、素晴らしい教育者がたくさんいらっしゃる。こういう人の力を借りて、学校を開こうじゃないかと。そこで、ある大学の１校舎16教室をお借りして、宝田芸術学園を立ち上げました。歌って踊って演技してという三位一体の学校で、２年制でした。読売ホールで卒業公演をやって、台湾に親善公演にも行きましたよ。

　初年度に１２０人くらい入ってきまして、その次の年も１００人ぐらいだったかな。親元を離れて、地方から東京に出てきた人もたくさんいました。多くの人は、普通の仕事に就いてほしいという、親の反対を押し切って上京しています。人を感動させる仕事をしたいと、小さい頃からの夢を持っている彼らは、意気込みが違います。

井上　どんな授業があったんですか。

宝田　パントマイムや狂言の授業もありました。劇団四季にいた方や、東宝の演出家の方々にも集まってもらって、クラシック、日舞などを教えていただくなど、たくさんのカリキュラムを設けていました。とにかく気持ちのある人が集まっていましたね。才能があるかないかなんて、僕には分からないし、本人にだって分かりません。ただ、あるカリキュラムを与えて、それに取り組んでやっているとき、ふと自分でも気が付かなかったような、才能という小さい芽がぱっと発芽することがあるんです。それは教えている僕らにとっても発見です。

井上　端から見ていて、今、発芽したというのが分かるんですか。

宝田　分かります。また、自分自身で、「あれ？　私、こういうことができるんだ」という得意なことに気づくこともあります。それが本当の才能です。

人間をつくるのは無上の喜び

井上　ミュージカルって、歌も踊りもお芝居も全部やらなきゃいけないじゃないですか。僕が思うに、その３つ共に素晴らしい才能を備えている人はほとんどいません。これは得意だけど、こっちは不得意だというのは当たり前にあると思うんですが、たとえば、こんな人がミュージカルに向いているといった、傾向のようなものはあるんでしょうか。

宝田　個人個人で違いますから、これと決めるのは難しいですね。ただ、才能の発見は、とてもうれしいことです。それは間違いありません。オギャーと生まれたとき、私たちは歌えるわけでもないし、踊れるわけでもありません。

井上　オギャーと生まれたとき、踊りを踊っていたらさすがに心配しますね。

宝田　その後、物心がついて、クラシックバレエをやり始めたり、歌を歌い始めたりするじゃないですか。でも、プロになった段階で、「好きなこと」を、「できること」に変えなきゃならない。プロになるというのはそういうことです。

井上　本当にその通りです。歌にしろ、踊りにしろ、誰もが何か武器を持ってこの世界に入ってきます。でも実際には、この世界に入ってから学ぶことや手に入れることのほうがずっとたくさんあって。

宝田　大前提として、好きであることは、とても大事です。でも、プロというのは、〝できる人〟じゃなきゃいけない。当然ですが、やはり覚悟が必要です。

井上　〝できる人〟になるためには、思いの強さが必要で、そして、自分に何ができるかを発見し、それを伸ばす努力をすることだと僕は考えています。見守ってくださる方の存在も重要です。発芽を待ってくださる人がいるという事実は、何かを成し遂げようとしている人にとって、ものすごく大きな勇気と励ましになるはずです。

宝田　人間をつくるというのは、無上の喜びです。可能性にあふれている。そして、それがどう広がっていくのか見当もつきません。これこそ浪漫《ロマン》です。当時の生徒さんに、年に1度ほど、会ったりもします。みなさん、もう50歳を過ぎて、結婚して子供も持って。教える側に回った人もいます。生き方はそれぞれ違いますが、みなさん、はつらつとされています。

井上　では、今、お話しくださったことを含め、いろいろな思いを込めて、宝田さんに、『ラ・マンチャの男』より、『見果てぬ夢』を歌っていただきます。時間は大丈夫です。十分押しています（笑）。今さら気にしても仕方ありません。

宝田　実は、今回、『見果てぬ夢』を歌おうと思い、相談したら、スタッフの方から、草笛さんが出演された第1回の『レジエンド・オブ・ミュージカル』で、井上さんが歌ったと伺って。遠慮したほうがいいなとも思ったんですが。でも、ちょっと待てよ、ちょうど井上さんのほぼ倍の年齢の、80代の男がこの歌を歌っても面白いんじゃないかと、恥を忍んで聴いていただきことにしました。

井上　今後も、この『レジエンド・オブ・ミュージカル』には、いろいろなゲストの方にお越しいただきたいと思っています。そして、また、この歌を歌っていただくこともあるんじゃないかなと。それくらい深い曲です。

宝田　それぞれの人生にフィットする歌ですよね。

井上　リハーサルで聴かせていただきましたが、宝田さんにはやはり宝田さんの『見果てぬ夢』があるんだなと、ものすごく感じました。僕の『見果てぬ夢』なんて消してしまいたい（笑）。これが本物です。では、歌っていただけますか。

宝田　少し思いを語らせていただきます。人間誰もが等しく持つことのできる宝物って、なんだと思いますか。よく言われることですが、私は夢を持ち続けることだと思っています。ずいぶん前の話ですが、（１００歳を超える長寿双子姉妹として、１９９０年代に人気を博した）きんさんぎんさんのお姉さんのきんさんが、１０７歳で亡くなられました。その少し前に、身内の方に、「あなたは何が欲しいですか」と聞かれたきんさんが、「金の指輪が欲しいの」と言っていたんです。私はそれを聞いて、涙が出てしまいました。明治以降、日本は戦争に次ぐ戦争の連続で、たくさんの尊い命が失われてきました。戦争の中、防空ずきんをかぶって裸足で逃げ回り、防空壕に入って避難し、じーっとひざを抱えて我慢していた少女が、小さい頃から抱いていた夢はあの細く光った金の指輪だった。それをお身内の方が買って差し上げたときに、彼女はまるで赤ん坊のように泣きじゃくって喜んでいました。たかが金の指輪に、です。

第2次世界大戦では、軍人そして一般民間人合わせて、３５０万人もの日本人が亡くなりました。広島、長崎では1日に14～15万人の方があっという間に命を落とし、3月10日の東京大空襲でも12万もの人が亡くなっています。戦争で亡くなった方々も、みんな、それぞれ宝物のような夢を抱いていたはずです。そのすべてが一瞬に崩れ去る戦争って、なんなのでしょうか。そんな尊いみ霊がここにもいらして見ていただいているかと思います。鎮魂の意味を込めて、そのみ霊にこの歌を捧げます。

＜歌唱＞

宝田　私は小学校6年の頃、旧満州のハルビンというところで、ソ連（当時）の兵隊に撃たれ、瀕死の重傷を負いました。あのときの激痛と苦しみは決して忘れることができません。これから日本、若い人たちのために我々大人はいったい何をすべきなのか、日々、考えています。

＜歌唱＞

宝田　ありがとうございます。

井上　すごい『見果てぬ夢』を聴かせていただきました。自分がホストとして、ここにいることを全部忘れるくらい見入ってしまった！　長く生きて、経験を積むことで、こんな表現ができるようになるのなら、年を重ねるって本当に素晴らしいことですね。すみません、僕の感想なんかはどうでもいいですね。でもそれぐらいすごかった！　ありがとうございました。

　というわけで、順調に時間も押しております（笑）。本当に今日来ていただいて、お話を聞かせていただいたことに感謝しています。歌も、歌ってくださって。

宝田　想像していた以上に、井上青年は素敵な方でした。

井上　ありがとうございます。消えてしまいたい（笑）。でも、改めて思ったんですけど、我ながら素晴らしい企画ですね、これ（笑）。

　最後に、これは毎回お聞きしたいなと思っているのですが、日本から世界に発信できるミュージカルを創るためには、なにが必要だと思われますか。宝田さんが出演した映画が世界中で上映されたように、日本のオリジナルの作品を世界に発信することは、僕だけでなく、ミュージカルに携わっている人みんなの共通の夢だと思うんです。

宝田　日本人には、十分にその力が備わっていると思います。歌舞伎だってミュージカルの1つですからね。日本人は音楽的にも優れているし、楽器を使って、それに合わせて七五調で歌うのにも慣れている。感性だって素晴らしい。これからはどんどんいいものを創って、どんどん海外に打って出ていくべきだと思います。

井上　臆せずに、自信を持って出ていくべき、ということでしょうか。

宝田　本を書く人や演出する人が、２、３年、どこかで思い切り遊んでくることも重要かもしれません。その期間、何も書かなくてもいいから、とにかく世界を見ておいで、と。

井上　東宝がお金を出してくれるんじゃないかな。大きな度量で（笑）。

宝田　たとえば、50年前と今とでは、世の中はまったく違っていて、職業分類的に見ても、今は本当に多種多様な職業があります。したがって、俳優が演じる職業のバリエーションも増えています。

井上　たしかにそうですね。

宝田　俳優としては、いつどんな職業の役が来るかわかりません。出演依頼が来てから泥縄式にやるんじゃなくて、普段から人間を観察しておくことは非常に大切だと思います。演技がうまくなる本なんて、どこにも売ってませんからね。

井上　あったら買います！

宝田　人間を演じるなら、やはり人間ウオッチングです。役者だって人間です。知らない世界はたくさんあるはずです。でも知らないことは恥ずかしいことじゃない。幼い子どものように、好奇心を持って、どんどん質問して吸収していくことが大切だと僕は考えます。

井上　ミュージカル以外の分野、いえ、生きていくことそのものにつながっていく考え方ですね。今日は、いろいろ下調べをして、宝田さんに聞きたいことをたくさん準備してきたのですが、半分ぐらいしかお伺いできませんでした。ぜひまたお話を伺わせてください。

宝田　5年後ぐらいにぜひまた！

井上　そのときはまず年齢の数字の話から始めましょう。そして、また歌も一緒に歌ってください。

宝田　それよりも何よりも、今年は、あなたのお子が。

井上　お子のことですか（笑）。うーん、ここで終わるのは、どうだろう？（笑）。なんといっても、『レジェンド・オブ・ミュージカル』ですから。

宝田　人の親になると、またどんどん芝居も変わってくると思いますよ。

井上　そうですかね。違う世界がきっと見えたり、違う思いを体験したりするのかな、とは想像しています。

宝田　奥様をお大事に。

井上　それだけは頑張りたいと思います。最後はプライベートの心配までしていただきまして（笑）、ありがとうございました。

宝田　ありがとうございました。

井上　みなさん、またぜひ劇場に足をお運びください。本日のレジェンド、宝田明さんでした。最後に宝田さんに大きな拍手を！

松本白鸚

「今」という瞬間は人生に二度とない

2018年12月14日

松本白鸚（まつもと・はくおう）

東京都出身　３歳で初舞台。１９４９年市川染五郎、81年松本幸四郎を襲名。２０１８年二代目松本白鸚を襲名した。１９６５年22歳で『王様と私』でミュージカル初主演。『心を繋ぐ６ペンス』（66年）、『屋根の上のヴァイオリン弾き』（67年）、『ラ・マンチャの男』（69年）、『スウィーニー・トッド』（81年）などの日本初演に出演。ニューヨーク・ブロードウェイで『ラ・マンチャの男』（70年）、ロンドン・ウエストエンドで『王様と私』（91年）と2作品で日本人として初めて英語で単独主演。２０１２年『ラ・マンチャの男』の脚本家：故デール・ワッサーマン氏の夫人より、トニー賞を譲渡される。23年、単独主演54年間、上演回数１３２４回を重ねるミュージカル『ラ・マンチャの男』のファイナル公演をよこすか芸術劇場でやり遂げるという前人未到の偉業を達成した。文化功労者。文化勲章受章。

井上　本日はようこそシアタークリエにお越しくださいました。『レジェンド・オブ・ミュージカル in クリエ』第3回ということで、このシリーズは、毎回、すごく緊張するんですけれども、今日は最高潮に緊張しています。

現在、シアタークリエでは、『オン・ユア・フィート！』というミュージカルが上演されていて、その終演後の舞台をお借りして、『レジェンド・オブ・ミュージカル』をやらせていただきます。ただ、僕はまだ『オン・ユア・フィート！』を見ていません…（笑）。

ご覧になった方もたくさんいらっしゃると思いますが、僕は今、『ナターシャ・ピエール・アンド・ザ・グレート・コメット・オブ・１８１２』というミュージカルの稽古中でして、今日もさっきまで稽古場にいました。今日は稽古どころじゃないんだ、早くシアタークリエに行かせてくれよと思いながら、心ここにあらずで稽古をしていたわけですが（笑）、この『レジェンド・オブ・ミュージカル』が今日3回目を迎えるのは本当にうれしい限りです。

緊張しているから、紹介するのを先延ばしにしているわけではないのですが（笑）、一昨日ですかね、みなさん、フジテレビの『ＦＮＳ歌謡祭』、ご覧になりました？　僕は出てなかったですけどね（笑）。半分ほど、見ました。半分って、他意はないんですよ。『ＦＮＳ歌謡祭』は、日本全国のみなさんがご覧になることができる歌番組で、2～3年前ほど前から、ミュージカルも大々的に取り上げられるようになり、ミュージカルを取り巻く環境は確実に変わってきているなと、実感しています。

今、ミュージカルには追い風が吹いています。ミュージカルブームと言われて久しいですが、いかにしてたくさんミュージカルが上演されるようになったのか。この『レジェンド・オブ・ミュージカル』は、その歴史をお客さまとともにひもとき、また、これから先、日本のミュージカルは、どうしたらより盛り上がっていくのかを探っていこうというものです。そんな意図で僕が始めた企画ですが、東宝さんの力をたくさんお借りしております！　1回目は草笛光子さん、2回目は宝田明さんに来ていただきました。そして第3回の今夜は、満を持して、いえ、満を持してかどうかは分かりませんが、少なくとも僕の中では満を持して、松本白鸚さんをレジェンドとしてお迎えいたします。

でも、まだお呼びしません（笑）。意地悪をしているわけじゃなくて、ヒストリーを紹介しろという流れがありまして。あ、ここにケーキが置かれているんですけど、食べられるわけないだろと（笑）。毎回置かれているんですけど、1回も食べたことはありません。口の中（が乾いてしまって）ぱっさぱさです。レジェンドの方も食べにくそうで、まだ誰も食べていません。もしかしたら白鸚さん、今日は食べてくださるかもしれませんけど。

そんな白鸚さん、そんな白鸚さんではないですけれども（笑）、まずは僕からご紹介しますね。そもそも前置きが長いっていう話ですよね。今時間を確認しましたが、はい、早速押していますね（笑）。

歌舞伎だけではなく、現代演劇や映画、テレビドラマなど、あらゆる方面で、半世紀以上、第一線を走り続けている日本を代表する名優でいらっしゃいます。初代松本白鸚さんのご長男として誕生されまして、初舞台は3歳のとき。3歳って、みなさん、ご自身の3歳の頃のこと、覚えていますか？　何をされていたでしょうか。

1949年に市川染五郎（六代目）、1981年に松本《まつもと》幸《こう》四郎《しろう》（九代目）を、そして、今年（2018年）1月に二代目松本白鸚を襲名されました。歌舞伎界としては37年ぶりの3代同時襲名となりました（二代目松本白鸚、十代目松本幸四郎、八代目市川染五郎を襲名。親・子・孫の3代同時襲名は、歌舞伎界で実に37年ぶり、高麗屋にとっては2代続けてとなる慶事となった）。もはや僕の想像の域を超えています。

さて、東宝は、1963年、『マイ・フェア・レディ』を上演します。日本で初めて上演された、ブロードウェイ・ミュージカルです。その2年後の1965年、白鸚さんは、ミュージカルに初主演。梅田コマ劇場で日本初演の幕を開けた『王様と私』で、王様役を務められました（当時は市川染五郎）。翌1966年、23歳のときに、こちらも日本初演となる『心を繋ぐ6ペンス』に出演されます。シアタークリエは、かつて芸術座という劇場だったのですが、まさにここで上演されました。

そして、1967年、こちらも日本初演となる『屋根の上のヴァイオリン弾き』にモーテル役で出演。

１９６９年には、帝国劇場で初演された、『ラ・マンチャの男』に主演され、１９７０年には、同作で、日本人として初めてブロードウェイで主演を務められました。１９７２年には、帝劇で『歌麿』という、オリジナル・ミュージカルに主演。いずみたくさん作曲で、日本のオリジナル・ミュージカルの先駆けと言ってもいい作品でした。菊田一夫先生の演出だったんですね。当時はまだ今のようにネットが発達していませんでしたから、映像はもちろん、写真でもなかなか見ることはできません。僕も今日、初めて拝見しました。

そして、初めて見たばかりなのに申し訳ありませんが、もう話題を変えます（笑）。１９８１年には『スウィーニー・トッド』に出演されています。今もたびたび上演されている名作ですが、今思うと、この時代に、『スウィーニー・トッド』を帝劇で上演したって、すごいことですよね。攻めてるな、東宝。それが今につながっているのだと思います。そして、１９９０年から91年にかけて、今度は、『王様と私』で、ロンドン・ウエストエンドに進出されました。

今日は、これからそんな話をお聞きするわけです。『ラ・マンチャの男』に関しては、白鸚さんは、半世紀にわたって、（主役のドン・キホーテ役を）１２００回以上演じられています。そして、27歳のときにはブロードウェイでも演じられました。

歌舞伎界の名家にお生まれになった白鸚さんがなぜミュージカルに出演されることになったのか、またなぜご自身の演劇ユニットであるシアターナインスを作られたのか。そして、蜷川幸雄《にながわゆきお》さん、三谷幸喜《みたにこうき》さんなどと、いかにして現代劇に取り組んでこられたのか。今日は、そのあたりを中心にいろいろな角度からお話をお伺いしたいです。

それでは、満を持してお呼びしたいと思います。本日のレジェンド、松本白鸚さんです。どうぞ。

松本　あなた、うまいですね、司会が（笑）。

井上　実はこれが僕、1番得意なのかもしれません（笑）。

松本　ミュージカルスターらしくなくて感心しました。

井上　しゃべりすぎだと言われます。

松本　そんなことないですよ。

井上　白鸚さんは、こんなふうに劇場でトークショーをなさる機会は、あまりないのではないでしょうか。

松本　あんまりないです。それにしても、この劇場、懐かしいなあ。5、60年前に出演したんです。成人式の前の年でした。19歳。懐かしいです。その頃はまだ、井上ヨッシーなんていなかったけどね。

井上　まだ影も形もなかったです。すみません、ヨッシーと呼んでいただいて（笑）。

松本　娘の松《まつ》たか子《こ》がヨッシー、ヨッシーって言うんです。僕も、あなたのお芝居を見たし、ミュージカルも見ましたよ。ヨッシーと呼ばせてもらってもいいですか。

井上　もちろんです。松さんとは僕も何度も共演させてもらっています。松さん、お元気でいらっしゃいますか。

松本　ええ。しっかりと母親をやっております。改めまして、私、松たか子の父です（笑）。

井上　あ、よかったらケーキ（笑）。

松本　どこのですか。この辺はおいしいケーキ屋がいっぱいあるんですよね。

井上　いいところのだと思います（笑）。

松本　でもやっぱりこの劇場、今はシアタークリエとなり、芸術座の頃とはだいぶ趣が変わりましたが、本当に懐かしいなあ。

井上　きれいになりましたよね。いえ、以前が汚かったというわけではありませんが（笑）。

松本　広すぎず、狭すぎず、キャパシティーもちょうどいいです。

井上　そうですね、いろいろな作品が上演できることも魅力の１つではないでしょうか。それでは早速お話を進めさせていただきますね。

松本　今日は、歌は？

井上　え？

松本　今日は井上さんの歌が聴けるということで伺ったんですけど（笑）。

井上　それはもうちょっと後のくだりで。今日は白鸚さんのお話がメインなので、僕の歌は本当にお茶を濁す感じで、あくまでもアトラクションの1つとお考えください（笑）。

さて、みなさん、ご存じかと思いますが、白鸚さんは歌舞伎の世界の方です。もともと松竹で歌舞伎をやられていて、そこから東宝の舞台に出られるようになった経緯を、改めて伺ってもよろしいでしょうか。ごめんなさい、不勉強で。

松本　早稲田大学に入った年ですから、18歳か。新天地を求めていた父（初代松本白鸚）が、芸術座でもたくさんのお芝居を手掛けられた、菊田一夫先生と組むことになったんです。

井上　それがきっかけで、お父様は松竹から東宝に移籍されたんですね。

松本　はい、僕と弟（二代目中村吉右衛門《なかむらきちえもん》）もついていきました。

井上　たしか、東宝で歌舞伎を、ということだったんですよね？　ミュージカルをやるために東宝に移ったわけではなく。

松本　そうです。

井上　でもその当時、松竹から東宝に移籍するというのは、けっこう大変な…。

松本　はい。運命とか宿命とか仰々しい言葉はあまりピンとこないんだけど、自分の人生、縁に恵まれているなとは思っています。後でお話ししますけど、『ラ・マンチャの男』の英語の台詞を教えてくれたのが、父が『勧進帳』を教えた俳優だったんです。そして、今日、井上さんと、かつて芸術座だったシアタークリエで、若いお客さまを前に、こんなふうにお話をさせていただくのも素敵な縁だなと思います。せっかくの縁も、断ってしまえばそこで終わってしまいます。僕は歌舞伎俳優だからミュージカルはやりませんと言えば、それまでだったんですが、それをやっちゃったんですよね（笑）。

井上　やっちゃった（笑）。「僕は松竹に残ります」と言ったら、もうそれ以上は進まなかったでしょうからね。白鸚さんは、与えられた機会は、積極的に受け入れていく方なのでしょうか。

松本　そうですね。僕は「今」という瞬間が1番好きなんです。歌舞伎という伝統芸術の世界に身を置いていますが、やはり1番確かなのは「今」だと思っています。今、舞台上には、昔の懐かしい写真がたくさんありますが、それはこれまで築いていったものであり、それが今につながっている。例えば、かつてブロードウェイで、（『ラ・マンチャの男』の）『見果てぬ夢』を歌ったのは、娘のたか子が歌う、『アナと雪の女王』の主題歌の『レット・イット・ゴー〜ありのままで〜』を聴くためだったんじゃないかとも思ってしまうんです。そう考えると、日本人の歌舞伎役者が、ブロードウェイで主役を演じたということは、もうどこかにふっとんでしまいます。

井上　過去に築いたものは、すべて今につながっている。

やるからにはブロードウェイまで行ってやろう

松本　『王様と私』では、22歳の時に初めて王様役をやったのですが、後にその役を下ろされてしまったんですよ。それで、『王様と私』に別れを告げようと、ユル・ブリンナーがキングをやっていた公演を（ブロードウェイに）見に行ったんです。そのとき、ブリンナーから食事に誘ってもらってね、日本食を食べながら、彼はしばらくの沈黙のあと、「ネクストキング イズ ユー（Next king is you）」と言ってくれてね。涙がぶわーっとこみ上げてきました。その言葉をアルフレッド・テニスンの詩集とともに日本に持ち帰り、4，5年ほどたってからでしょうか。イギリスのプロデューサーからウエストエンドで『王様と私』のキングをやってくれないかと話が来たんです。これも縁ですよね。

井上　急にそんな話が来るものなんですか。

松本　すべては、縁の有無なんだなと。ブロードウェイの話もウエストエンドの話も、向こうから来ました。

井上　僕にはまだイギリスのプロデューサーからご縁はないのですが…。

松本　そのうちあります。あなたはブロードウェイのほうかな（笑）。

井上　何か念を掛けられているみたいだな（笑）。でも、前世占いで、前世はシャムの王子だったと言われたことはあります。全然関係ない話ですみません（笑）。

松本　おお。

井上　白鸚さんは、たしかかなりお若い年齢で、『王様と私』の王様役を演じていらっしゃいますよね。

松本　はい、最初に演じたのは22歳のときで、染五郎の名前でした。相手役は私の母と同い年の越路吹雪さん（笑）。とても素敵な方でしたよ。

井上　母親の年齢の女優さんの相手役をしたことはまだないですね。

松本　そうでしょう。

井上　それが初めてのミュージカルだった？

松本　そうです。

井上　先ほども少し話に出ましたが、歌舞伎をやるために、移籍された東宝で、菊田一夫先生から、「ミュージカルをやってみないか」というお話があったのですか。

松本　そうです、そうです。歌舞伎役者がミュージカルをやるということで、僕自身はもちろん、周りの方もみな疑心暗鬼でした（笑）。それに、当時はまだ日本産のミュージカルがなかった時代です。（劇団四季の創設者である）浅利《あさり》慶太《けいた》さんもまだミュージカルはやっていなかった。江利チエミさんが『マイ・フエア・レディ』（1963年）をやったばかりでした。

その頃から見てくださっている方は、もうほとんどいらっしゃらないと思うのですが、実は、今日、客席にいらっしゃるんですよ。井上さんが、いろいろお取り計らいくださって。

井上　お取り計らいしたというほどではないのですが、そうなんです、実は今日、客席に音楽評論家の安《あ》倍寧《べやすし》先生が来てくださっています。先日、僕が安倍先生とトークショーみたいなことをやらせていただいたとき、今度、白鸚さんとお話しさせていただくんですとお伝えしたら、じゃ、行くよと。そして、質問したいともおっしゃられて。それを今日、白鸚さんにお伝えしたら、ぜひにということで、では早速、安倍さんから質問していただいても、よろしいでしょうか。

松本　あれ、順番が違いませんか？

井上　順番はもう何でもありです。今日お会いしたとき、僕は話がいろいろなところに行くからよろしくねと言われたのですが、本当にいろいろなところに行くんだなと（笑）。大丈夫です。これこそ、「今」ですからね。そんなわけで、まだ始まったばかりですが、安倍寧先生、質問をどうぞ。

安倍　（客席で立ち上がり）台本じゃこんなに早くに出る予定じゃなかったんですけど（笑）。

井上　（笑）。安倍さんは、『王様と私』の初演のパンフレットにも寄稿されています。

安倍　はい、染五郎さんのミュージカル初舞台を拝見しています。『ラ・マンチャの男』はもちろん、『王様と私』も『心を繋ぐ6ペンス』もすべて初演を見ています。

井上　すごいですね。誰も頭が上がらないです。

安倍　年齢がバレますね（笑）。それじゃちょっと割り込んで質問していいですか。

井上　もちろん。その前に、お２人とも座ってください。いたたまれないので（笑）。

安倍　染五郎さんが幸四郎さんになられ、松竹から東宝に移籍されました。それがミュージカルをやるきっかけの１つになったと思うのですが、「ミュージカルをやらないか」と言われて、戸惑いはなかったのでしょうか。「いえ、私は歌舞伎役者ですから、ミュージカルなんてできません」というお返事をされる方のほうが多いと思うのですが、やるよという気持ちになってしまったということですか。

松本　はい、なっちゃったんです（笑）。

安倍　乗せる人がうまかったのかな。そして、そういった、新しいことに挑戦しようというお気持ちも強かったのでしょうね。

松本　はい。そして、やるからにはブロードウェイまで行ってやろうという気持ちもありました。

安倍　あ、そうですか。図々しいですね（笑）。

松本　（笑）。そういう、強い思いでやろうと思ったんです。歌舞伎もミュージカルもそこそこではなく、徹底的にやろうと。この間、井上さんにも褒められましたよ、「白鸚さん、歌うまいですね」って。

井上　そんな言い方したかな。すみません（笑）。どの口が言うみたいな。

安倍　高麗屋にはそういった血が流れているんじゃないかと思います。

松本　挑戦者の気質は、祖父（七代目松本幸四郎）の代からあったのかもしれません。今では信じられないでしょうが、祖父の時代は、歌舞伎座で、昼間シェイクスピア劇などの洋物をやり、夜は勧進帳などの歌舞伎をやっていたんですよ。同じ場所で、昼夜で西洋ものと歌舞伎をやっていた。だからミュージカルにもスムーズに入っていけたのかもしれません。

井上　今は考えられないですね。安倍先生、ありがとうございました。

松本　先生、ありがとうございました！

　挑戦者、の話ですけどね。僕だけかな、挑戦者というと、どうしてもアマチュアリズムを感じてしまうんですよ。でも、僕は、プロフェッショナルな挑戦者でありたいんです。

井上　分かります。でも、それが1番難しい…。

松本　井上さんはアーティストでしょう？

井上　…自覚はありません。

松本　腕に職を付けるといいますが、僕は常々、アルチザン、芸を持つ職人になりたいと思ってきました。芸のない歌舞伎役者は、歌舞伎役者じゃないとも考えています。それはミュージカルでも言えることで、『スウィーニー・トッド』のときだったでしょうか。共演したオペラの方から質問を受けたんです。「染五郎さんを見ていると、歌っていたと思うと叫んで、叫んだと思うと泣いて、笑っている。オペラではアリアはアリアとして歌い、台詞、叫び、笑い声、そのすべてにそれぞれの発声がある。でも、染五郎さんの発声にはその境界線がない。いったいどう発声をしているんですか」って。

井上　僕もぜひ伺いたいです。

松本　そんなことを聞かれるのは初めてだったから、「今は答えられないから、一晩、自宅で考えてきます」と言ったの（笑）。それで翌日、彼に言いました。僕は歌舞伎俳優だけれども、『スウィーニー・トッド』のときは、歌舞伎の発声でもなく、オペラの発声でもなく、ひょっとしたらミュージカルの発声をしているのかもしれないって。そうしたら、彼は理解してくれてね。井上さん、分かるかな。

井上　…すみません（笑）。でも、僕も日々そのことを考えてはいます。

松本　あなたの声もそうなってるんじゃないかな。

井上　なってますか。

松本　なってます。台詞をしゃべっていると歌になって、歌になったら叫んで、泣いて笑って、そしてまた歌になる。

井上　聞きましたか、みなさん！　でも、たしかに僕もそうありたいと思ってはいます。ミュージカルにはミュージカルの発声があります。歌だけで進行していくミュージカルもあれば、たくさん台詞がある作品もあります。歌だけ歌っているぶんには、実はそれほど喉は使いません。でも、白鸚さんがおっしゃったように、叫んだり怒ったり怒鳴ったり、笑ったりするときは、すごく喉を使うんですよね。そのバランスというか、やりくりがなかなか大変でして。

松本　能の世界に革新をもたらした世阿弥は、彼が記した『風姿花伝』のなかで、物学条々《ものまねじょうじょう》、物まねが能の基本であるとし、その心得について語っています。彼の言う物まねは、今で言う物まねではなくて、「肚《はら》」だと思うんですよ。役になり切る。役になり切っていれば、小さな声で発せられた台詞も、すーっとお客さまの中に入っていく。ただ、その物まねができていない芸は、それが歌舞伎であっても、ミュージカルであっても、遠い席の方には届きません。

先日、歌舞伎の舞台でこんなことがありました。早口の台詞があったのですが、ある俳優さんは、これを本当に早口で話したんです。すると、噛んだりつっかえたり間違ったりするわけです。そこで、僕は、「早口のセリフを早口でしゃべるのは普通の人がやること。我々役者は、ゆっくりしゃべって、早口でしゃべっているように聞かせる。それが芸でしょ」と言いました。そういったことは、ミュージカルの世界にも、歌舞伎の世界にもあるわけです。

井上　それが、「物まねの芸」なんですね。

松本　物まねをする芸人で、役者として芝居にも長けている方がいらっしゃるでしょう?　あれは観察力なの。役者が観察することに興味を持てなくなったら、役者を辞めるべきです。

井上　お、聞いているか、若い役者（笑）。

松本　今日は、若い役者の方もいらっしゃるの？

井上　いらっしゃると思います。U25（アンダー25）かな、客席には、無料でご招待している、若い方が１００名いらっしゃいます。きっと演劇を志している若い方が来てくださっていると思います。

松本　あ、そう。そういえば、先日は、娘の松本紀保《きお》の芝居を見てきました。あれは面白かったな。

井上　現代劇ですか。

松本　そうです。ミュージカルの部分はたか子が継いでくれて、歌舞伎は染五郎が幸四郎になり、息子や孫が継いでくれています。で、紀保の芝居を見ながら、私が蜷川幸雄さん、三谷幸喜さんをはじめ、いろいろな人と組んでやってきた、小劇場での芝居は、長女である紀保が継いでくれているなと思ってね。

井上　幸せなことですね。

松本　95％、家内の力です。本当にそう思います。

井上　でもお父さまである白鸚さんのお姿を見て、お子さまたちもそれぞれの道を歩んでいったのではないでしょうか。

松本　いやいや、僕なんてどうでしょうか。ただ、２、３日前、今の幸四郎がコマーシャルの仕事でニューヨークに行ってきて、僕が『ラ・マンチャの男』をやった、マーチンベック劇場の前に行ってみたそうです。今では名前が変わり別の劇場になっていますが、そこでミュージカルを見て、胸がいっぱいになったと言っていました。

井上　僕は、残念ながら白鸚さんとは血はつながってないのですが、幸四郎さんがお父さまである白鸚さんがやられてきたことに誇りを感じたように、今こうして白鸚さんから、直接、お話を聞かせてもらっていることもとても貴重なことだと思うんです。先ほど白鸚さんがおっしゃられていたように、舞台は今生まれて今消えていくものです。だから、そのときに生まれていて、そのときその場にいないと見ることができません。

松本　そうですね。

井上　ただ、僕にはなんらかの形で、それを受け継いでいきたいという思いがあって、それがこの『レジエンド・オブ・ミュージカル』なのですが。どうしよう、まだ『王様と私』の話が全然終わってない（笑）。

松本　（私が出演してきた）ミュージカルについては、冒頭で説明してくださったじゃないですか。

井上　でも歌のこととか、くわしく伺いたいお話もたくさんあるんです（笑）。引き続き、質問させていただきます！　イギリスで『王様と私』に出演されたときは、ウエストエンドだけではなく、地方も回られたんですか。

松本　はい、英国内のツアー公演もやりました。イギリスには、半年くらい滞在して、全２０７ステージに出演しました。あれはバーミンガムだったかな、40年ぶりの大雪で公演が中止になってしまってね。で、ホテルに帰ろうとして乗ったタクシーで、運転手さんがバックミラー越しにちらほら見てくるんです。赤ら顔のちょっと太ったおじさんで、そのうちに話し掛けてきた。君は日本から来ている『王様と私』の王様をやっている役者だろうって。

井上　ご存じだったんですね。

松本　そうですと言ったら、昨日見たよ、ああ、そう、どうもありがとうと。そのくらいは英語をしゃべれますから（笑）。それでホテルに着いてお代を払おうとすると、とてもよかったからお代はいらないと。有望な役者にご飯をごちそうしてあげるなど、若い頃にいろいろ面倒を見て、出世したら払ってくれという出世払いという風習が、イギリスにもあるんだなと思ってね。

井上　今の日本のタクシーではそんな人いないですよね（笑）。

松本　なかなか、いないよね。それと、あれはニューカッスルだったかな。小火《ぼや》騒ぎがあって、みんな衣裳をつけたまま外に出たんです。冬だから寒くてたまりませんでした。

井上　『王様と私』は暑い国の話ですもんね。

松本　そう、だから薄着なんです。劇場を出て、なぜか全員で地下鉄のプラットホームに逃げたんですよ

(笑)。ガタガタ震えていると、出演者の１人が帽子を置いて、讃美歌を歌い始めた。そうしたらしゃれた人がいるんですね、ぽーんとコインを投げてくれて。そうこうしているうちに、マネジャーが来て、消火が終わりました、でも今日は公演は中止です、と。

井上　すごい話だな。そもそもイギリスでミュージカルや演劇を見る層は、日本の客層とはまた違うんでしょうか。日本でミュージカルをやり始めた当初のお客さまはどんな層だったのかということも、気になっています。

ダンスの最中にヒラメ筋に裂け目

松本　僕が最初に『王様と私』に出演したのは１９６５年。50年以上昔のことです。まだ、ミュージカルはほとんどなくて、舞台といえば、歌舞伎や新劇が主流でした。

井上　歌舞伎のお客さまは歌舞伎しかご覧にならないとか、そういう感じだったんでしょうか。

松本　歌舞伎のほかに、宝塚、松竹新喜劇、新国劇、新派がありました。今はいい芝居は見るけどよくない芝居は見ないというお客さまが増えていますよね。

井上　僕は評判の悪い芝居を見たいと思ってしまうんです。興味が湧いてくるんですよ、逆に(笑)。ただ、日本でミュージカルをやり始めた頃は、ミュージカルを知ってる方はほとんどいないですよね。上演し続けることで、少しずつ浸透し、お客さまも増えてきたということでしょうか。

松本　いつだったかな、菊田先生が、「染五郎くん、続けようよ。日本にミュージカルが根付くまでやり続けようよ、頑張ってくれよ」と言ったんです。劇場でそんな話を聞いていたとき、舞台事務所の電話が鳴ったんです。ある新聞社の外信部の記者からで、「さっき外電で、今度、ブロードウェイで上演する『ラ・マンチャの男』で、染五郎がドン・キホーテをやるというニュースが入っているけれど本当か」と言うわけです。その電話を受けたときの先生の顔！（笑）。うれしさとやっかみが合わさったような顔でした。その頃、菊田先生は『スカーレット』という（オリジナルの）ミュージカルを創っていて、それをブロードウェイに売り込もうとしていたんです。そんなときに、僕に『ラ・マンチャの男』のブロードウェイ出演の話が来たわけですからね。

井上　やっかみ⁉

松本　先生にしたら、なんで『スカーレット』より先にお前がブロードウェイに行くのか、という思いでしょう。そんな顔で「おめでとう」と言われました（笑）。ただ、先生は、僕に聞きもせずに「引き受けます」と返事をされたそうです（笑）。

井上　え、その場で⁉

松本　その話が本当なら引き受けます、と。でも、英語の台本なんてもちろん手元にありません。丸善さんに頼んで取り寄せました。

井上　すごいなあ。本当に興味深い話ばかりです。ただ、すみません、『ラ・マンチャの男』についてもぜひ聞きたいのですが、その前に、『心を繋ぐ6ペンス』についても伺いたくて。

松本　たしかに、その話にならないと、あなたの歌が聴けないですからね。

井上　はは（笑）。今日は偉大な大先輩を相手にして、まったくペースがつかめない（笑）。では、気を取り直して、こちら、シアタークリエの前身である芸術座で初演された、『心を繋ぐ6ペンス』の写真です。白鸚さん、踊っていらっしゃいますよね。

松本　ミュージカル・コメディでした。踊って、歌って、バンジョーを弾いて、すごかったですよ。

井上　最初に『王様と私』をやられて、『心を繋ぐ6ペンス』は、白鸚さんにとって、2作目のミュージカルになりますね。

松本　そうです！

井上　歌舞伎俳優である白鸚さんが『王様と私』をやられただけでもすごいのに、その後ダンスもある、ミュージカル・コメディをやるなんて。チャレンジングすぎます！

松本　だからそのときに付いたあだ名が「まさかの染五郎」（笑）。あ、今、滑りましたね。

井上　はい。そうかもしれません（笑）。

松本　そのときに忘れもしない…、そろそろいいですか。
井上　お願いします。ぜひその話、伺いたいです！
松本　ダンスを踊っている最中に、ヒラメ筋に裂け目ができちゃったの。ブスっと音がしました。
井上　そんなに激しいダンスを踊られたんですね。
松本　本当にブスっといって、足がぶらんぶらんになっちゃって、そうしたら周りのダンサーの方が2人で僕を担ぎ上げて、ステップを踏みながら、「そのまま痛みをこらえてください」「あとのステップは全部僕たちが踏むから」と、その場面は本来なら僕がすべきことを全部やってくださった。その後、（プロ野球の）ジャイアンツのトレーナーをされていた方を呼んで診てもらって。でも、その頃はまだテーピングとかなくてね。自転車のチューブで巻いて、痛み止めの注射をぶすぶす打って、さあ、行ってらっしゃいと。痛いと言ったら、「野球の選手はユニホームの下はみんなこれだ」って（笑）。野球の選手と一緒の扱いです。それで夜の部をやりました。しばらくしたら菊田先生が駆け付けてきて、「どうする、休むかい？」と聞くので、「休みません」と答えました。当時はアンダースタディ（代役の役者）は存在しなくて、主役が倒れたらそれでクローズでしたから。
井上　その状態で、最後までやられたんですか。
松本　そうです。ここで縁の話に戻りますが、ブロードウェイで『心を繋ぐ6ペンス』をやっていた…。

名前、忘れちゃった。

井上　トミー・スティール？

松本　そう、トミー・スティールです。僕がイギリスで、『王様と私』を演じたときのアンナ先生がスーザン・ハンプシャーという女優さん。トミー・スティールも、彼女を相手に、王様役を演じていました。ハンプシャーはとてもいい女優さんでね、揚げ豆腐が大好きなんです（笑）。話がずいぶん飛びますね。

井上　いや、1つひとつが映画のワンシーンみたいに素敵なお話ですから、聞いていて楽しいです。

松本　で、そのハンプシャーが…。

井上　え、まだ続きますすか。はい（笑）。

松本　彼女にね、ウエストエンドで主役を張るには何が1番必要かを聞いたら、「体力よ」って。井上さんも分かるでしょう？

井上　はい、その点、歌舞伎役者の方は本当にすごいと思います。ほとんどお休みがありませんから。僕らは、本番や稽古以外のときは、だらっと生活しているんですけど、でも歌舞伎の方は、ほぼずっと本番がある。

松本　そうです。稽古は月に4～5日ですね。

井上　お休みとかもほとんど取られない？

松本　休むと病気になっちゃう。アスリートにもいるでしょう？　練習を休むと、体の調子が悪くなってしまうという人が。

井上　復活するのに時間がかかってしまうんでしょうか。

松本　少なくとも、今年は全然休まなかったですね。

井上　すごいなあ。３歳で初舞台を踏まれて以来、ほとんど切れ目なく舞台をやられているわけですよね。

松本　でも上には上がいます。坂田《さかた》藤十郎《とうじゅうろう》という、80代半ばの先輩には、口上に１５０回、付き合ってもらいました。そういう方がいるのでね。

井上　休んでいる場合じゃないと。で、この流れで僕が歌うのはかなりのプレッシャーなのですが、今お話が出た、『心を繋ぐ6ペンス』の中から1曲、披露させてください。実は、僕は映画をちらっと拝見した程度でして…。

松本　映画にもなりましたね。

井上　かわいらしいミュージカル・コメディという印象があります。本当に喉がぱさぱさで全然歌える気がしないんですけれども。

松本　いきなり歌うの？

井上　そうなんですよ。それに、この作品に出演された、白鸚さんの前で歌うなんてほぼ罰ゲームですよ…。

松本　ほとんどすべて忘れてしまっているので大丈夫です。

井上　本当ですか。もし間違えても分かりませんか。

松本　全然分かりません。

井上　ちなみに白鸚さんがやられたときとは違う歌詞になっています。

松本　そうでしょうね。

井上　はい。だから、間違えても分からないはずです（笑）。というわけで、歌わせていただきます。

〈歌唱〉

松本　歌ったことあるの？　この歌。

井上　今、初めてここで歌わせていただきました。みなさん、気を遣って、たくさん手拍子してくださって。ありがとうございました。でも、本当にいいナンバーですね。

松本　素晴らしかったです。胸がいっぱいになりました。

井上　ありがとうございます。でも、歌いながら、なんで僕歌っちゃっているんだろうとは少し思っていました（笑）。さて、これでようやく先ほど話題になった、『ラ・マンチャの男』の話に戻ることができます。ここでこのお写真です。これは、松さんと共演されたときのものですね。

松本　はい、そうです。

井上　２０１９年の上演では、初演から数えて１３００公演の記念日を迎えます。

松本　日本初演以来、半世紀です。

井上　最初に（ドン・キホーテ役を）やられたときはおいくつだったんですか。

松本　初演時は26歳でした。そして、ブロードウェイへ行ったのが27歳のときです。

井上　27歳でブロードウェイ進出！

松本　１ドル３６０円の時代です。よく帰ってきましたよ、本当に。

井上　（笑）。で、こちらがブロードウェイでのお写真です。

松本　ああ、ブロードウェイの舞台だ！

歌舞伎の世界では、まねることも学びの1つ

井上　そもそも『ラ・マンチャの男』という作品とは、どんなふうにして出合ったのですか。

松本　父がニューヨークで見て、感動してね。とてもハンサムなドン・キホーテだったと言っていました。

その後、菊田先生に電話をして、「これをぜひ染五郎でやらせてくれ」とお願いしたそうです。これをきっかけに、東宝さんが版権を取ってくださった。帝劇でした。相棒のサンチョは、小鹿敦《こじかあつし》（その後、小鹿番《ばん》に改名）さん。（ドン・キホーテが姫と慕う）アルドンサ役には、草笛光子さん、浜木綿子《はまゆうこ》さん、西《にし》尾恵美子《おえみこ》さんの３人がキャスティングされていました。

井上　第１回にゲストとして来てくださった草笛さんからも、そのときのお話を少し聞いています。この写真だ！

松本　これは篠山紀信《しのやまきしん》さんが初演のときに撮ったポスターです。台本もないタイミングで撮りました。篠山さんは、今ではすっかり巨匠になられていますが、私がブロードウェイでドン・キホーテを演じたのも見てくださっているんです。今回の３代同時襲名の口上も撮影していただきました。

井上　ずっと白鸚さんを撮り続けていらっしゃるんですね。

松本　そう。

井上　今、お話に出た、アルドンサ役が３人いた、初演の稽古の話もぜひ伺いたいです。草笛さんは、稽古がつらくて橋から飛び降りようと思ったとおっしゃっていました。

松本　僕はもっとつらかったよ。アルドンサが３人いますから、稽古も３回やるわけです。あと、宣伝部の方が、このミュージカルはすごく哲学的な作品で、どうやって宣伝したらいいのか分からないと言っていました。その言葉は今も忘れられないな。

井上　分かる気がします。ブロードウェイ・ミュージカルというと、今でさえ、明るい華やかなコメディとか、ドラマチックな作品を想像しますからね。

松本　そうです。ドン・キホーテの理想主義と、カラスコ博士の現実主義が対立するんですよね、端的に言うと。（ドン・キホーテは）騎士の扮装をして世の正義と真実を守るために戦っています。でも、お金もないし、病気も患っている。いやなこともつらいこともあります。これが現実です。そして、「いつの時代も現実は真実の敵だ」と。すごい哲学的でしょう？　だから宣伝部の方はどうやって宣伝したらいいんだろうって悩んでいました。ちなみに、その（宣伝の）方は白い靴下を履いていましたよ。

井上　今それを言ったら（誰だか）分かっちゃうかも（笑）。

松本　分からないでしょう。だって半世紀前だもん。

井上　たしかにそうですね（笑）。日本で、しかも帝劇のような大きな劇場でやるのは、難しいんじゃないかっていう空気もあったのかもしれませんね。

松本　再演はできないと思っていました。

井上　それがまさか半世紀後も上演されているとは！　今、（２０１５年にアルドンサ役を演じた）霧矢《きりや》大夢《ひろむ》さんと一緒にお稽古をしているんです。よろしくとおっしゃっていました。

松本　ああ、霧矢くんね。

井上　今のところ（この作品とは）それくらいのつながりしか僕にはなくて（笑）。最初に見たのは、大学生のときでしたが、正直1回目はよく分からなくて。それでも、あの雰囲気とセットと演出に圧倒されて、再演されるたびに見に行っていて、年を重ねるにつれ、少しずつ分かるところが増えている気がします。あと、男性のファンが多いのも特徴的だなと。

松本　それも出会いですよね。だって、白鸚が『ラ・マンチャの男』と出合うんですよ。屋上から目薬をさすような確率なんじゃないかな。

井上　分かります。その当時、ニューヨークに行って、『ラ・マンチャの男』を見た日本人なんて、ほとんどいないでしょうしね。

松本　ブロードウェイで主演して、帰国したときのマスコミの方の第一声が、「奥さん、おめでたですか」だったんですよ（笑）。当時はまだ飛行機の乗降にタラップを使っていて、僕が降りて、その後、家内が降りるときに、やわらかい薄手のワンピースを着ていた家内のお腹の部分が風に吹かれて膨らんだの。ブロードウェイの「ブ」の字も出なかった。

井上　最初にその質問ですか（笑）。そのくらい、日本人にとって「ブロードウェイってなんだ？」って、ピンときてなかったんですね。

松本　ああ、日本に帰ってきたなあと実感しました（笑）。染五郎はニューヨークで何をやってたんだ、歌舞伎かなといった感じだったんじゃないかな。

井上　今とは全然違う状況だったんですね。

松本　今は日本にもミュージカルが浸透しているし、ヨッシー、いえ、井上さんもいる。菊田先生がお元気でおられたら喜ばれたでしょうね。

井上　ヨッシーで大丈夫ですよ（笑）。

松本　（笑）。亡くなった（十八代目中村《なかむら》）勘三郎《かんざぶろう》こと、のりちゃんね、ニューヨークで芝居をして、イギリスにも行ったらしく、興奮して向こうから電話をかけてきたことがあるんです。「兄さん、こんなところで『王様と私』を２０７ステージ、半年間もやったんですか。よく演じ切りましたね。兄さん、あなたは歌舞伎界の野茂英雄《のもひでお》です」って（笑）。野茂は引退したけど、僕はまだ引退してないって言おうとしたらガシャンと切られちゃった。

井上　現地に行って体験して、改めてそのすごさが分かるんでしょうね。ブロードウェイでやってみないかという話が来て、ブロードウェイに行かれて。初日は１９７０年3月2日で、日記にはこのように書かれているそうです。せんえつながら読ませていただきます。

「緊張。心臓の鼓動がはっきりと聞こえる。幕が上がる。劇場の中が、客席がものすごく膨れ上がって、恐ろしいほどの圧迫感で目の前に迫ってくる」

松本　ずいぶん冷静に書いてあるね。（初日は）あっという間に終わっちゃいました。公演が終わると、バタンキューで疲れ果ててすぐ寝るんです。それで、ぱっと目が覚めるんですよ。まだあたりが薄暗いのね。目覚まし時計を見ると4時なんです。まだ明け方か、疲れすぎちゃってあまり眠れなかったのかなと思ってね。でも、よくよくあたりを見ると、翌日の午後4時なんです。深夜0時頃から午後4時まで1度も目が覚めない（笑）。

井上　トイレにも行かず？

松本　そう。ほぼ毎日、そんな感じでした。日曜日の休演日には、よくセントラルパークに行っていました。家内と2人でベンチに座ってハンバーガーを食べていると、やはりすぐに夕方の4時くらいになってしまうんです。

井上　難しい作品を、英語で、しかも主役を演じられていた。すごいことだと思います。

松本　歌舞伎の世界では、まねることも学びの1つと言われています。先輩のいい役者を、物まねするんです。それが修業なの。僕は英語の先生であるドン・ポムスさんの英語の台詞を一字一句まねていました。歌舞伎の修業と同じようにね。そして、このドンさんとの縁も不思議なんです。僕がブロードウェイに行く数年前に、親父がブロードウェイの役者に『勧進帳』を教えたのですが、そのとき、弁慶をやっていたのがこのドンさんだったの。やはり縁ですよ、これも。ブロードウェイ出演の話も、断れば、それで終わりでしょう？　あとね、ドンさんは、相手が（台詞を）言い間違えたときどう返すかといったことも教えてくれました。言い間違えてもこれとこれは同じ意味だから、理解して返しなさい、とかね。よく「スィンク、ドントアクト（Ｔｈｉｎｋ．Ｄｏｎ’ｔ Ａｃｔ．）」、芝居をするな、考えろっておっしゃってました。

井上　そうやって習得されたことが、お客さまに伝わっているという実感はありましたか。

松本　ある夜、クライマックスのシーンで、最前列にいた初老のお客さまが最後の僕の台詞のところで、ハンドバッグから白いハンカチを取り出して目頭をぬぐわれたんです。ちょうど照明が暗いシーンだったのですが、そのご婦人が胸元で握り締めている白いハンカチが、白い玉が光っているように見えてね。僕は英語の台詞を言いながら、その玉の中に引き込まれていきました。そして、この気持ちを味わうがためだけにブロードウェイに来たんだと思えた。分かりますか。若い歌舞伎役者が、英語でブロードウェイの俳優を相手にしながら感じた、この吸い込まれるような感覚！

井上　すべての苦労が吹っ飛びますね。

松本　うん、人間としても俳優としても気持ちががらっと切り替わりました。

井上　そのくらい、すごいことだったんですね。

松本　「大切なことは目に見えない」という、『星の王子さま』の一節は有名ですが、これだ、この気持ちを味わうためだけに僕はブロードウェイへ来たんだとこの瞬間実感しました。

（ブロードウェイでの）初日と千穐楽をご覧になってくださった、猪熊《いのくま》弦《げん》一郎《いちろう》画伯が、抽象から具象に行く最後の抽象画だと言って、ドン・キホーテをテーマにした絵をくださったんです。楽屋で握手しながら、「初日の染五郎くんはブロードウェイの俳優さんから光をいっぱい当ててもらっていたね、助けてもらっていたね。でも、千穐楽の君はブロードウェイの俳優に光を与えていたよ、おめでとう」と言ってくださった。

井上　すごい話ですね。

松本　こういった思い出がある作品ですから、来年（２０１９年）50年の節目を迎えるのは、とても感慨深いです。そして、井上さんとこういう話ができている今この瞬間も、僕の人生には二度とないわけで。

井上　それに、こういった経験は、誰もができるわけではないですからね。…この流れでまた僕の歌になるのは正直言ってつらいです（笑）。

松本　うまいよ、あなたは。

井上　ありがとうございます。大先輩を前に、本当に申し訳ないです。レジェンドの方は、（『ラ・マンチャの男』の）『見果てぬ夢』に思い入れがある方が多く、前回、宝田さんとも歌わせていただきましたが、今回は、『ラ・マンチャの男』を歌います。

松本　イントロダクションの部分の台詞は、ブロードウェイを思い出しながら、僕が英語でやります。

井上　え！　本当ですか。では、みなさん、白いハンカチの用意を（笑）。

＜歌唱＞

井上　すごいことになってしまって。幸せでした。

松本　まだあの頃は存在していなかった井上芳雄が（笑）。

井上　ちょっともう進行不可能ですね。あまりのことに。

松本　そろそろおしまいじゃない？

井上　そうなんです。でも大丈夫です、ここからちゃんと締めに入りますから。今日も本当に幸せでした。

松本　本当にいい歌は、大きな声が出せるものでも技術を駆使するものでもないと僕は思っています。聴いている人が思わず歌いたくなるような歌が本当にいい歌なんです。その点、井上さんの歌は素晴らしかった。踊りだって同じです。本当にいい踊りは、ただきれいなだけでも、テクニックを駆使したものでもなくて、見ている人が、思わず腰を浮かせて、踊りたくなる踊りだと思うんです。

井上　光栄です。ミュージカルの世界でも、劇場を後にして帰路についたとき、劇中の曲を口ずさんだり、ステップを踏みたくなる作品が、いいミュージカルと言われますよね。

明日の舞台は過去からつながっている

井上　さて、そろそろ本当に締めに入らないと（笑）。今日はミュージカルの話を中心に伺いましたが、白鸚さんは、あらゆるジャンルの演劇をやられている稀有な俳優さんです。

松本　ほとんどの劇場に出演しています。日劇にも出ましたよ。

井上　お芝居をやられたんですか。

松本　そうです。歌も歌いました。

井上　それに、白鸚さんは、映像でもたくさんの名作に出演されています。そんな白鸚さんが、今の日本の演劇界を俯瞰《ふかん》して、感じてらっしゃることはありますか。お客さんが変わってきたというお話もありましたが、どんなところに希望を感じていらっしゃるとか、感じていらっしゃらないとか（笑）お聞かせいただければと思います。

松本　先ほどもお話ししましたが、僕は「今」が大事だと考えています。人によっては、「今」は決して素晴らしいときではないかもしれない。「今」は過程の途中と感じる方もいらっしゃるでしょう。嫌なことばかりだと感じている方もいるはずです。それでも「今」なんです。僕は歌舞伎の稽古をしなきゃならない「今」も、井上くんとお話ししてそれをお客さまに聞いていただいている「今」も、どんな「今」も愛おしい。

井上　よくても、悪くても。

松本　うん。人間、誰もが生まれ、そして、死んでいく。だからこそ、「今」を大事にしないともったいない。（客席に向かって）井上くんのいい舞台をご覧になると得した気持ちになりませんか？（客席から拍手）お芝居もミュージカルも歌舞伎もそういうものです。ご覧になった方が、1つ自分の人生で得をしたなと感じられるもの。たかがミュージカル、されどミュージカルです。それを忘れたことはありません。

井上　最後にもう1つお聞きしたいことがあります。日本のミュージカルです。日本のミュージカルの創生期からミュージカルに携わられたレジェンドの方たちは、菊田先生をはじめ、何十年後かには日本から世界に羽ばたくミュージカルができるはずだ、そのために頑張ろうと、夢見ていたと思うんです。日本のミュージカル界の歴史の中では、世界レベルの作品もたくさん生まれていると思うのですが、まだそこまで至っていないなという気持ちもありまして。日本のミュージカルが世界に進出していくためには、どうなっていけばいいと思われますか。

松本　僕はそんなこと考えたことないです。

井上　あ、「今」ですか！

松本　そう、「今」です。明日の舞台は、それまでやり続けてきたことが過去からつながっているのですから。そして、その先に井上くんが生まれたのだから（笑）。

井上　僕は、いつかブロードウェイに行きたいなとか思って先のことを考えてしまうのですが、白鸚さんは、「今」を重ねていったその先に、ブロードウェイとウエストエンドのお誘いがあった（笑）。

松本　そう思います。だからあなどるなかれ、「今」を。

井上　そうか。あなどりがちですよね。「今」がよくないと、「今」なんて、大したことないとか、未来を見ていろ、みたいな気持ちになっちゃいます。

松本　うん、苦しみを苦しみのままにしちゃうのはいけないと思う。悲しみを悲しいままにしてはいけません。苦しみや悲しみをなんとか希望にしようじゃありませんか。そのためにミュージカルをやり、歌を歌い、お芝居をしているんですから。

　不幸があった弟子がいました。でも君、「今」だよ、と僕は伝えました。調子のいいとき、何もないとき、幸せなとき、人間はだらける。何か厳しいことがあったら、そのときこそ勝負だよと。いい役者になりたかったら、最愛の人を失った「今」こそ、舞台に立つべきだって。けがをしたときや、調子が悪いときこそ勝負どきなの、人間は。

井上　ですよね、いつも元気なわけじゃないですもんね。

松本　うん。でもあなたはそれを感じさせないような舞台をつくっているから、素晴らしいと思う。

井上　そう見えているといいなとは思いますが、今日は体が痛いなとか、声が出ないなというときもあって、今の白鸚さんのお話を伺うと、とても勇気が出ます。

松本　僕はそう思ってここまでやってきた。

井上　今日は本当にたくさんのお話を聞かせていただいて、最後に大事な言葉もいただいて、『ラ・マンチャの男』のブロードウェイの雰囲気も感じさせていただいて、本当に幸せな時間でした。ありがとうございました。

松本　ありがとうございました。

井上　中身が濃すぎて、本当にこのシリーズは始まる前は死ぬほど緊張して、終わったら幸せと疲労でぐったりするという（笑）。今はまだ整理し切れていないですけど、今日も大切な言葉をたくさんいただきました。みなさんにとってもそうだといいなと思っています。自分たちがやらせてもらっている舞台をどんな状況でも必死にやることが、未来へとつながっていく。そして、白鸚さんたち先人は、そうやって「今」ここに至った。これが、この先までも続いていくんですね。

　というわけで、本日もたくさんの方にご協力いただきました。本当にありがとうございました。このトークショーは本当にここだけの話ではありません。ぜひ拡散していただきたいです（笑）。ダメな場合もありますが、今回のお話は拡散して大丈夫です！　むしろ、いろいろな方に、こんな話があったよというのを伝えていただければうれしいです。そして、またぜひ劇場にお越しください。本日は本当にありがとうございました。

鳳蘭

人を幸せにしようという気持ちが「華」

2019年6月23日

鳳蘭（おおとり・らん）

兵庫県出身。１９６４年宝塚歌劇団に入団、70年星組男役トップスター就任。76年『ベルサイユのばら Ⅲ』フェルゼン役、77年『風と共に去りぬ』レット・バトラー役、78年『誰がために鐘は鳴る』ロバート・ジョーダン役などで観客を魅了。79年の退団後もミュージカルを中心に活躍。82年『スウィーニー・トッド』で菊田一夫演劇賞、87年『シカゴ』で日本芸術祭賞、88年『レ・ミゼラブル』で都民文化栄誉特別賞、90年『王様と私』で名古屋ペンクラブ賞、92年『ジプシー』『ハウ・ツー・デイト』で文化庁芸術選奨文部大臣賞大衆芸能部門、96年『ラ・マンチャの男』のアルドンザ役と『ラヴ』のエレン役で菊田一夫演劇大賞、２００９～10年『雨の夏、三十人のジュリエットが還ってきた』『ＣＯＣＯ』『屋根の上のヴァイオリン弾き』で第44回紀伊國屋演劇賞・個人賞、第51回毎日芸術賞、第17回読売演劇大賞・最優秀女優賞を受賞するなど、数々の栄誉に輝く。また、「鳳蘭レビューアカデミー」を主宰し、後進の育成にも積極的に携わる。05年紫綬褒章受章、16年旭日小綬章受章。

井上　ようこそ、『レジェンド・オブ・ミュージカル in クリエ』にお越しいただきました。ホストを務めさせていただきます井上芳雄です。軽快なピアノをすでに弾いてくださっております、本日のピアニストは大貫祐一郎《おおぬきゆういちろう》さんです。

『レジェンド・オブ・ミュージカル』は今回で4回目。今日、初めてレジェンド・オブ・ミュージカルに来たよという方、いらっしゃいますか。お、半分ちょっとですかね。毎回1回ずつしかやりませんので、来たくても来られない方もいらっしゃるでしょう。初めての方、うれしいです！　でも、あ、初めてのための、説明をしないといけませんね。

昨今はミュージカルブームと言われています。実は僕も今日の昼間、（『エリザベート』のトート役として）ちょっと黄泉の国に行っておりまして（笑）。少しその面影を残しております。一応、爪の色に合わせて青いスーツを着てきたんですけど、怪しくしたいのかちゃんとしたいのか、よく分からない人になってしまいました。このシアタークリエでも、現在、『CLUB SEVEN』が上演されております。

東京に限らず、今、さまざまな場所で、さまざまなミュージカルが上演されていて、（ミュージカルをやっている）僕たちにとっては、とてもありがたい状況なのですが、逆に言えば、なぜ今こういう状況なのか？とも考えます。才能ある若いミュージカル俳優もどんどん出てきています。（僕が）今出演している『エリザベート』でも、どんどん若手が育ってきている。僕は全然望んでないんですけど（笑）、新陳代謝がすごいんですよ。新しい才能がたくさん、男女問わず生まれています。最近の日本人は何を食べているんだろうと不思議に思うくらい、今の若い子たちのスタイルは異次元です。

ただ、未来を考えるためには過去を知らないといけない。日本のミュージカルの創生期はどういった雰囲気で、どういった方々が、どんな苦労と喜びを持ってやっていらっしゃったのかを知りたいなと、中間管理職的な立場の僕は思ったわけでして、そこで、日本ミュージカル界のレジェンドたちをゲストに迎え、先人の苦労やエピソードを紐解いていく、このシリーズを始めさせていただきました。１回目のレジェンドは草笛光子さん。２回目は宝田明さん。３回目は松本白鸚さん。そうです、ものすごいメンバーです。何回やっても、全然慣れない。なぜなら毎回ゲストが違うから（笑）。本日のレジェンドは、鳳蘭《おおとりらん》さんです。と、紹介させていただいたもののまだ出てきません（笑）。すみませんね。いつもここで拍手が起きちゃう。レジェンドのご登場の前に、ちょっと僕が鳳さんの紹介をさせていただきます。

鳳さんは１９６４年に宝塚歌劇団に入団されました。１９７０年に星組トップスター就任。１９７６年『ベルサイユのばら』にフェルゼン役で出演され、伝説のフェルゼンと評されます。（『マリー・アントワネット』で）フェルゼン役は僕もやったことがありますが、全然伝説にはなりませんでした。１９７７年、『風と共に去りぬ』ではレット・バトラーを演じるなど、宝塚が誇る名作に数多く出演されています。そして、１９７９年に宝塚を退団。１９８０年に『ファニー・ガール』で東宝ミュージカルに初出演されました。今春（2019年）は『ラブ・ネバー・ダイ』に出演。この冬にはミュージカル『天使にラブ・ソングを～シスター・アクト～』の出演が控えており、長きにわたってミュージカル界の第一線で活躍され続けています。

　そんな鳳さんがなぜこの道を志すことになったのか。これほどたくさんのミュージカルに出演し続ける原動力は何なのか。そして、なんといっても、鳳さんは〝華がある〟ミュージカル俳優の代表格。僕も結構、〝華がある〟と言われるのですが（笑）、僕の〝華〟なんて大したことないんだなと思い知らされる存在です。そんなわけで、〝華〟のことも、〝華〟以外のことも、ぜひ伺ってみたいです。では、お呼びしたいと思います。本日のレジェンド、鳳蘭さんです。

鳳　みなさん、こんにちは。鳳蘭です。レジェンドが歌を間違えたらどうしようと、一応老眼鏡を持ってきた（笑）。

井上　よろしくお願いします。（僕、）ちょっとしゃべりすぎましたね。

鳳　お話上手ですね！　美貌があってスタイルも良い、歌うまい、お芝居うまい、お話上手。悪いところ、ないわね。

井上　悪いところ…ちょっと口が悪い？

鳳　（客席に向かって）拍手しちゃだめ。そんなことないわって伝えなきゃ（笑）。

井上　大丈夫です、むしろちょっと喜んでいるくらいです。実際、お話しするのは大好きですし、お話をお聞きするのも好きなんです。鳳さんとは、ほとんど初めまして、ですよね？

鳳　文学座に在籍している下の娘（荘《しょう》田《だ》由《ゆ》紀《き》）があなたのすごいファンなんですよ。あまりに娘が「芳雄さま、芳雄さま」と言うので、どんな方なんだろうと思っていて。

井上　〝さま〟という感じの者ではありません。芳雄でいいですよ。ちなみに、鳳さんのことは、みなさん、ツレさんとお呼びになっていますよね？　今日は、どうお呼びしたらいいでしょうか。

鳳　ツレさんでいいです。ツレちゃんでもいい。もうなんでもいい。〝おい〟でも、〝お前〟でも。

井上　ちょっとハードルが高すぎて（笑）。じゃあ、ツレさん。

鳳　おいとか、お前とか言われるの、好きなんです、男に（笑）。

井上　やってみてもいいですけど。〝おい〟（笑）。全然、進まない、〝おい〟じゃ（笑）。じゃあ、ツレさんと呼ばせていただくことにして。下のお嬢さんが…。

鳳　そうなんですよ。いい趣味しているなと思います。

井上　僕もそう思います（笑）。（由紀さんも）素晴らしい女優さんですよね。

鳳　そりゃ、まあ私のＤＮＡが（笑）。

井上　謙遜というのを知らない人種ですね！　僕も同じ系統です！　それにしても、先ほど華々しい経歴をご紹介させていただきましたが…。

鳳　うん、確かに〝華〟はあると思います（笑）。すれ違った人は、だいたいぱっと振り返ります。そんなときは、また、私の〝華〟にやられたな～って、それは思いますね。

目の前にいる人が幸せでないと嫌

井上　生まれ持っていらっしゃるんですね、〝華〟を。

鳳　私、目の前にいる人がニコニコ笑っているのが大好きなの。悲しそうにしている人がいると、どうやってこの人を明るい気持ちにしようかと考えちゃう。過剰なサービス精神の持ち主なんですね。今日はみなさん笑っているからとてもいいです。

井上　宝塚に入る前からそんな感じなんですか。

鳳　生まれつき？　子どもの頃の写真を見たら、妹がまじめな顔をしている隣で満面の笑みでポーズを決めている私が写っています。

井上　ツレさんが妹さんの生気を吸い取ってしまった？（笑）

鳳　そうそう、吸っちゃっているの。本当にスター星（に生まれついている）。

井上　分かります。僕もちょっと同じ星、スター星の方面の人間なので（笑）。人前に出ると、やはりみなさんに笑ってほしいと思います。

一方で、ツレさんは、宝塚の舞台に立たれる前から華やかさがあふれ出てしまっていたのでしょうか。

鳳　とにかく目の前にいる人が幸せでないと嫌なの。

井上　お1人のときはどんな感じなんですか。

鳳　もうカーテンを閉め切ってしまって（笑）。実は1人も好きなの。そういう性格だから、1人になったときにものすごく疲れが出ちゃうんです。

井上　人前に出ると、もう無条件に…。

鳳　幸せにしようと思っちゃうから。

井上　では、やはり生まれながらの？

鳳　そうね。

井上　謙遜という言葉はお母さまのお腹の中に置いてきてしまったんですね。

鳳　もともとない（笑）。母のお腹にもなかった。

井上　気持ちがいいですね（笑）。そんななかでも、時間はどんどん過ぎていきます。

鳳　そろそろ終わるのかなと（笑）。

井上　（笑）。ツレさんとお話しさせていただくのが新鮮すぎて、どのお話から聞いたらいいものやら。

鳳　なんでもどうぞ。

井上　では、まず宝塚時代のお話をお伺いしたいのですが、宝塚に入られたのは、その〝華〟ゆえですか？

鳳　そうね、その頃から、周りを楽しませようといろいろなことをやっていたけど、それが〝華〟だとは思っていなかったの。ただ、宝塚を受けるという友達がいてね。よくある話でしょう？

井上　よく聞くパターンですね！

鳳　そうそう。で、友達についていって、私のこの美貌とスタイルでバチっと。

井上　宝塚に興味があったとかは？

鳳　ない！ 見たこともなかった。見たいと思ったこともなかったの。宝塚音楽学校に入ると、（当時は）舞台を3階席から無料で見せてくれたんです。生まれて初めて3階席から宝塚を見て「あの真ん中の人は誰？」って聞いたら、「あんた那智わたるを知らんの!? トップスターの名前を知らないで宝塚入ってきたん？」とみんなにびっくりされました。

井上　では歌も踊りも特に勉強をされていたわけではなく？

鳳　才能、才能！

井上　世の中、そういう方もいらっしゃるんですね。そして、ぜんぜん嫌味な感じがしないところがすごい。

鳳　だって本当のことだもん！

井上　すごい話です。ところで、一緒に受けられたお友達は……。

鳳　落ちました（笑）。

井上　そのお友達と、それからも仲良くされました？

鳳　全然。音信不通（笑）。

井上　ですよね。心の傷ですもんね。なんであいつ、連れてったんだろうって。

鳳　たぶん、そう。

井上　人選ミスですね。それで、知らずに入られた宝塚は、実際に入ってみていかがでしたか。

鳳　足が頭の上まで上がる人がいるし、日本舞踊の名取もいる。ピアノはショパンを弾きこなす人がいる。私なんてピアノの鍵盤も触ったことがないし、着物も着たことないし、足は上がらないし、スターになんてなれるわけがないと思ったんです。（宝塚には）3年くらいいて、その後、父が決めた人とお見合いして結婚しようと思っていました。

井上　そこは謙虚なんですね（笑）。

鳳　最初は謙虚だったんです。私、美貌とスタイルで、5番目の成績で音楽学校に入ったんです。それが入ったら40人中39番だか38番だかに落ちちゃった。

井上　安心するエピソードですね（笑）、世の中、美貌だけでずっといけるわけではないという。

鳳　いや、美貌だけでいけたの。

井上　…あの鳳さん。今日は前方にU25（アンダー25）という席があって、ミュージカルを志している若い方を１００名招待しているんです。今の話、教育上よくない！　みんな、こんな人生ばかりじゃないからな！

鳳　そうじゃないのよ。1番前で見ている、ミュージカルを目指している人。大切なのは心です。〝人を幸せにしよう〟という気持ちがあれば、それが〝華〟です。美貌やスタイルは関係ないの。〝華〟があればオーラが出て、舞台のどこに居てもその人に目が行くんです。

井上　心の持ちようですか。

鳳　心です！　舞台は「心」。私、よく、本を書いたらどうかと声を掛けていただくのだけど、1冊どころか1行も持たないって、いつも断ってるの。「心」の一言で終わり（笑）。

井上　確かにだいたいレジェンドの方って本を出されてるけど、ツレさんの本って聞いたことないです。

鳳　「心」、1文字。以上。

井上　（笑）。では、38番くらいに落ちて、そこからどうやってトップスターに這い上がっていったのでしょう？

鳳　『ハニー イエスタデイ マイライフ』って歌があったの、男役の歌。まだ、研究科の2年かそのくらいで大抜てきだったのよ。で、私が、出ていって、「ハニー」と言った途端、お客さんがうおーっとどよめいたの。私、なぜどよめきが起こったのか分からなくて、え、何？　どこかに何か落ちた？　って思って（笑）。それがあまりに毎日どよめくので、あ、私ですか（笑）。それから、ひょっとしたら実力がなくてもスターになれるかもしれないと思った。

井上　どよめきで。

鳳　そう、どよめきで。

井上　そのあたりから、ご自身が特別かもしれないと気づかれた？

鳳　成績は悪いし、全然だめだと思っていたんだけど、あれ、私、どよめかせる力があるの？　と思ったわけ。そこからです。宝塚歌劇団では、あらゆるレッスンがタダなんです。ジャズダンスに日本舞踊、歌。全部のレッスンを受けました。どよめきが起こった頃から「やるぞ！」となったの。ジャズダンスを踊ったあと、Tシャツを絞ったら汗がしたたり落ちるぐらいだった。

井上　意識が変わった。

鳳　変わった。3年くらいで辞めようと思っていたから、授業は遅刻ばかりしていたもん。…また自慢ばかりになっちゃって嫌なんだけど（笑）。

井上　自慢というか、本当の話ですから仕方ないです（笑）。

鳳　最下級生のとき、ダンスのレッスンで1番後ろで踊っていたら、（ダンスの）朱里《しゅり》みさを先生が「そこの！前にいらっしゃい」って、上級生もいる中で1番前で踊らされたんです。セクシーな振りだったのですが、頑張ってやったら「（鳳さんのように）こう踊るんだよ！」って上級生たちに向かって言うの。私、踊りもできるの!?って（笑）。歌のエピソードもお話ししましょうか。

井上　勘弁してください（笑）。

鳳　（笑）。深緑《ふかみどり》夏代《なつよ》さんのシャンソンのレッスンに初めて行ったとき、「あなたね、この歌は男と女が愛し合い、別れていく歌よ。なんでそんな明るく歌うの！」って怒られたんです。それじゃあと歌詞をかみしめて歌ったら、おえつで歌えなくなっちゃって。そうしたら深緑先生が「あなた！シャンソンをやりなさい！」って。それでシャンソンを始めたの。

井上　どうしよう。まだ宝塚退団まで（話が）いってない（笑）。とにかくそうやってすべてのレッスンを受けられて、もともと持っていらっしゃる〝華〟に加え、技術も身に付けられた。

鳳　はい、努力はしました。

井上　菊田一夫先生がツレさんを見出したというお話も耳にしたのですが、本当ですか。

鳳　研究科1年生のときです。菊田先生が宝塚の演出をなさったのですが、私は1年生だから一番端で踊ってたの。そのとき、菊田先生が助手だった鴨川清作《かもがわせいさく》先生と酒井澄夫《さかいすみお》先生に、「あの子が将来宝塚を背負って立つよ」って言ったんですって。

井上　え！

鳳　それで、鴨川先生と澄夫先生が「鳳蘭だ」ってなった。

井上　じゃあ、最初にツレさんに目を付けたのは菊田先生なんですね。森光子《もりみつこ》さんと同じエピソードになってきた…。

鳳　そうです。そうなんです。

井上　本当に見る目がおありになる。その後、菊田先生の演出は受けられたんですか。

鳳　それが、(先生の演出を受けたことは) ないんです。ただ、先生の、那智わたるさんに対する演出は、下級生の立場から拝見していました。先生は泣いてお芝居されるんです。ダンスの振付師は踊れる。日本舞踊の振り付けをする人は日本舞踊のお名取さんでしょう？　歌を教える人は歌が歌えます。だからお芝居を演出する人は自分もお芝居できなきゃいけないと思うんです。本当に申し訳ないけれど、そう思うの。その点、菊田先生はすごい。自分でお芝居をして、泣きながら演出をつけていました。

井上　そうなんですね。その話は初めて聞きました。たしかに、そういうタイプの演出家の方もいらっしゃいます。

鳳　演じる側としたら、まねから入るほうが楽ですから。

井上　このシリーズでは、菊田先生のお話がたくさん出てきます。僕はお会いしたことがないのですが、みなさんのお話から、どういう方だったのか少しずつイメージできるようになりました。

鳳　ご自分でも演じられるくらい、本当にお芝居が大好きな方でした。そして、そのお芝居がまたお上手なの。

たぶん、生まれついての男役

井上　鳳さんが歌劇団在団中に主演された『ベルサイユのばら』『風と共に去りぬ』は現在も上演され続けている名作ですが、鳳さんはどちらも初演に出演されている?

鳳　いえ、『ベルサイユのばら』は、やるよって噂が流れているとき、私はパリ公演中だったの。で、1カ月のパリ公演から戻ったら、日本は空前のベルばらブームだったんです。ただ、私が帰ってきても、オスカルは無理。私がオスカルだったらアンドレは高倉健《たかくらけん》くらいの方がやらなきゃいけなくなる（笑）。マリー・アントワネットはとんでもない（笑）、アンドレもちょっと、ということで、私のために『フェルゼン編』ができました。

井上　ツレさんのために!?

鳳　私のためにできたの。もう、自慢ばっかり！（笑）。全部、本当のことだけどね。その後、『ベルばら』ブームはさらに加熱していって、毛皮を着て外に出ると、ファンの人に毛をむしり取られちゃうんです。「取った取った！」って喜んでるの。６人くらいに囲まれながら駐車場にダッシュよ。

井上　今の宝塚ファンとは全然違うんですね。

鳳　全然違います。『ベルばら』からファンも変わりましたし、下級生たちも変わりました。それまでは楽屋の化粧台前に花が1輪活けてあっても、誰からかしら？で終わっていたんですが、『ベルばら』以降は「私が活けました、私です！」って言ってくるようになったの。

　ファンも変わったし、宝塚も変わりました、『ベルばら』で。

井上　現代の宝塚に続く大事な変化だったと思います。

鳳　歌舞伎でいう『忠臣蔵』くらいすごいことよね。私たちの『ベルばら』を見た人が、再演のときには結婚していて小さい子どもを連れてきて、再々演のときにはその子どもが結婚していてといった感じにどんどん広がっていくの。

井上　『ベルばら』の頃は、もうトップになられていて？

鳳　はい。8、9年目だったのかな（笑）。

井上　ツレさんは、今でも男役のことも愛していらっしゃいますよね。

鳳　私、未だに女優と言われると少し気持ち悪いのよ。どちらかというと、歌も男役っぽい歌い方のほうがかっこいいんじゃないかと思っているの、自分で。男役のほうがやりやすいです。

井上　未だに。

鳳　未だに。たぶん、生まれついての男役（笑）。

井上　（笑）。では、宝塚のコーナーの最後に、『ベルサイユのばら』のテーマソングである『愛あればこそ』を披露していただきたいと思います。すみません、僕は性別さえ違っていたら宝塚に入りたかった1人なので、あつかましくもご一緒させていただいていいでしょうか。

鳳　歌いましょう。

井上　はい、『愛あればこそ』。僕の〝華〟では足りないと思いますけど、精いっぱい歌わせていただきます。

＜歌唱＞

鳳　すごく繊細な人ですね。全部、私の息に合わせてくれた、すごい。ありがとうございます。私も人に合わせるほうだからよく分かるの。市村《いちむら》（正親《まさちか》）さんと歌うときなんて、私が全部合わせてるのよ。あの人、私の苦労も知らずに自由に歌うから。

井上　（笑）。確かに僕も合わせるのが好きなんです。合わせ上手だからここまでやってきた感もある。

鳳　私もそうなの。

井上　僕もツレさんタイプですね（笑）。それにしてもこの歌はすごいですね。鼻歌くらいはお風呂で歌ったりしたこともあるんですが、きちんと歌ったことはなかった。改めて通して歌うと、愛の豊かさ、深さが、すごい。こんな情感豊かな曲だったんだなと思いました。

鳳　愛のパターンって、１つではないじゃないですか。苦しい愛、悲しい愛、甘い愛、すべての愛が全部この歌に集約されているんです。

井上　こんなに情感あふれる歌だったんだ。そして、ツレさんと歌っていて、ブロードウェイのスターと歌っているような感覚になりました。そんなにたくさんのブロードウェイのスターと歌った経験があるわけではないのですが、目を見て気持ちをくださる感覚とか。スケールも、ブロードウェイクラスでした。

鳳　もっと大きな声で言って（笑）。

井上　大丈夫です、マイク入っていますから（笑）。では、この後は１９７９年に宝塚を退団されてからのお話を聞かせてください。

鳳　私が宝塚にいた頃は、東宝も（今のように）ミュージカル、ミュージカルという感じではなかったんです。ちょうど私が（宝塚を）退団した頃から、ミュージカル、ミュージカル、ミュージカル、ミュージカル、ミュージカルって言い出したの。

井上　ようやく時代がツレさんに追いついたのかもしれない。

鳳　そうなんです。私の運の強さですね。

井上　間違いないです。宝塚を辞めた後は、女優として、ミュージカルや舞台をやろうとは考えていらっしゃらなかったんですか。

鳳　いえいえ、あなた、私、この顔よ！　女優を続けるといってもミュージカルもそんなに上演されていなかった時代です。この顔でホームドラマには出られないじゃない。ちょっと笑ったら、画面から口がハミ出ちゃう（笑）。絶対女優はできないと思っていたから、結婚したの。

井上　そんな、仕方なくみたいな顔で言われても（笑）。

鳳　そう、仕方なく。ほかに辞める理由がなかったのよ。女優をやるとは夢にも思わなかったんです。ミュージカルの時代になって、東宝からいろいろお話をいただいて、主人も、いいんじゃないですか、舞台に出たら、と言うので。

井上　じゃあ、意外な流れだった？

鳳　そうなんですよ。考えてもいなかった道でした。それを今もまだやっているなんて！

舞台に立つ人にとって1番大事なのはリズム感

井上　東宝での最初の出演作は１９８０年に日本初演された『ファニー・ガール』でした。いかがでした？

鳳　相手役の岡田眞澄さんが、毎日、赤いバラを楽屋に持ってきてくださったの。外の舞台って相手役の人がそうやって主演の女優さんに花を持っていくものなんだ、と驚きました。

井上　ええ！　持っていったことないですよ（笑）。

鳳　一応、婚約者もいたから、いいのかな、これ、毎日、とは思っていました。

井上　ちょっと、もう別世界に来ちゃったなという。その後、１９８１年には、帝国劇場で上演された『スウィーニー・トッド』に出演されます。難しい作品ですよね。

鳳　それが、私ってね、本当にね（笑）。

井上　みなさん、準備しておいて（笑）。

鳳　曲に反応しちゃうんですよ。人間をミートにしてパイにするというちょっと嫌な話なんだけど、音楽が明るいから、役づくりより音楽に反応しちゃってケロっと明るく歌ったら、それが救いだって新聞に書かれたんです。そうじゃなくて、音楽に反応しただけ。私って音にリードされちゃうの。

井上　本能的に。

鳳　そう、本能的に。役づくりじゃないの。音。だから私、未だに自分がミュージカルに向いているのかどうかわからないの（笑）。

井上　そうでしょうね。そうだと思った（笑）。そんな感じで、『スウィーニィー・トッド』も結構楽しく？

鳳　そう、楽しくやっちゃった。音が明るいんだもん。舞台に立つ人にとって1番大事なのはリズム感です。歌もリズム感、踊りもリズム感、お芝居もリズム感。リズムを全部体に取り入れないとだめです。

井上　ツレさんはそれを意識されながらやられているのですか。

鳳　天性（笑）。

井上　基本、天性の方に聞くのは間違えていました。でも、重要ですよね。普通のおしゃべりでも、リズム感ありますよね、ツレさん。

鳳　芳雄ちゃんも（リズム感）持ってるわよ。私はめっちゃ持ってるけど！

井上　謙遜しないですね！（笑）。僕もですけど、上には上がいる。

このあたりで、１９８５年に出演された『シカゴ』のお話も伺いたいです。

鳳　ロキシー役を演じました。麻実《あさみ》れいさんがヴェルマ。全編セクシーなダンスなの。好きでしたね、この役は。麻実さん、この前食事をしたときに、「またやりたいですね」って言ってたけど、もう無理。

井上　いろんな意味で見てみたいです。

鳳　もう網タイツ、はけないもの。

井上　いやいや、お２人ならはけるでしょう。

鳳　おいおい、おいおい（笑）。

井上　先日も宝塚のＯＧの方たちで上演されてましたよね、『シカゴ』。

鳳　そうなの。知らない。

井上　あまり他人の舞台はご覧にならないんですか？

鳳　ほとんど見ません（笑）。見たいと思わないの。結局、自分が経てきた道でしょう？　あの芝居をやった、この役をやったとなってしまって、集中してドラマに入れないの。

井上　何か言いたくなっちゃう？

鳳　言いたくなっちゃう。だから、もう見ないことにしたの。

井上　分かります。（他人の舞台を見て）いいことなんて１つもないです。

鳳　そうでしょう？

井上　良かったら悔しくなるし、悪かったら腹立たしいし。

鳳　なんでこんなのにお金払って時間まで使っているの、ってなっちゃう（笑）。

井上　…お客さんを前にそんなことを（笑）。今日は違いますよね？

　では、聞くのも野暮ですけど、『シカゴ』でも特になんの苦労もなく（笑）。

鳳　うん、そう。私、セクシーダンスを持っているから（笑）。

井上　今、気づきました。この後もいろいろな作品について伺っていきますが、基本的には、「苦労はなかったわ。持って生まれた才能だから」という感想ってことですよね（笑）。

鳳　ぜんぶ同じ。

井上　今までのレジェンドの方は、このときはこんな苦労をしたとか、草笛（光子）さんなんて、橋から飛び降りようと思ったとか、聞くも涙のお話も出て…。

鳳　ない（笑）。なんにもない。でもね、演じているときに、お客さまと話している感覚はあるんです。白いハンカチが上下していたら、あ、泣いているなとか、大きな拍手をいただいたときは感動されたんだなとか、演者と客席って常に会話しているの。でも、今日はハンカチの上下が全然ないわね（笑）。

井上　今までの『レジェンド・オブ・ミュージカル』とは客席の感じが違って、どんどん笑いの波が起きている。吉本新喜劇的な笑いが止まらなくなっています。

鳳　私、美貌とスタイルがなかったら吉本入ってた。美貌とスタイルが邪魔したの。

井上　それは本当に残念です（笑）。では、このあたりで、僕が『シカゴ』から、『ラズル・ダズル』を歌わせていただきます。

鳳　弁護士（ビリー・フリン）の歌かな。

井上　ちょっと怪しい弁護士ですよね。

鳳　そうです。いかさま弁護士。勉強したの？

井上　今日、初めて歌うので。

鳳　偉い（笑）。

井上　いやいや、（その作品に）出ていらっしゃった方を前に初めて歌うという、罰ゲーム的な企画ですが、頑張らせていただきます。ツレさんがやられたときと同じ、岩谷時子先生の訳で歌うので、当時のことを思い出していただければと思います。では、『ラズル・ダズル』をお聴きください。

＜歌唱＞

鳳　すごい。これはすごい。

井上　とりあえず、最後まで歌えました。

鳳　ほっとしているでしょう?

井上　はい。もう、今日の仕事は終わったな（笑）。

鳳　分かるわ、その気持ち。日本人で、エキゾチックさを持っている人ってあまりいないんだけど、ちゃんと持ってた、芳雄さま。

井上　本当ですか。（拍手）そろそろ『シカゴ』の話が来ますか?

鳳　もう忘れちゃってるのよね、どうやって歌ってたかとか。相手役の方の名前すら分からない。あ、若《わか》林豪《ばやしごう》さん。若林さんが『シカゴ』をやるというので、ちゃんばらをやると思って見に来た団体さんが、劇場に来てみたらミュージカルだったのでひっくり返ったというエピソードがあった（笑）。

井上　ミュージカルの浸透率はまだそのくらいだったんですね。

鳳　そうね。もっと後に生まれて、あなたの相手役をしたかったわ（笑）。

井上　光栄です。それでは、次の写真に行きましょう。『レ・ミゼラブル』です。この写真は初めて見ました。

鳳　初演に出ました。それは覚えている。6カ月も上演したんです。稽古を含めたら1年くらいやっていたのかな。洋服が毛皮から夏の服に変わったくらいずっと稽古していた記憶があります。

井上　基本、毛皮は外さない（笑）。

鳳　セレブな部分を一生懸命アピールしているの（笑）。

井上　大丈夫です。十分感じております！　役柄はテナルディエ夫人。ツレさんにとっては珍しい役柄じゃないですか。

鳳　それまでヒロインばかりやっていて、これは子どもをいじめる役でしょう？　いっぱいいたファンの方が一気にいなくなりました（笑）。でも、大きな曲がり角を曲がってすごく楽になったの。ずっとヒロインしている人はしんどいと思う。私は早くにこれで曲がっちゃったから、本当に気楽になったわ。

井上　分かります。僕も王子役が多かったんです。いつまでも王子役をやればきっと、王子をやっている僕を好きな方は喜ぶだろうけど、ずっとはできないですからね。…でも、抵抗はなかったですか？

鳳　私はあまりものごとを深く考えないんです。やることになったら、やりましょ！ってなるの。そして、あとから気づくんです、「ああ、子どもをいじめる役をやったから、あんなにいたファンがいなくなっちゃったー」って。天性で大らかなんです（笑）。

井上　気持ちのいい性格ですよね。後悔もされないんですか？

鳳　いや、そのときは後悔しましたけど、今改めて考えると、曲がり角を早く曲がっておいてよかったと思います。

井上　すごい前向きというか、ポジティブ。

鳳　人間、みんな、そうよ。ネガティブとポジティブ、どちらの面も持ってる。

井上　そういう面もないとね。先ほど、『ベルサイユのばら』で宝塚が変わったというお話がありましたが、日本のミュージカルは『レ・ミゼラブル』から変わったと言ってもいいくらい、この作品が与えた影響は大きいと思います。

鳳　それはそうですね。やっぱり上演を重ねるたびに、血液の中に音が入ってくるっていうのかな。お客さまも何度も見ているうちに、今まで3感じていたのが5感じるようになって、やがて10感じるようになっていく。演じるほうも、お客さまも、何度も重ねるほうが〝入ってくる〟のよね。

井上　そういった楽しみ方も『レ・ミゼラブル』から始まった気がします。

鳳　（作品は）何度もやったほうがいい。どんどんお客さまの中にも入ってきますから。あなた、『レ・ミゼラブル』には出演されているの？

井上　出たことないんですよ（笑）。ちなみにダブルキャストということには抵抗はなかったですか。今のミュージカルはほとんどがそうですが、このときはまだ珍しかったと思います。

鳳　私、天才的にまねが上手いんですよ。まねしちゃうんじゃなくて、盗んじゃう。だから（ダブルキャストの）阿知波《あちわ》（悟美《さとみ》）さんの演技は見ていません。見たら同じになっちゃうから。宝塚で（『風と共に去りぬ』の）レット・バトラーを演じたときもね、幕が開いたらいつもと違う座り方をしている自分がいて「なんで私こんなふうに座ってるんだろう…あ、昨日見た映画だ」って。自然と盗っちゃうんですよ、盗ろうと思っているわけでもないのに。

井上　その能力がすごい。

鳳　天才なんです。

井上　（笑）。前回、白鸚さんもおっしゃっていました。歌舞伎というものはまねから始まるって。実は僕も（ダブルキャストのもう1人の舞台は）見ません。僕の場合は、まねちゃうとかじゃなく落ち込んじゃったり気になっちゃったりするから見ないんですけど。

鳳　（笑）。それでいいと思いますよ。

お客さまを愛するように相手役も愛する

井上　話を進めます。ツレさん、１９８８年には『王様と私』をやられています。

鳳　はい。アンナ役を演じました。

井上　東宝の名女優さんが演じている役柄です。

鳳　松平健さんが王様役でした。舞台の上で、松平さんの顔を見つめて「キレイな顔だな～」と思った途端、歌詞を忘れちゃった（笑）。私が歌い出さないから、松平さんも、「どうしたんだ？」って目で私を見てました。

井上　オケは流れ続けていたんですか。

鳳　ずっと流れているの（笑）。

井上　舞台上のそういったトラブルは多いほうですか。

鳳　そうですね。他のことを考えるとだめになる。一緒に組んでいた俳優が、（共演している）恋人に合図を送ったのが目に入ったときも、自分の台詞を忘れちゃった。

井上　それは込み入った状況ですね（笑）。でも、きっとアンナ役、お似合いだったと思います。当時、岩谷時子先生がツレさんに寄せた文章が残っているので、ここで紹介させてください。

「ミュージカル女優として数多くの大作の主演を務めているが、これほど舞台で華があり、迫力のあるエネルギーを惜しみなく見せてくれる人はめったにいない。おおらかで明るく、神経質でよく泣く鳳蘭さんが、女優業を生きがいとして心に据えたとき、もう１つ大輪の花になるだろうと『王様と私』を楽しみにしている」

このコメント、覚えていらっしゃいます？

鳳　覚えてない（笑）。岩谷先生は、私がまだ下級生の頃、宝塚の稽古場にいらしたときに、当時の組長さんが紹介してくれたの。『愛の讃歌』の訳詞をされた方だと聞いて、すごいと思って、それ以来、不思議と、私が悩んでいるときに偶然お会いすることが多かったんです。それでいつも相談させていただいていました。こうしなさい、ああしなさいとアドバイスをくださって、悩み相談室みたいに。かわいがっていただきました。

井上　（岩谷さんが懇意にされていた）越路吹雪さんとは、お会いになっていらっしゃいます？

鳳　1度だけ岩谷先生に切符を取っていただいて、日生劇場に越路さんのリサイタルを見に行ったんです。そのとき、お隣の席が（坂東《ばんどう》）玉三郎《たまさぶろう》さんで、私が『愛の讃歌』を聴いておいおい泣いているのを見て、玉三郎さん、人が歌に聴き入っているのに横でぐちぐち泣いて、とにらまれたのは覚えている（笑）。

井上　思ってもみないエピソードが出てくる（笑）。でも、変にいい話より、気持ちがいいです。

　1995年の『ラ・マンチャの男』では、アルドンサを演じられています。シリアスな作品にも多く出演していらっしゃいますね。

鳳　これもまた、私はシリアスだと感じてないでやっていました。美貌、スタイル、感性（笑）。

井上　それだけお持ちならもうばっちりじゃないですか。

鳳　『ラ・マンチャの男』で、松本白鸚さん（当時は市川染五郎）が演じるドン・キホーテは、アルドンサのことをドルシネア姫と思っているんですよね。そして、白鸚さんが「ドルシネア姫」と呼ぶときの目が湖の底のように優しいの。…言っている意味、分からないわよね？

井上　想像はつきます。

鳳　ものすごく優しい目で見てくださるの。

井上　ツレさんも相手役の方の目を見ますよね。さっき一緒に歌ったとき、そう感じました。

鳳　見ます、相手役を。お客さまを愛するように相手役も愛するの。

井上　今すごくいい話が出ました（笑）。

鳳　やっと出た。

井上　本当にそう思います。見ているようで見てない俳優さんも結構いらっしゃるじゃないですか、名前は言いませんけど（笑）。

鳳　今日のお客さまは、ほとんどが芳雄さまのファンなのに、さっきは、芳雄さま、私をぐっと見つめてくれて、みなさんごめんなさいって思ったわ。

井上　そんなことを思いながら歌っていたんですか。

鳳　すごく私のことを見つめてくれたから、私も応えたいと思って。でも、お客さまに悪いなとも思って。そこまで深くものを考えているんです、私（笑）。

井上　そうだったのか（笑）。僕も相手役の目を見るようにしていますが、同時に、ザ・日本人的な感じで、本当は目を見つめるのは恥ずかしいんです。稽古場で初めて演じるときが1番恥ずかしくて、まだ音が取れていない振りをして、本当はめちゃ取れているんですけど（笑）、相手役を見ずにやることもあるくらい。本番になったらいいんです、恥ずかしくなくなります。

鳳　シャイなのかな。私はもう、稽古場からけろっと。

井上　やはり天性なんですね。そして、アルドンサも難しい役ですよね。あばずれ女であり、でも、ドン・キホーテにとっては姫でもある。

鳳　白鸚さんには申し訳ないけど、私、姫の部分はだめだったんじゃないかなって未だに思っています。でも、あばずれは得意でした（笑）。

井上　先日、白鸚さんの歌舞伎を見に行ったとき、次の『レジェンド・オブ・ミュージカル』には鳳さんが来てくださるんですよとお話ししたら、よろしくおっしゃってくださいというのと、この公演かな、鳳さんが公演中にケガをしたことがあって、でもずっと隠し通していて、最後に終わった後に言ってくれたって。

鳳　忘れた（笑）。

井上　自分のケガですよ。とっておきのいい話をしたかったのに（笑）。

鳳　（客席から、「あばら！」という声が聞こえてきて）そう、あばら。ひびが入ったの。（客席に向かって）ありがとう。

井上　思い出しましたか。

鳳　アルドンサが9人の男に強姦されるシーンがあるんです。そのとき、あばらにひびが入ったんです。

井上　ケガをしたことなどは、周囲の人にあまり言わないほうですか。

鳳　言わないですね。相手にいつも幸せでいてほしいから、余計な心配をかけたくないんです。

井上　一貫してる。

鳳　一貫しているんです、そこは。でも、すぐ忘れることも一貫しています（笑）。

井上　僕もなんです。僕も言わない。でも、僕の場合、理由は逆で、相手に心配をかけたくないのではなく、相手に弱みを握られたくないんです（笑）。

鳳　男とおばさんの違いね（笑）。あなた、やっぱり男の子なのね。

井上　ありがとうございます（笑）。では、次のフリップに参ります。これは『屋根の上のヴァイオリン弾き』ですね。

鳳　イッちゃん（市村正親）ね、そうそう。ちょっと年下のイッちゃんはかわいい、かわいい弟なんです。だから、彼が演じるテヴィエのことは、私は怖くないわけ。

井上　テヴィエって亭主関白の男ですよね？

鳳　そう、亭主関白だけど、私はもっと怖い奥さん。かかあ天下なの。で、イッちゃんは、また本当にいじめられているみたいに演じるわけ。

井上　そういったコンビネーションづくりは…。

鳳　感性（笑）。

ミュージカルが受け入れられやすくなっている

井上　やばい。話が終わってしまう（笑）。では、質問させてください。今回の『レジェンド・オブ・ミュージカル』は、レジェンドのみなさんにミュージカルのお話を中心にお聞きしていますが、ツレさんは、数多くのストレートプレイにも出演されています。ストレートプレイの作品に出るときには何か心構えみたいなものはあるのでしょうか。

鳳　何にもない。あ、歌ってないなって、そんな程度。

井上　（笑）。でも、厳しいことで有名だった、蜷川幸雄先生の作品にも出られていますね？

鳳　蜷川先生の演出で『ハムレット』に出演したときのことなんだけど、私は宝塚出身なので、裾さばきやマントさばきには慣れているわけ。あるとき、私の出演するシーンがなくて、私が稽古場に行かなかった日があったんです。その日、蜷川先生、「鳳さんの裾さばきをまねするように」って言ったんですって。あえて私がいないときに。蜷川先生は私には何にも言わないの。すごくかわいい人だなと思ってね。

井上　結果、自慢話ですよね（笑）。

鳳　裾さばきがうまい。

井上　鬼の蜷川も褒める。

鳳　そうそう。で、蜷川先生って、こうしろああしろじゃなくて、その人の持っている感性とか天性とか、そういうのを引き出すのが上手なんです。あなた、（蜷川先生の舞台を）やったことない？

井上　あります。僕はこてんぱんにやられました。

鳳　それは、あなたの中の何かを引き出そうとしたの。眠っている何かを。

井上　そうですね。ミュージカルばか、歌ってんじゃねえ、台詞を言えと言われました。今思えば、それだけ言ってくれる人というのはあまりいません。本当にありがたかったです。

鳳　でも、歌ってんじゃないよ、ばかというのは間違っている。昔から、台詞は歌え、歌は語れと言うもの。蜷川くん、生きていたら私が違うよって言うわ（笑）。

井上　言いたい放題です（笑）。そういうわけで、最後のフリップに参ります。最後の1枚はこちら、『シスター・アクト』です。この秋（2019年）に、また、上演が予定されています。映画『天使にラブ・

ソングを』のミュージカル版です。ツレさんは、２０１４年の日本初演から修道院長役を演じていらっしゃいます。

鳳　そのまま（自分のまま）やってます。

井上　修道院長はカタブツで真面目な役どころですが、どんなふうに演じていらっしゃるのですか。

鳳　そのカタブツぶりがコメディに見えればいいなと思っています。（修道院長は）最初はヒロインのデロリスにかきまわされ、取り乱しちゃうの。見た？

井上　見てないです（笑）。ロンドンでは見ました。（初日が）開いたばかりの舞台を。

鳳　そうか。ロンドン版を見ているなら、もう見なくていいです（笑）。

井上　いやいや、日本版もぜひ、この秋は拝見したいと、今のところ思っています（笑）。

いろいろお話しさせていただきましたが、ツレさん、宝塚の男役が本当に染みついていらっしゃるんですね。お話ししていて改めてそう感じました。

鳳　宝塚の男役というのは、パターンが決まっていて、楽よ、本当に楽。たくましいか、優しいか、ちょっとコメディ。トップの男役の役づくりは大きく分けてこの3つくらい。

井上　主役ってそういうものだったりしますよね。

鳳　そうなんです。その流れで、女優になっちゃったから、あまり役について考えないの。

井上　今この状況が答えだと思います。ずっとお芝居を続けてこられて、みんなツレさんのお芝居が見たいと思っています。では、それこそその流れで、最後にツレさんに1曲、『シスター・アクト』より、『主がおられない』を歌っていただきましょう。

鳳　歌えるかしら。

井上　すみません。こんなにお話ししていただいた後に。

鳳　ちょっと自信ないんだけど、頑張ってみる。

井上　大丈夫です。何回でもやり直しできますから。

鳳　間違えたら、また頭から（笑）。

＜歌唱＞

鳳　あ、間違えた（笑）。すみません。もう1回、お願いします！

＜歌唱＞

鳳　ああ、緊張した。

井上　舞台の一場面をばっちり見せていただいた感覚です。

鳳　でもあの衣装を着て、ストーリーの中で歌うと、もっと気持ちが入るのよ。

井上　それはもう、この秋の公演を見ていただくしかないですね。

鳳　ぜひ、見てください。

井上　さて、予定の時間は順調に過ぎておりまして（笑）。

鳳　私まだ5時間は話せる（笑）。

井上　今日、始まったときは、このエネルギーを最後まで保てるのかと少し心配していたのですが、ツレさんは最後までそのままでしたね。

鳳　私、年の割にはエネルギーあるのよ。

井上　年のことは誰も言ってないです（笑）。

鳳　パワーは人に負けない！

井上　本当にそうですね。舞台に立たれているツレさんと、お話ししているときのツレさんのイメージが全然変わらない。同じエネルギーが出てる！　それってすごいことですよね。本物のスターなんだなって思いました。やはり、このお仕事、天職なんですね。

鳳　天性なのよ、ずっと言ってるじゃない（笑）。

井上　そうですよね、何度も伺いました（笑）。最後にもう1つ伺いたいことがあります。長い間、日本のミュージカルに関わってきたツレさんは、今の日本のミュージカル界の現状をどう捉えていらっしゃいますか。

鳳　若くて実力がある人がどんどん出てきていますよね。たとえば、テレビ番組の『おかあさんといっしょ』でも、小さい子どもたちが歌って踊ってるでしょう。ミュージカルをやってる（のと同じようなことをやっている）の。今の時代、歌ったり踊ったりすることになんの違和感もないんです。ミュージカルが受け入れられやすくなっているなとは感じています。私の小さい頃なんてラジオで株式情報を聴いていましたもん。私、今、生まれていたらもっとすごかったかも分からない（笑）。

井上　おっしゃる通りです！

鳳　もうそういう時代に入ったんだと思います。ただ、エキゾチック感が日本の人には少ないかな。

井上　日常をリアルに舞台上に載せるだけじゃなくて、別の何かが必要だということですよね。

鳳　そう。ミュージカルには外国が舞台のものが多いし、曲も向こうの人の感性で作っているものを日本語にして一生懸命やっているわけです。だからもう、この感性を磨くしかない。そのためには、やはり洋画を見るのがいいと思います。

井上　その話からのつながりで、もっと日本からオリジナルのミュージカルを生み出していくためには何が必要だと思われますか。

鳳　作曲家を育てないと難しいと思います。感情にグッとくる音楽を創る作曲家が必要です。

井上　スケールの大きい作曲家を、ということですよね。俳優は、小さい頃から、歌や踊りに親しんできた人たちが育ってきています。でも、ここから先はスタッフ、とくに作曲家を育てる必要がある。

鳳　それが実現するのは、私が死んで１００年後くらいかもしれませんけどね。外国の人に歌舞伎はできないでしょう？　それはそれぞれ、そういう土壌だから。それなのに日本の人はミュージカルもやりたいと欲張っているわけですから、そりゃ努力しないと！

井上　菊田先生の時代から、みなさん、自分の代では無理だけど、いつかはって言い続けているんですよね。本当に大きな壁であり、大きな目標ですね。

鳳　早く話を切り上げないと、私、また話出しちゃうよ。

井上　（笑）。今までのレジェンドの方からは、日本におけるミュージカルが最初の頃はどうだったのかというような歴史など、僕が知らないことを教えてもらうことが多かったのですが、今日は「日本のミュージカルのスターはこの人なんだ」という思いを強くしました。ミュージカルに限ったことではありませんが、多くのエンタテインメントは、スターという存在がいないと盛り上がっていかないし、語り継がれることもありません。そして、今もバリバリの現役でいらっしゃることが何よりも素晴らしいし、尊敬するところです。鳳さんが天性のものをたくさんお持ちだということも、今日、痛いほど分かりました（笑）。でも、それだけじゃなかった。歌声を聴かせていただいて、なんだか、苦労や努力を語るような、分かりやすい「いい話」ではない。ふわっとエネルギーを得た後に残る言葉がありました。エネルギーにあふれた本当のスターです。

上條恒彦

創った人たちの思いがそこにあればいい

２０１９年11月13日

上條恒彦（かみじょう・つねひこ）

長野県出身。１９６２年６月に歌手活動を始める。70年、『ステージ１０１』（ＮＨＫ）にレギュラー出演。『出発の歌』で第２回世界歌謡祭グランプリを受賞後、『だれかが風の中で』（テレビドラマ『木枯らし紋次郎』主題歌）がヒットし注目される。73年にテレビドラマ『遥かなるわが町』（ＴＢＳ）に出演し俳優としても活躍の場を広げ、75年には映画『男はつらいよ・寅次郎子守唄』に出演。ミュージカル『ラ・マンチャの男』『屋根の上のヴァイオリン弾き』『マイ・フェア・レディ』をはじめ、数多くの舞台や映像作品で活躍。その他の主な出演作に、『マハゴニー市の興亡』『スーパー喜劇 かぐや姫』『ゾロ ザ・ミュージカル』『メタルマクベス』、テレビ：『やすらぎの郷』（テレビ朝日）、『一路』（ＮＨＫ ＢＳプレミアム）、『３年Ｂ組金八先生』（ＴＢＳ）、大河ドラマ『秀吉』（ＮＨＫ）、映画：『カルテット』、声の出演：『もののけ姫』『千と千尋の神隠し』など。２０００年、『ラ・マンチャの男』の牢名主と宿屋の主人の役の演技で第25回菊田一夫演劇賞を受賞。

井上　本日は、ようこそ『レジェンド・オブ・ミュージカル in クリエ』にお越しくださいました。ホストを務めます井上芳雄です。ピアニストは大貫祐一郎さんです。あまりにも軽快な音楽に乗って登場してきたので、このまま歌い出すんじゃないかと思われた方もいらっしゃると思いますが、簡単には歌いません（笑）。『レジェンド・オブ・ミュージカル』は、ミュージカルについてのトークを聞いていただこうというシリーズで、今回で5回目を迎えます。

日本では、現在、本当にたくさんのミュージカルが上演されています。ここシアタークリエでも、川平《かびら》慈英《じえい》さんや浦井健治《うらいけんじ》さんが出演する『ビッグ・フィッシュ』という作品を上演中です。帝国劇場では『ダンス オブ ヴァンパイア』をやっています。ＩＨＩステージアラウンド東京では『ウエスト・サイド・ストーリー』の公演中ですし、ＴＢＳ赤坂ＡＣＴシアターでは『ファントム』をやっています。私事で恐縮ですが、昨日は（僕が出演する）『エリザベート』の制作発表もあり、ここ日比谷・有楽町周辺はざわざわしております。

何が言いたいかというと、今、ミュージカルは花盛りですが、この状況があるのは、かつて日本でミュージカルを上演し始めてくださった方々がいるからこそだと思うんです。西洋で生まれたミュージカルを日本でやろうと決意し、情熱を燃やし、努力した方がたくさんいらっしゃる。そのおかげで今僕たちはこうして日夜舞台に立たせていただいているという重みを勝手に感じています。そこで、ミュージカル創生期から日本のミュージカルに携わっている方々、レジェンドにお話をお聞きしようというのがこの企画の趣旨です。僕の個人的な思いに、みなさんにお付き合いしていただいているようで申し訳ないのですが、でもきっと、日本のミュージカルの未来に役立つような、実りある時間になるんじゃないかなと。

　このシリーズでは、これまで、草笛光子さん、宝田明さん、松本白鸚さん、鳳蘭さんと、素晴らしい方々に素晴らしいお話を伺ってきました。そこで、切りがいい5回目に、レジェンドとしてお迎えするのは上條恒彦《かみじょうつねひこ》さんです。まずは経歴を紹介させていただきます。上條さんは、１９５８年に高校を卒業され、俳優を目指し長野県から上京。その後、雑貨問屋の住み込み店員をはじめさまざまなお仕事を経験されました。このあたりからすでにドラマチックな雰囲気が漂っています。そして１９６２年、舞台芸術学院に14期生として入学されます。その後、俳優の道をあきらめて歌手として活動。何があったのか、気になって仕方ありません（笑）。１９７１年には『出発《たびだち》の歌』が大ヒット。１９７２年には、市川崑《いちかわこん》監督のテレビドラマ『木枯し紋次郎』の主題歌『だれかが風の中で』もヒットし、同年の『ＮＨＫ紅白歌合戦』にも出場されました。その後、本格的に俳優活動を始められ、山田洋次脚本ドラマの『遥かなるわが町』にご出演されました。続いて『3年B組金八先生』の社会科教師、服部肇役、ミュージカル『マイ・フェア・レディ』の（主人公イライザの父親）ドゥーリトル役、本当にごく最近まで帝国劇場で上演されていた『ラ・マンチャの男』の牢名主《ろうなぬし》、宿屋の主人役などを務められています。さらに、『紅の豚』や『もののけ姫』、『千と千尋の神隠し』など、ジブリのアニメでも大活躍されています。ディズニーのアニメーション映画の『リトル・マーメイド』では、セバスチャンの声もなさっています。素晴らしいお声ですからね。今、ご紹介した限りでも、上條さんのこれまでのご経歴は伺ってみたいことばかり。これからご本人に1つずつお聞きしたいと思います。では、あらためてお呼びしたいと思います。今宵のレジェンド、上條恒彦さんです。大きな拍手でお迎えください。

上條　こんばんは。どちらへ座るのがいいのかな。まあ、ここでいいか（笑）。

井上　本日は、お越しいただきまして本当にありがとうございます。ミュージカル界のレジェンドとして、今日、このシアタークリエに呼び出されたご感想は？

上條　はっきり言って不愉快だね（笑）。だってレジェンドって、伝説とか言い伝えとかという意味でしょう？　やはり亡くなって何年もたっている人のことを言うイメージがある。もうレジェンドなのか、俺は、と思ってね。

井上　失礼かもしれませんが、立派なレジェンドです！　ご経歴に関しても、素晴らしい！　本当に、長い間、いろいろなミュージカルにご出演されていらっしゃいますよね。

上條　そうですね。僕自身はそんなに古いつもりはないんだけれど、最初に出演した、東宝のミュージカルは『ピピン』かな。

井上　そうですよね。

上條　（手元の資料では『ピピン』に出演したのは）１９７６年になってますか？

井上　はい、１９７６年になっています。

上條　昭和51年か。昭和で言ったって関係ないか（笑）。

井上　関係ある人もいるとは思います。それにしてもすぐに西暦と昭和が一致するんですね。

上條　コツがあるんですよ。十進法と五進法なんです。１９７０年だと昭和45年なんだよね。

井上　0のときは5がくる。

上條　そう。

井上　やり方があるんですね。これまでお迎えしたレジェンドの方も、こういった、いろいろな法則をお持ちでした（笑）。

上條　ああ、そう。

井上　上條さんもまさしくレジェンドですね（笑）。『ピピン』の話も後々お伺いしたいのですが、実は今日、スタッフの方から急きょ、追加のメモを手渡されたんです。上條さん、ご自身の東宝の舞台への出演回数ってご存じですか。

上條　いいえ。この間、『ラ・マンチャの男』で９００何回と聞いたんですが、あとは忘れちゃいましたね。

井上　『ラ・マンチャの男』が９３１回。そして『屋根の上のヴァイオリン弾き』が８２３回です。

上條　そんなに!?

井上　そんなに、なんですよ。『マイ・フェア・レディ』が４１７回。その3本とも日本で50年以上ロングランされている作品です。その3作品を合わせると２１７１回になります。

上條　すごいね！

井上　人ごと（笑）。『ラ・カージュ・オ・フォール』や『ピピン』も合わせると、東宝だけで２５００ステージ以上！　ここ、拍手のところです。どうですか、この数をお聞きになって。…泣きそうになってます？

昨日はあれができなかったから、今日は頑張ろう

上條　いやいや。かっこつけるわけじゃないんだけど、数字だからね、単なる。

井上　そうですよね。僕もそう思います。誰だ、こんなメモ、僕に渡したのは。まあ、「今日１００回目でした」と聞くと、そんなにやったんだとうれしい気はしますが、だからといって、次の日、楽ができるわけではないですしね。

上條　うん、数はあまり気にしません。他の方はどうか知らないけど。それに、いくらやってもうまくならないんだよな。

井上　そう思いながら毎回ステージに立たれていらっしゃるんですか。

上條　うん、昨日はあれができなかったから、よし、今日は頑張ろうとか、そういった感覚で舞台を積み重ねていった感じです。

井上　９００回以上やられている『ラ・マンチャの男』でも、「今日はここがちょっと」ということはおありになる？

上條　ありますね。芝居は１人でつくるものじゃないでしょう？　共演者やオーケストラ、照明など、大勢でつくっているわけで、時にはアクシデントが起こることもあります。僕自身に責任がある場合もあれば、そうじゃない場合もある。でも、それは仕方ないことです。それに、アクシデントにぱっと対応できたら、それはそれで最高です。ただ、アクシデントに影響を受けて、自分が失敗したら悔しいわけですよ。そして、こういうときはこう対応すべきだったと反省する。

井上　９００回以上やっても？

上條　ありますね。

井上　だからこそ、ずっとやり続けられるというところもあるんでしょうか。

上條　続けられるのは、（仕事を）くれるプロデューサーがやめろと言わないからじゃないですか。

井上　急に現実的に（笑）。確かにそうですね。でも、上條さんは、プロデューサーだけでなくて、いろいろな人に求められ続けていますから。

上條　それはとてもありがたいことだし、ラッキーだと思っています。

井上　今日はその秘密をぜひお聞きしたいと思っているのですが、最初にデビュー以前のことを伺わせてください。先ほど少しご紹介させていただきましたが、俳優を目指して、長野県から上京されたんですよね？

上條　そうなんですよね。高校のとき、俺はぜんぜん勉強しない生徒でね。3年間で何回授業に出たか分からないんだ。

井上　高校にはどうやって入ったんですか（笑）。

上條　いい成績で入ったんだけどね。

井上　中学生の頃は勉強されていた？

上條　あまりしなかったけれど、ラッキーなことに高校に入れて、うれしくなってもう勉強しなくなったんです。

井上　うれしくなって勉強しなかった!?　そういう時代なのかな。

上條　で、（高校）２年生のときにふわふわしていたら、演劇部に誘われて、入ってみたんですよ。役者同士ってすぐ議論するじゃないですか、今も昔も。

井上　役者は芝居の話が好きですよね。

上條　高校生でも同じなんです。分かりもしないのに議論してね。そうこうしているうちに、卒業になって、お前どうするんだ、じゃあ、俺、役者になるよと。こういうふうな、非常に根がないというか、いい加減な志でした。

井上　なんと言ったらいいか分からないですね（笑）。でも、演劇部自体の活動は楽しかったんですか。

上條　文化祭で、コマツくんという同級生と２人で、木下順二《きのしたじゅんじ》の『木竜《もくりゅう》うるし』という芝居をやったことは未だに思い出しますね。２人で一生懸命稽古してね。斬新だったんですよ。湖の中の話なもんだから、水がゆらゆらする感じを出すために、ステージ全面にビニールを張って。でも、そこまでは良かったんだけど、開演10分前ぐらいになって、テープレコーダーを忘れたことに気づいたんです。木こりの話だから、のこぎりの音が必要でね。音響係なんていないから音も自分たちで用意しなくちゃいけない。当時は、まだオープンリールの古いテープレコーダーでね、それを使ってやるはずだったんです。なのに、２人して忘れてしまって。

井上　ビニールのことで頭がいっぱいになって（笑）。

上條　そうなんですよ。2人ともどうしていいか分からなくなっちゃって、よし、口で言おう、口でと僕が言ってね、おお、そうしようと、コマツくんも同意してくれて、ズイコ、ズイコ、ズイコってやったんです。

井上　のこぎりの音を。

上條　これが受けましてね。それが今でも忘れられないのは、恐らく、そこに僕にとっての、芝居の原点みたいなものがあったんだと思うんです。

井上　芝居の喜びみたいなものを実感された？

上條　まだ16、17歳の子どもがそういう体験をしてしまった。そうすると、芝居の世界から離れられなくなるわけですよ。

井上　てっきりその作品はうまくいかなかったという話なのかなと思ったら、ちゃんとお客さんにも喜ばれて、それが今につながっているんですね。でも、ご経歴を拝見すると、上條さんはたくさんのヒット曲がおありです。歌はもともと歌われていたんですか。

上條　父は長野県の大会で優勝したこともある、村の民謡歌手でした。僕が3歳になる前に亡くなったんですけどね。僕は6人きょうだいの末っ子ですが、父の影響か、兄も姉たちもみんな歌が好きで必ず誰かが歌っているような家庭でした。

井上　素敵ですね。

上條　戦後の何もない時代、兄たちは自分たちで楽団をつくり、祭りやイベントを盛り上げていました。その中から、兄もその１人でしたが、『ＮＨＫのど自慢』で鐘を３つ鳴らす人、地方大会で優勝する人も出たくらいです。

井上　東京には、高校を卒業してから出てきたんですよね？

上條　そうです。舞台芸術学院に入って、食っていくためにサンドイッチマンとかいろいろなことをやりました。

井上　そのときに15種類ものお仕事を！

上條　15種類というのはいい加減な数字ですよ。僕が週刊誌に適当なことを言ったもので、未だにそうなっている。実際には、３つか４つじゃないかな。

井上　全然違いますよ（笑）。

上條　（笑）。ちょうどその頃、歌声喫茶というのが大流行していたんです。渋谷だけでも3軒はあったんじゃないかな。新宿にも何軒かあって、ああいうところで歌えるといいな、なんて思っていたら歌うチャンスが来たんです。サンドイッチマンは雨が降ったら休みになっちゃうけど、歌声喫茶は屋根があるから雨が降っても大丈夫でしょう？

井上　そんなきっかけで。

上條　そうなんですよ（笑）。

井上　俳優の道をあきらめて、歌手になろうと決めたのはどんなきっかけだったんですか。

上條　長いですよ、話すと。舞台芸術学院に入って、すごく傷ついたわけです。今はテレビやなんかがあるから、地方に暮らしていても、標準語というか、アナウンサーがしゃべるような日本語を誰でも理解できるし、しゃべることができるじゃないですか。でも、当時はまだそういう機会が少なくて、長野県から出てきたばかりの若者は長野県の言葉しかしゃべれないわけですよ。それで授業に行くでしょう？　なんていう名前の授業だったかな、ある授業ではアクセントなどを徹底的に直されました。「東さんが東から干菓子を持って」とか、当時の僕にはすごく難しくてね。で、どんどん挫折する（笑）。バーレッスンなどもあるのですが、体の線が見える衣装を持って参れと言われて、タイツをはいてね。

井上　そうですよね…。

上條　これがね、切ないんだよな。できないのよ、僕。高校を卒業して、ずっと肉体労働ばかりしていたでしょう。ガニ股でひどい状態だったんじゃないのかな。先生の号令どおりに動いても、ちっともみんなと同じようにできない。これもものすごく傷つきました。だから、舞台芸術学院に行くのがどんどん嫌になってね。本当につらかったんですよ。

井上　登校拒否みたいな感じになって。

上條　食べることができないから、学校が終わってから、サンドイッチマンに行くじゃないですか。その後、先ほどお話ししたように、雨が降っても働ける歌声喫茶に入りたいなと思っていたら、ちょうど舞台芸術学院の先輩が歌声喫茶でアコーディオンを弾いていてね。

井上　そこから歌い始められた？

上條　その歌声喫茶の偉い人が僕の歌を聴いて、「おい、ジョー」って。そのときはもうジョーって呼ばれていたんです。誰も上條なんて言わない。「お前は上條なんていう顔じゃないよ。上はいらない、ジョーでいい」と（笑）。

井上　かっこいいですね、ジョー。

上條　「ジョー、お前、これから3年、舞台芸術学院へ行っていたらいくつになる？」「25歳になります」「25歳になっても、お前は食えねえぞ」と。彼の奥さんが舞台芸術学院の先輩でね、彼の周りには舞台芸術学院とか俳優座だとか民藝だとか、いろいろな役者がいっぱいいて、役者の世界をよく知っているわけです。「30、40歳になったって、お前なんか食えないよ。だけど、お前はちょっと声がでかいから、舞台芸術学院に行ったつもりで、これから3年間、この店でもって歌の勉強をしてみろ。そうしたら、食えるようになるよ」と。とても説得力があった。

井上　確かに。

上條　腹減って、腹減って、本当つらいときに食えるようになるという話があって、説得力もある。それでコロっと変わっちゃった。

井上　実際、その方が言うことは正しかった。

上條　正しかったというか、食い物で釣られたんですよ。情けないことに。

井上　まず、それありきですからね。では、その道を選ばれて、その後、歌手でデビューなさって、ヒット曲を連発されたというのは、ご自分としては予想していなかった展開なのでしょうか。

上條　そうですね、まさかでした。だから、上條恒彦って本名なんです。芸名を考える暇がなかったんです。売れる気も全然しなかったですしね。

井上　歌手として本名でデビューされて、曲も大ヒットして。歌手としてうまくいっていたなか、もう1度演技をしようと思われたのはどんなきっかけだったのでしょう?

上條　これがまただらしがない。

井上　だらしがない?

上條　歌がヒットして、テレビでも仕事ができるようになっていた頃、ＴＢＳで歌番組の司会の仕事もしていてね。井上順《いのうえじゅん》さんがメインの司会で、僕と今陽子《こんようこ》ちゃんがサブの司会でした。そのとき、山田洋次先生が『遥かなるわが町』というテレビドラマを企画されていてね。倍賞《ばいしょう》千恵子《ちえこ》さんがマドンナ役で、そしてお名前を申し上げても、今日いらしているみなさん分からないかもしれないけれど、芦田伸介《あしだしんすけ》さん、松《まつ》村達雄《むらたつお》さん、下條正巳《しもじょうまさみ》さん、杉山《すぎやま》とく子《こ》さん、北林谷栄《きたばやしたにえ》さんなど、そうそうたるメンバーが顔をそろえていました。小樽が舞台でね。この作品で、倍賞さんのお婿さんを探す必要があったんですよ。それで、山田先生が誰がいい、あれがいいと言っていて、ディレクターといろいろな役者を物色していたんだけど、なかなかいいのがいなかったらしいんです。山田先生は、声がいい、ブ男を探していたみたいで（笑）。

井上　そういうイメージだったんですね。

上條　そうしたら、僕が司会をやっていた音楽番組の担当者が、山田先生のつぶやきを聞いていて、「山田先生、いるじゃないですか、上條恒彦！」って（笑）。

井上　失礼な人ですね（笑）。

上條　それで決まっちゃったんだよ。

井上　不思議なご縁で。

上條　それくらいのことでテレビドラマに出演できてしまうというのも情けない話なんですけれども。

井上　実際に出演の依頼が来たときはどう思われたんですか。やはりもう1度芝居をやってみたいと？

上條　もう1度芝居を、というより、僕の頭の中に浮かんだのは、「ああ、（相手役は）倍賞千恵子さんか」って（笑）。

井上　結構、目先のものに惑わされるんですね（笑）。

上條　倍賞さんは、僕が20歳の頃にデビューされたのですが、もう本当に素敵だったんですよ！

井上　もともとお好きだった？

上條　好きでしたね。もちろん今も素敵ですよ。

井上　倍賞さんもミュージカルに出演されていますよね？　上條さんも共演なさっている。

上條　ええ。『屋根の上のヴァイオリン弾き』では、倍賞さんは次女のホーデル役でした。それこそレジェンドでしたよ。

あいつだったらうまく歌えるだろう

井上　そんな経緯でまたお芝居の道に戻っていらっしゃり…。ようやくミュージカルにたどり着きました。でも、お芝居も歌もずっとやられていた上條さんが、ミュージカルに至ったのは、必然という気もします。では、１枚目のお写真を見ていただきます。冒頭で少し話も出た、１９７６年に帝国劇場で上演された『ピピン』。上條さんにとって、これが初めてのミュージカルだったと聞いています。

上條　はい。

井上　もともとミュージカルには興味がおありだったんでしょうか。

上條　全然なかったね。

井上　全然（笑）。

上條　その何年くらい前だろう。世界的に大ヒットした映画『ウエスト・サイド物語』は見ましたよ。『マイ・フェア・レディ』もね。でも、自分がやろうとはこれっぽっちも思わなかったし、興味もありませんでした。だって、芝居は捨てたんだから。

井上　『遥かなるわが町』に出演されたのは、倍賞さんだったから。

上條　うん、あれは倍賞さん（笑）。

井上　『ピピン』には、倍賞さんがいらっしゃらないですもんね。

上條　いらっしゃいません。

井上　『ピピン』は何につられて出演することになったんですか。

上條　なんだったんですかね。

井上　『ピピン』は最近も上演されていますし、ミュージカルとしても名作だと思います。ただ、これを帝国劇場で上演するのは結構斬新なことだったんじゃないかと。

上條　そうですね。この小屋（シアタークリエ）のほうがきっと合うんじゃないかな。でも、帝劇での公演も素晴らしかったですよ。

井上　『ピピン』で、初めてのミュージカルに出演された手応えはいかがでしたか。

上條　それが芝居のことをあまり覚えてないんですよ。うまくできなかったしね。僕が覚えているのは、酒飲みの役者たちと友達になったこと。こんないい世界はないと思った（笑）。毎晩のように飲んで、遊んでね。

井上　このあたりで、（写真を見ながら）このメンバーと。

上條　うん。この写真の中には僕と友達になってくれた人が何人かいて、その人たちと毎晩飲んで、人の悪口ばかり言ってね（笑）。酒を飲むと、どうしてあんなに悪口ばかりになるのかね。

井上　盛り上がりますよね。

上條　盛り上がる（笑）。

井上　お酒が入っていると、つい言いすぎちゃいます。

上條　そうです。

井上　最初のミュージカルは、それが主に楽しかったという。

上條　それですよね（笑）。

井上　全然、いい話が出てこない（笑）。『ピピン』で上條さんが演じたのは王様役ですか。

上條　そうです、チャールズ役です。

井上　聞いたところによると、当時はミュージカルといっても歌えない人がたくさん出ていて、上條さんが歌われたときには周りの俳優が驚いたとか。

上條　確かに、面倒な16分音符でずーっと歌わなくちゃいけなかったりして、気を引き締めてやりましたが、歌うたいにとってはそれほど難しい歌ではありませんでした。でも、周りの役者たちはみんなびっくりしていましたね。

井上　こんなに歌がうまいのか、と！

上條　案外すらすらっと歌っちゃうんだ、あいつ、という感じだったんじゃないですかね。たぶんプロデューサーも演出家も、歌えるとは思ってなかったと思います。『ラ・マンチャの男』の牢名主をおやりになった初代の小沢栄太郎《おざわえいたろう》先生、その次におやりになった加藤武《かとうたけし》さんも、歌は得意じゃなかったからね。加藤さんは文学座かな、小沢先生は俳優座の大ベテランなんだけれども、牢名主役の1曲だけは、音も何もないようなところからぽっと歌わなくちゃいけない、ちょっと危なっかしい楽曲なんです。だから、これは歌うたいもふんどしを締めてかからないと、うっかりすると間違っちゃう。東京藝術大学卒業の平野《ひらの》（忠彦《ただひこ》）先生も間違ったことがあるくらい難しいのね。でも、僕は間違えていない。

井上　すごい。

上條　ベテランと言いながら、難しい歌が歌えない。僕はこれはキャスティングしたほうが悪いんじゃないかと思うんです。でも、そういう歴史があったからこそ、僕が出る幕があったし、ミュージカルも長くやってこられたということですね。

井上　上條さんは、ちゃんと歌えてしかもお芝居の経験もある。みなさん、驚かれたんでしょうね。その話の流れで、次のお写真を紹介します。

上條　新しいですよね、これ。

井上　今年（２０１９年）の『ラ・マンチャの男』の牢名主（劇中劇では宿屋の主人）役です。僕も拝見させていただきましたが、本当に素晴らしかった。感動しました。同作にずっと出演されている上條さんと白鸚さんのやりとりを見ながら、お２人のような、気が付いたら台詞が歌になっているというふうな表現ができたら最高だな、素晴らしいものを見せてもらったなと思いました。はい、僕の感想のコーナーでした（笑）。

上條　白鸚さん、素晴らしかったでしょう。

井上　すごいです。魔法を見ているようでした。

上條　僕も一緒にやりながら、すごいなこいつと思って。

井上　白鸚さんとは、ずっと一緒にやられているわけですよね、長い間。

上條　ええ。みなさんご存じの通り、染五郎時代があり、長い幸四郎の時代があって、白鸚になられました。１人の男の歴史というのかな。失礼な言い方になるかもしれないけれど、年齢と経験を重ねて、人間として、役者として非常に深いところへ行かれた。そういう人と一緒に、僕は『ラ・マンチャの男』に42年関わってきて、僕の人生にとっても大変重要な作品になりました。ちょっとおこがましい言い方かもしれないけれど、１人の男の成長を、生でそのまま見られたっていうのは本当にうれしいことです。

井上　上條さんのほうが白鸚さんよりも先輩なんでしょうか。

上條　２年先輩です。

井上　ですよね。今の言葉は上條さんしか、もう言える人はいないのではないでしょうか。でも、最初に『ラ・マンチャの男』をやるとなったときは、どう感じられたんでしょう？　この作品のことはご存じだったんですか。

上條　何も知らなかった。『ピピン』のプロデューサーの佐《さ》藤《とう》勉《つとむ》さんが、『ラ・マンチャの男』のプロデューサーを担当されたので、そういうことじゃないかと僕は思うんですけれども。今までの人と違って、あいつだったらうまく歌えるだろうというのもあったんじゃないですか。

井上　それこそ白鸚さんは、当時は染五郎さんだったのかな、歌える牢名主として上條さんがやってきたときは驚かれていらっしゃいました？

上條　当然だと思われたんじゃないですか。

井上　これが本来の形だと（笑）。

上條　彼は、やっとここがミュージカルになりました、と。それは忘れない。うれしかったです。

井上　何よりの褒め言葉ですね。

上條　これまでの牢名主役の方は最初の音を取るのにすごく苦労されていたらしいんです。だけど、僕はとりあえずですけど、最初の音もおしまいの音もちゃんと取れますから。

井上　言うは易しですけど、何も音がないところを歌い出すのは、実は僕もあまり得意じゃないです。

上條　あなたは大学で勉強したでしょう（笑）。

井上　みなさんの税金で勉強したはずなんですけど、やはり得意、不得意はありまして。その点、上條さんは歌声喫茶で鍛えた技術がおありになるわけですね。

上條　いや、よく絶対音感みたいなことを言うじゃないですか。あれに近い音は取れるけど、ほかのことは……。

井上　じゃあ、もともとの音感と努力と才能とで？

上條　僕は才能とは対極にいると思うけどね。

井上　上條さんが『ラ・マンチャの男』と出合い、今年（２０１９年）で42年。１９６９年の初演からは

50年目を迎えます。こんなに続くと思われました？

上條　すごく難しい話だしね。『ラ・マンチャの男』や『ピピン』って、ストーリーが哲学的じゃないですか。新劇によくある、眉間にしわを寄せて考えるようなことがテーマになっている。

井上　ちょっと難しいストレートプレイみたいな感じですよね。ミュージカルとしては珍しいタイプの作品だと思います。

世界中のどこででも起こり得る話だから

上條　そうですね。でも、今年（２０１９年）の『ラ・マンチャの男』は今までになく受けたんですよ。

井上　今までも十分に受けていたと思いますよ。

上條　たしかに、ご好評いただいていたから東宝もずっとやってきた。特に今回、とても印象に残ったことがあってね。千穐楽間近に、女子校の中学生と高校生の貸切公演があったんです。今日は女の子が約２０００人か、拍手なんてないだろうなと僕は言っていたんですけどね。

井上　やさぐれていますね（笑）。

上條　ところが、すごい拍手だった。

井上　女子高生と中学生たちが！

上條　最後には泣いているの。

井上　素晴らしいですね。ブロードウェイのミュージカルを見ていると、気づいたら歌い出しているということがたくさんあって、白鸚さんも上條さんもそうなんですよね。どうしたらそうできるんでしょう。個人的な質問になりますが、やはり意識されているのでしょうか。

上條　どうなんだろうね。意識してないんじゃないかな、歌だとか台詞だとか。オーケストラが鳴れば歌になるからね。

井上　歌になると歌声というか、歌の声になってしまうなと自分は思うんです。台詞はこうやってしゃべっている声で、本当は同じ声で歌にいきたいと思うんですけど、意識しすぎちゃうとそれがなかなか難しくて。

上條　そんなに真剣に考えることじゃないと思うな。

井上　おっと（笑）。

上條　そんなことはささいなことじゃないの？　歌の声と台詞の声が同じだとか、そんなことどうでもいいじゃない。その芝居を書いた、その音楽を書いた人たちはそんなこと望んでないでしょう。彼らの思いに同化して、それを表現できたら、それはもう歌詞を間違えようが、音を間違えようが、台詞を間違えようが、大した問題じゃないと僕は思います。創った人たち、劇作家や作曲家、演出家、共演者もぜんぶ含めてみんなの思いがそこにあれば、それでいいんじゃないかな。

井上　そうですね。

上條　そうなの。だから、そんなに真剣に考えることないって。

井上　考えすぎかな。評論家のことばかり気にしました（笑）。

上條　意地の悪い批評家は、あいつはあそこがなんとかかんとかと言って、何も知らないみなさんは、あ、そうかしらと思って納得するかもしれないけれど、そんなことはどうでもいいんです。80歳になれば分かる（笑）。

井上　僕は今年（２０１９年）40歳なので、あと40年か。でも、たしかに、何事もなく、実践されている人ほど、そうおっしゃいますよね。自然に実践されて、そんなことよりもっと大事なことがあるとおっしゃる。

上條　でもね、僕もまだ悩んでいます。今、あたかも、そこを脱したような言い方をしましたけどね（笑）。くそー、またやっちゃったって頭を抱えることもしょっちゅうですよ。

井上　そして、ここまでずっとその思いとともに続けてこられた。先ほどもおっしゃっていましたよね。上條さんは、実際にはそこに達しているのに、達していないと思っている何かがあって、そこに向かわれているという印象があります。さて、ここでまたフリップをご覧ください。これは、『屋根の上のヴァイオリン弾き』でのラザールの役ですね。『屋根の上のヴァイオリン弾き』という作品は出演前からご存じだったんですか。

上條　映画も見たし、（劇中の）『サンライズ・サンセット』を歌ったこともあるので、そういった作品があることは知っていました。でも、内容まではよく分かっていなかった。

井上　今までの経緯を見ると、だいたい何もご存じない（笑）。（主役のテヴィエを演じていた）森繁久彌さんはどんな方だったんですか。

上條　彼こそレジェンドだわな。

井上　そうですね。お呼びしたくてもお呼びできないのが残念です。『屋根の上のヴァイオリン弾き』は、帝政ロシア時代の寒村に暮らすユダヤ人一家の物語。すごく遠い世界の話に思えるのだけれど、日本でも本当に愛されています。その理由は、どこにあると思いますか。森繁さんの存在も大きかったのかな。

上條　ことユダヤ人に限ったことではなく、世界中のどこででも起こり得る話だから、でしょうね。

井上　それがきちんとお客さまに伝わった、ということですね。では、ラザールという役にはどのように取り組まれたのでしょう？　難しい役ですよね。

上條　そうだね。森繁先生とやっている頃は、僕もまだ分からなかったんだけど、西田《にしだ》（敏行《としゆき》）さんとやるようになってからだんだん分かってきたところがあります。

井上　長く演じ続けることで、役が深まってくるということでしょうか。

上條　そうですね。それに芝居の中身についての理解もね。

井上　1986年には、森繁さんに指名され、ラザールと並行して、テヴィエ役もやられています。

上條　そうなんですよ。7回だったかな。そんなたくさんじゃないんですけど。

井上　こちらが上條さんがテヴィエをやられた写真です。

上條　（写真を見ながら）お、僕がテヴィエをやっていますね！　僕がまだラザール・ウォルフ役で、『屋根の上のヴァイオリン弾き』に出演することが決まる前に、何かの用事で帝劇へ行った際、今、9階に森繁先生がいるから挨拶してきてくださいと言われたことがあったんです。それで、稽古場へ行って、「初めまして、上條恒彦です」と挨拶したんですよ。そうしたら、森繁先生が僕の顔を見て、「君のような人がテヴィエをやるといいんだよな」とおっしゃったんです。

井上　ラザール役での出演が決まる前に!?

上條　そう、だから、僕は全然真に受けなかった。まだミュージカルをやりたいと思ってなかった頃だったしね。でも、森繁先生がそうおっしゃったことははっきりと覚えています。大俳優から、あの役はいいぞ、お前がやるべきだといった言い方をされたのはとても光栄なことだし、なかなか忘れられるもんじゃない。それからしばらくして、ラザール役をやることになったんです。それで、あるとき、森繁先生の世田谷のお宅で、バーベキューをやったんですよ。若くして亡くなってしまったけれど、井上孝雄《たかお》さんという素晴らしい俳優がいて、（『屋根の上のヴァイオリン弾き』では）パーチック役を演じていたの。彼は森繁先生のご長男と玉川大学の同期で非常に仲がいいものだから、森繁先生のボートにも乗りに行ったりしていてね。そのつながりで声をかけてもらったのですが、そのときに、僕が、テヴィエ役をやってみたいと言ったら、森繁さん、恐ろしいことを言うね、この男は、と不機嫌になってしまった。

井上　そうでしょうね。

上條　それで僕は、何言っているんだ。先生が、君のようなやつがテヴィエをやるべきだと俺に言ったじゃないですかって（笑）。

井上　ご自分の言葉を覚えていらっしゃらなかった。

上條　覚えてないですよ。いい加減なんですよね。

井上　いい加減ですね、本当。

上條　それで、そういうことがありましたと伝えました。森繁先生はそれで思い出したのかもしれません。たしか先生の（テヴィエ役の）９００回公演が近づいたときだったかな、森繁先生が言い出したんですよ、「上條にやらせてみよう」って。

井上　へえ、すごい話だな。

上條　僕はいい迷惑ですよ。

井上　でも、自分で直訴されたわけですよね？

上條　だけど、やるんだったら、何年も前から準備して、みっちり稽古してやりたいじゃないですか。僕はラザールと同時進行で、テヴィエの稽古もしなくちゃいけない。共演者だって大変ですよ。ずっとやってきた先生と僕とでは、台詞は同じでも、息が全然違うじゃないですか。芝居はそんな簡単なものじゃないからね。照明さんも音響さんもみんな大変ですよ。

井上　それでも、7回ほどテヴィエ役を演じられた。

上條　やりました。

芝居というのは社会がつくるもの

井上　その流れで今日は上條さんにテヴィエの歌を歌っていただきます。時間も押していて、流れ的には今、歌っていただきたいのですが（笑）、大丈夫ですか。ずっと話していただいたので、まずはお茶でもお飲みになりますか。

上條　大丈夫ですよ。声が出れば。

井上　ありがとうございます。歌っていただくのは、劇中でテヴィエが歌う『もし金持ちなら』というナンバーです。

上條　テヴィエは神さまとお話しするのが好きなんですよ。今日も神さまとお話しするところから始めましょう。ちゃんと歌えるかな、分からんな。

井上　間違えるのを気にするなと、上條さん、さっきおっしゃってましたよ（笑）。

上條　ですね、はい、気にしません（笑）

〈歌唱〉

井上　すごい、素晴らしかったですね。この長い拍手が物語っています。いや、こんなに近くで拝見できて、ただのミュージカルファンになってしまいます（笑）。

上條　今度はあなたが歌いなさい。

井上　流れ的に次は僕が歌わなくちゃいけないんですが、これが本当につらい（笑）。このシリーズでは、いつも（歌うのを）やめておけばよかったなと思います。それにしても、上條さんの歌は、これぞミュージカルの歌だなと感じます。何十年もやり続けてこられた体験が歌にしみ込んでいる。すごいものを見たなと、感動が収まりませんが、次のお話に参らねばなりません。

井上　『マイ・フェア・レディ』ではイライザの父親のドゥーリトルの役を演じられました。東宝の、日本のミュージカルはここから始まったと言ってもいい作品です。

上條　これはなんといっても（イライザ役の）大地《だいち》真央《まお》さんだな。真央ちゃんはね、本当に素晴らしい。ああいう女優と一緒に仕事ができたことは、僕の人生の宝物の1つです。

井上　ドゥーリトルもいい役ですよね。

上條　ああいう東京の下町のおとっつぁんって、どこの国にもいるんですよね。時代も国も関係なく。もともとの戯曲は『ピグマリオン』という難しい話なんだけど、どの国にもあてはまる話だから、日本の人たちにも受けるわけです。

井上　僕、今、1つ気づいたことがあるんです。『屋根の上のヴァイオリン弾き』にしても『ラ・マンチャの男』にしても『マイ・フェア・レディ』にしても、どこの国の人たちにも理解できる普遍性が高い物語であり、その中でも、上條さんは1番普通の人を演じていらっしゃる。ドラマチックな役柄が多いミュージカルという世界観の中で、庶民というか、本当にみんなが心を寄せられる役をやっていらっしゃることが多いなと感じました。

上條　そうかもしれないですね。

井上　そういう役って実は難しいと思うんです。ヒーロー的な役柄のほうがやりやすかったりするじゃないですか。でも、その隣にいてその人の光を受ける、影のような役どころってすごく重要だし、その影のような役の存在の仕方って、物語に大きく関わってくると思うんですよ。上條さんはずっとそういう役をやられてきた。

上條　芳雄くんが言っているような感じで僕が仕事をしてこられたかどうかは別として、役としてはそうだよな、どれもこれもいい役ばかりだよ。本当にうれしいことです。

井上　ああ、いいですね、という流れで箸休めの僕の歌に参ります。毎度言っていますが、だいたいレジエンドの前で歌うというのは、どうかしていると思うんですよ。と言いながら、今『マイ・フェア・レディ』のお話が出ましたので、（イライザに一目惚れする御曹司）フレディ役が歌う『君住む街で』です。僕はやったことはありませんが歌います。どうぞケーキでも食べていてください。

上條　はい、いただきます。

井上　歌わせていただきます。

〈歌唱〉

上條　素晴らしい。

井上　ありがとうございます。時間的にはだいぶ終盤まで来ておりまして、ただ、もう少し上條さんのお話を聞きたいです！　上條さんは、冒頭でご紹介させていただいた以外にも、本当にたくさんのミュージカルに出演されています。出演され始めた当初は、ご自分がこれほどたくさんのミュージカルに出演なさるとは、思っていらっしゃいませんでしたよね？

上條　思っていませんでした。ただ、だんだん歌の仕事が少なくなっていた頃だったから、ありがたかったですよ。

井上　今はミュージカルについて、どういうふうに捉えていらっしゃいますか。

上條　いろいろな思いがありますが、日本でも、じいさんやばあさん（の俳優）ができるミュージカルがあればいいなあと思ってね。ブロードウェイでもそう多くあるわけじゃないから難しいかもしれないけど、そういった作品があってもいいと思わない？

井上　そうですね。高齢化時代ですからね、ニーズはあるはずです。日本のミュージカル界には、今、若くて優秀な人がたくさんいらっしゃいます。それはとてもうれしいことなのですが、それだけになるのもさみしいです。その点、ブロードウェイは、お客さまの年齢層の幅が広く、出演している俳優のタイプもばらばらでいいなあと常々思っています。

　先ほど上條さんの歌唱を聴いて、アライブ・レジェンドというか（笑）、生きていらっしゃることがミユージカルの表現そのものだなと感じました。そんな上條さんの舞台を、これからもずっと見続けていきたいです。

上條　ありがとう。たしかにやり続けたいな。

井上　もう1つ、このシリーズで、毎回、レジェンドの方に伺っている質問がありまして。上條さんが出演された、『阿国』もそうだったと思うのですが、日本でもたくさん（オリジナルの）ミュージカルが創られています。今日、お話に出たような、国や時代の壁を越えて、たくさんの人の心に届く作品を、日本から発信するためにはどうしたらいいと思われますか。

上條　生まれてほしいとは思うよ。でもどうやったらいいんだろうね…。分からないくせに、おこがましい言い方をさせていただくと、やはり芝居というのは社会がつくるものだと思うんです。社会が成立していかないといい舞台はできないんですよ。

井上　今は、自由にモノを言える空気がありますが、それだけじゃなくて…。

上條　変な時代だなと思います。温暖化など、本当にいろいろな問題がある。でも、こういうなかだからこそ何かできないものかな。いい文学者もいっぱいいるんだしね。

井上　今の時代にリンクする作品、いいですね！

上條　そう、フレッシュなやつをね。

井上　それがきっとどの時代にも通用するものになるということは、いくつもの名作が教えてくれています。さて、そろそろ時間も迫っているので、このタイミングで、もう1曲一緒に歌っていただいてもよろしいでしょうか。

上條　ぜひ歌います。

井上　ある意味この『レジェンド・オブ・ミュージカル』のテーマ曲になっている『ラ・マンチャの男』の『見果てぬ夢』です。そして、今日は、大変おこがましいのですが、上條さんとデュエットさせていただきます。

上條　『見果てぬ夢』、芳雄くんは初めて歌うんでしょう?

井上　ここでは何回か歌ったことはあるのですが、デュエットは初めてです。白鸚さんの前でも歌いました（笑）。その点に関してはベテランの域です。でもデュエットというのは初めてですし、もちろん出演したこともないんですけど。

上條　僕はあまり歌ったことがないのよ。歌詞を間違えるんじゃないかとどきどきしています。

井上　教えましょうか（笑）。

上條　いや、大丈夫だよ。

井上　では、『見果てぬ夢』をお聴きください。

〈歌唱〉

井上　あまりにも緊張して1カ所歌詞を間違えました。やはりすごい歌ですね。

上條　そうですね。素晴らしい歌です。

井上　何回歌っても全然慣れないというか。僕は何回かしか歌ったことないんですけど、ドキドキしてしまいます。そして、実は今日は上條さんには最後にもう1曲歌っていただきます。こんなにサービス精神のあるレジェンドは初めてではないでしょうか（笑）。最後に歌っていただけるのは…。

上條　これはミュージカルには関係なくて、ジルベール・ベコーというフランスのシャンソン歌手でソングライターが作った『バラはあこがれ』という歌です。

井上　聞いたところによると、『ラ・マンチャの男』の打ち上げで必ず歌われるとか。

上條　そう、どういうわけかね。本当はね、（『ラ・マンチャの男』に家政婦役で出演している）荒井《あらい》洸子《こうこ》と一緒に歌える歌、何かないかな、じゃあ、『バラはあこがれ』をやろうよとなったんです。荒井はシャンソンを歌っていますからね。それで、2人で『バラはあこがれ』を歌ったら、白鸚さんと白鸚さんの奥さまが、とても素敵だとおっしゃってくださってね、それから、歌うようになったんですよ。打ち上げのときも、これを歌うまで飲めないんです、僕。

井上　ミュージカルの打ち上げって、みんな歌い倒した後だから、二度と歌いたくないみたいな雰囲気があるものですけど（笑）、それだけみなさんが喜んでくださるのならうれしいですよね。しかも、『ラ・マンチャの男』の打ち上げに行かないと聴けないという。この『レジェンド・オブ・ミュージカル』のフィナーレでもぜひお願いしたいです。

上條　はい！

井上　では、歌っていただきます。『バラはあこがれ』のミュージカル・バージョンです。

〈歌唱〉

井上　ありがとうございました。最後は客席全体を巻き込んでの大合唱になりましたね。僕は初めて知った曲なのですが、すごく耳に残るし、みんなが1つになれる素敵な曲ですね。今日は本当に素晴らしいお話をたくさん聞かせていただいてありがとうございます。

　というわけで、少し予定時間をオーバーしてお付き合いいただきました。上條さんとお会いするのは、今日で2回目でして、このシリーズは毎回そうなのですが、どういうお話になるのか始まる前はまったく想像がつかなくて、今日もどきどきしたまま舞台に上がりました。奇跡の1時間半が終わった今は、いつにも増して勇気をもらい、また明日から稽古や本番を頑張ろうと前向きな気持ちです。ぜひみなさんも頑張ってください。そして頑張った結果を持って劇場にいらっしゃってください。これからも演劇を、ミュージカルを愛していただいて、一緒に今の自分たちのミュージカルを創っていけたらいいなと思います。そんな新たな勇気を得ました。

みなさん、お気を付けてお帰りください。本日は本当にありがとうございました。

光枝明彦

役者人生はどうやったら人より目立つか

2021年1月21日

光枝明彦（みつえだ・あきひこ）

東京都出身。２００５年に30年余在籍した劇団四季を退団。在籍中は『美女と野獣』『ジーザス・クライスト＝スーパースター』『エビータ』などの大作に出演。退団後の主な舞台は09年『グレイ・ガーデンズ』（演出：宮本亜門、シアタークリエ）。15年『タイタニック』（演出：トム・サザーランド、日本青年館）。16年『グランドホテル』（演出：トム・サザーランド、赤坂ＡＣＴシアター）。20年『Ｂｒｏａｄｗａｙ Ｍｕｓｉｃａｌ Ｌｉｖｅ２０２０』（演出：吉原光夫、Ｂｕｎｋａｍｕｒａオーチャードホール）に出演。テレビドラマ『４号警備』（ＮＨＫ）、大河ドラマ『篤姫』（ＮＨＫ）など。ＮＨＫラジオドラマ青春アドベンチャー『あおなり道場始末』『二分間の冒険』など多岐にわたり活動している。

井上　本日はようこそ、『レジェンド・オブ・ミュージカル in クリエ』にお越しくださいました。ホストを務めさせていただきます、井上芳雄です。よろしくお願いします。そして本日のピアノの演奏は大貫祐一郎さんです。大貫さんはいつもはおしゃべりピアニストなんですけど、今日は大貫さんには悪いのですが、もっと大事な方のお話をお聞きする機会ですので、黙っていていただいて。そして、いつもとは違う緊張感を感じているのは、僕だけでしょうか。劇団四季のミュージカルの音楽に乗って、東宝の劇場に出てくる僕、という絵はこれまであまりなかったはず（笑）。

そして、このような（新型コロナウイルス禍の）状況下で、『レジェンド・オブ・ミュージカル』が開催できたことを本当に感謝しております。できる限りの対策をして、みなさんをお迎えしています。短い時間ではなく、ほどほどに長い時間ではございますが、楽しく過ごしましょう。

今日は配信でご覧いただいている方もいらっしゃいます。『レジェンド・オブ・ミュージカル』では、初めての配信となります。大変なことが多い時期ですが、こんなふうに新しいこともあるということで、前向きに捉えていきましょう。こんな感じで、僕が話しすぎてしまって、全然ゲストを呼ばないのはいつものことですが、もう1つだけお伝えしたいことがあります。こちらのシアタークリエでは、本来なら、現在、『イフ／ゼン』というミュージカルが上演されているはずでした。その公演の後に、『レジェンド・オブ・ミュージカル』をやらせていただくはずでしたが、残念ながら公演は中止になってしまいまして、今日は『イフ／ゼン』にも思いを馳せながらお届けしたいと思います。

さて、『レジェンド・オブ・ミュージカル』は今回で6回目になります。芸術座や帝国劇場、宝塚劇場などで、黎明《れいめい》期から日本のミュージカルを愛し、情熱を持ってやり続けてくださった先人にお話を伺っております。1回目は草笛光子さん、2回目は宝田明さん、3回目は松本白鸚さん、4回目は鳳蘭さん、5回目は上條恒彦さんと、絢爛《けんらん》豪華な方々に来ていただきました。そして、6回目のレジェンドとして本日お迎えしますのは光枝明彦《みつえだあきひこ》さんです。

ご本人のご登場の前に、光枝さんの経歴を簡単にご紹介させていただきます。１９３７年、東京生まれです。俳優座養成所を第7期生として卒業。同期には田中邦衛《たなかくにえ》さん、山本學《やまもとがく》さん、井川比佐志《いがわひさし》さん、水野《みずの》久美《くみ》さんなどそうそうたる方々がいらっしゃいます。その後、劇団青年座に入り、１９５８年『ひかりごけ』、１９６６年『肥前風土記』などに出演。退団後は、みなさんご存じの通り、劇団四季に入団され、30年あまり在籍されました。『ジーザス・クライスト＝スーパースター』『キャッツ』『アスペクツ・オブ・ラブ』『ウェストサイド物語』『美女と野獣』などの海外ミュージカルから、『夢から醒めた夢』『ミュージカル李香蘭』といった劇団四季のオリジナル・ミュージカルにも出演されています。今日は、僕のミュージカルオタク心が満たされる、幸せな時間になりそうです。２００５年に劇団四季を退団された後も数々のミュージカルに出演されています。東宝では『ラ・マンチャの男』、『裸のカルメン』。聞いたことないなあ、『裸のカルメン』(笑)。ここ、シアタークリエでは、『シラノ』(ホリプロ共催)、『ハムレット』、『グレイ・ガーデンズ』などに出演されています。出演作をご紹介するだけでも口が疲れてきました。これだけ長く、今もお元気に活動、お仕事をされている原動力はなんなのか、そのあたりも含めて、ぜひお話を伺いたいです。実は、ご挨拶はしていましたが、一緒に舞台に立ったことも、歌ったこともなく、ちゃんとお話しするのは今回が初めてです。とても楽しみにしております。では、お待たせいたしました。お呼びいたしましょう。本日のレジェンド、光枝明彦さんです。どうぞ、拍手でお迎えください。

光枝　よろしくお願いします。

井上　何もしてないのに、ショー・ストップ状態です。

光枝　ありがとうございます。光枝明彦でございます。本日は先ほど芳雄さんもおっしゃっていましたが、大変な状況のなかに、ご来場くださいまして感謝申し上げます。『レジェンド・オブ・ミュージカル』という名前に恥じぬようトークをしたいと思いますが、何を言い出すかは分かりません。

井上　恥じぬようにと言ったばかりなのに(笑)。

光枝　はい。芳雄さんからせっかくご指名いただいたので、頑張って、少しでも日本のミュージカルの発展に役立つようなお話ができればと思っております。

井上　よろしくお願いいたします。どうぞ、お掛けください。台本も持参くださって。

光枝　はい。

井上　今日で6回目なんですけど、台本持参でいらっしゃったレジェンドは初めてです。

光枝　まじめなんですかね、僕（笑）。

井上　他の5人がまじめじゃなかったみたいな感じにはなりますけれども、今のところ、多分、1番まじめな…（笑）。さて、先ほど、名指しでというお話がありましたが、ぜひ光枝さんには来ていただきたいと思っていました。

光枝　本当に光栄です。ただ、自分としては長いことやってきただけだとも思っていて。

井上　いや、そんなことはありません。ところで、コロナ禍で舞台に立たれる機会はやはり減っていらっしゃいますよね。

光枝　そうですね。延期や中止になった演目もいくつかありまして、これほど舞台に立たなかった年はないですね。

井上　今は、自分たちの健康を守り、現状を維持することが精いっぱいな状況ですが、それだけでは終わりたくありません。だからこそ、光枝さんのお話から何かを学ぶことができればうれしいです。

光枝　もう話していいんですか。

井上　いつでもどうぞ!

光枝　僕も芳雄くんと一緒でミュージカル大好き人間なので、台詞だけのストレートプレイを見ていると、「ここで歌ったらいいのに」とすぐ思っちゃうの。

井上　思います。なんで歌わせないんだろうって。

光枝　そうそう。ミュージカルに毒されると言ったらアレですが、ミュージカルと共に育ってきましたから。ただ、僕が若い頃はまだ上演数が少なくてね。東宝さんが最初にミュージカルを上演された頃は、お金がなくてなかなか見には行けなかった。だから、食堂の出入口の横から劇場に入って舞台稽古を見たこともあります。

井上　ええ!　これ、配信されていますけど大丈夫ですか(笑)。

光枝　まずかったですかね。

井上　時効です、時効。

光枝　たしか『マイ・フェア・レディ』だったかな。

井上　東宝初の海外ミュージカル。

光枝　入っていったら、菊田一夫先生の怒号が飛んでいたんです。最初、俺が怒られたのかと思ってね。当時ね、八波《はっぱ》むと志《し》さんという方がいらしたんです。ご存じないでしょうけど。

井上　お名前だけは存じ上げています。

光枝　八波さんが小鹿番さんの代役をやっていたの。それで、ばか野郎、お前昨日また飲みすぎただろうと。すみません、飲みすぎましたとかそんな感じだった。なんだかおかしくてね。

井上　（笑）。落語が始まったのかと思いました。

光枝　それで、しばらく（稽古を）見ていました。

井上　どうやって横から入ったのか教えていただきたいです。

光枝　今はもう入れませんよ（笑）。宝塚劇場の地下に食堂があって、その横に、関係者用の出入り口があったんです。

井上　当時は緩かったんでしょうね。今はセキュリティー、厳しいですけど。

光枝　そこから入っていって、人とすれ違ったら元気よく「こんにちは」と。

井上　みなさん、まねしたら絶対だめですよ！（笑）

光枝　そしたら客席の廊下に出ちゃったんですよ。…そんな経験があるくらい、とにかくミュージカルが好きです。

井上　おいくつくらいのときからミュージカルがお好きなんですか。

光枝　俳優座養成所にいた、20歳前後の頃からです。ただ、その頃はまだミュージカルというと映画しかなくてね。だから、新しいミュージカル映画はほとんど見ました。その頃、僕が1番好きだったのは『ブリガドーン』（アイルランドの妖精伝説を下敷きとしたアラン・ジェイ・ラーナー（『巴里のアメリカ人』）による作品。1947年にブロードウェイ初演。1954年に映画化された）。

井上　知っています。宝塚でも上演されましたね。

光枝　ジーン・ケリーとシド・チャリースが出演した映画版が大好きで、歩いて映画館に通いました。電車代がないから映画のチケット代だけ持ってね。他にもいろいろ見ましたよ。

井上　では、映画からミュージカルに入られた？

光枝　そうですね。

井上　俳優になりたいという気持ちはその頃から？

光枝　小さいときからありました。僕、学芸会のスターでしたから（笑）。

井上　ものすごいドヤ顔で（笑）。

光枝　学芸会の、ですよ。でも、学芸会では引っ張りだこでした。

井上　その後もきっと引っ張りだこだったんじゃないかと。

光枝　とにかく人前で何かをやるのが好きでした。人前で何かをやって、喜んでもらったり、拍手してもらったり。だから、どんな経緯で役者になったんですかと聞かれると困るんです。自然になっちゃったから。
井上　気が付いたらお芝居をしていた？
光枝　そうですね。だからと言ってはなんですが、学校の授業が嫌になっちゃって。
井上　ああ、よく聞く話です。
光枝　早く芝居の勉強をしたほうがいいんじゃないかと思って、高校を2年で中退しましたね。
井上　芝居がやりたくて。
光枝　そうです、芝居がやりたくて。今は高校中退と言ってもなんとも思わないでしょう？
井上　いや、そうでもないですね（笑）。
光枝　あ、そうでもない？　でも当時大変だったんです。学校中大騒ぎでした。
井上　あと1年頑張れば卒業だったのに。
光枝　そう。結構いい成績だったんです。
井上　あら、またドヤ顔で。
光枝　それは冗談ですが、親からは勘当されました。それで俳優座養成所に入ったんです。
井上　じゃあ、ご両親の反対を押し切って。光枝さん、実はこの企画では、毎回１００人ほど、若い方をご招待しているんです。なかにはミュージカル俳優を目指している方もいらっしゃると思うので…（笑）。

光枝　とにかく、劇場に潜り込んで、いろいろな作品を見て（笑）。

井上　だめですからね。若者よ。でも、それぐらいの熱意で。

光枝　ちょっとのど渇いちゃった。

井上　すみません。突然、フルスロットルでお話を始めていただいちゃって。結構まだ先は長いので、このあたりでフリップをご覧いただきましょう。1枚目の写真はこちらです。

常に何かひと工夫できないか考えている

光枝　これは、東宝の『ハムレット』ですね。1972年の上演です。調べてきました（笑）。主演が（六代目）市川染五郎（現・二代目松本白鸚）さんですね。隣にいらっしゃるのが、（ホレイショー役の）俳優座の長《は》谷《せ》川《がわ》哲《てつ》夫《お》さん。ガイコツを持っているのが私です。

井上　墓掘りの役ですか。

光枝　そうです。普通、墓掘りって2人出てくるでしょう？　ところが、この演出では1人なんです。演出はイギリス人のジョン・デヴィットさんでした。この役がもう本当にやりたくて。

井上　いい役ですよね。

光枝　いい役です。やりがいもありました。まだ30代でした。

井上　墓掘りって結構お年を召した方が演じられるイメージがありますよね。
光枝　本当はね。染五郎さんだってすごく若い！
井上　髪が黒々しています。
光枝　20代で『ラ・マンチャの男』をおやりになって、その後くらいだから、まだ30歳になったかならないかくらいのはずです。
井上　光枝さんは、あまりお変わりないですよね。まだお若いのに人生の経験を重ねていらっしゃるような顔付きをされています。
光枝　演技です。
井上　さすが。演技か（笑）。
光枝　演技じゃないとこうはなりませんよ。
井上　２枚目のお写真は…これは『シラノ』ですか。鹿賀丈史《かがたけし》さんですね。すみません、今日は東宝のお写真に限らせていただいています（笑）。
光枝　これは何年前になりますかね。ああ２００９年ですか、もう10年以上たっているんですね。
井上　鹿賀さんとは劇団四季時代にもご一緒されていますね。
光枝　はい、四季で『ジーザス・クライスト＝スーパースター』を上演することになって、私はちょうどそのときのオーディションで（劇団四季に）入団したんです。司祭の役でした。アンナス役にはもんたよしのりというフォークシンガーもいたりして、多才なメンバーがそろっていましたよ。鹿賀さんとは、この『シラノ』のときに久しぶりにご一緒させていただき、僕はお菓子職人のラグノオ役を演じました。

井上　3枚目のお写真です。

光枝　これは『グレイ・ガーデンズ』。やはり2009年に、このシアタークリエで上演されました。懐かしいですね。

井上　僕も拝見しましたが、1幕と2幕ではがらっとセットが変わって。

光枝　そうなんですよ。1幕と2幕では同じ役なのに役者さんが代わったりもします。大竹しのぶさんと草笛光子さんが同じ役をやられて。

井上　ということで、かなり駆け足で東宝の主催公演に限っての光枝さんのヒストリーをご紹介させていただきましたが、聞きたいことが多すぎて全然話が進みません（笑）。子どもの頃から芝居が好きで学芸会のヒーローだったというお話は伺いましたが、最初にお入りになったのは俳優座でしたよね？

光枝　はい、俳優座養成所に入り、20歳のときに青年座に移りました。青年座は創作劇オンリーの劇団でこれは面白いんじゃないかと思ってね。少しミュージカルっぽい匂いもあったんですよ。みなさんはご存じかどうか分かりませんが、当時、テレビドラマのお母さん役で人気を博していた、山岡《やまおか》久《ひさ》乃《の》さんも在籍されていた。彼女が実質リーダーみたいな劇団でした。山岡さんは宝塚の音楽学校を出ていらっしゃるんです。

井上　そうなんですね。

光枝　今井《いまい》和子《かずこ》さんという女優も日劇ダンシングチーム出身でした。だから、歌ったり踊ったりという作品も多かった。

井上　その頃からミュージカルをやりたいというお気持ちはおありだった？

光枝　ありました。

井上　そして、１９７２年には先ほどもお話に出たように、『ジーザス・クライスト＝スーパースター』のオーディションをきっかけに劇団四季に入団されます。

光枝　面白い話があるんです。四季は『ジーザス・クライスト＝スーパースター』の前に、『アプローズ』というミュージカルを上演していましてね。僕もオーディションを受けたのだけど、落ちてしまった。役がなかったんです。そしたら、オーディションが行われた日の夜に、（劇団四季の創設者の１人で、演出家の）浅利（慶太）さんの秘書から電話がかかってきて、今回は役はないけれど四季に入る気はないですかと言われてね。大変うれしいお話でしたが、ちょうどそのとき、さっきの『ハムレット』の話がかぶっていて。

井上　墓掘り役が！

光枝　それで1年くらい後に、今度は『ジーザス・クライスト＝スーパースター』（初演時は『イエス・キリスト＝スーパースター』）のオーディションを受けたんです。オーディションではユダの歌を歌いました。手ぬぐいをぶら下げてね。ジャポネスクバージョンをやるというので。ただ、笑いの的でした（笑）。

井上　それが理由で受かったわけではないんですか。

光枝　いや、それも半分ぐらいあるんじゃないかな。

井上　あながち間違ってもなかったと。

光枝　どうやったら人より目立つか。これは僕の役者人生における大きな命題です。俳優を目指している方に、僕がお話ししたいのは、何かほかのヤツとは違うところを見つけろということです。何でもいい、とにかく何か見つけることです。昔、飯田蝶子《いいだちょうこ》さんという映画の女優さんがいらしたんです。主役をやるタイプの方ではなかったのですが、田植えのシーンで、後ろから撮られているときに、わざとお尻をかいたそうなんですよ。

井上　後ろから撮られていると分かっていて。

光枝　そう、それが目立って、あいつは面白いとなり、それからどんどん役が付いていったという逸話が残っているんです。僕にはこの話がすごく刺さってね。

井上　それで光枝さんも実践してみようと？

光枝　そうそう。それ以来、常に何かひと工夫できないかとか、もう1つアイデアはないかなどと考えています。何かやりたくて仕方ないんです。もちろんミュージカルの場合は、まず歌がうまくなきゃだめ。それが大前提なんだけど、でも、ひと工夫して、何かやることで半分くらいはごまかせる（笑）。

井上　光枝さんは、歌も素晴らしいじゃないですか。歌自体はずっと歌っていらっしゃるんですか？

光枝　俳優座の養成所で、畑中良輔《はたなかりょうすけ》先生から教えていただきました。

井上　クラシックの大御所の！

光枝　はい、先生と、奥様の畑中更予《こうよ》先生が養成所の先生だったんです。

井上　ええ、すごい。

光枝　養成所の授業で、初めて正式に声楽を学んだのですが、それが面白くてね。もっと勉強したくて、俳優座の授業以外でもレッスンを受けることにした。それで、ジャズみたいなものもやりたくなって、宝塚出身の女優さんに、ジャズバンドを紹介してもらったんです。そのジャズバンドを聴くためにダンスホールに行ったら、歌わせてくれるようになった。それで、しばらくは渋谷のダンスホールで歌っていました。その経験は僕の肥やしになっています。

井上　光枝さんの声はクラシック的な朗々としたところがあり、同時にジャズ的な軽やかなところもあると、せんえつながら思っていたので、今のお話はすごく腑に落ちました。

光枝　四季に入ってからは、きちんと音楽を学ばれている方のお腹や手の動きを見て、まねていました。

井上　ミュージカルで歌うときには、また新しい歌い方を学ばれて？

光枝　そうですね。青山明《あおやまあきら》という東京藝術大学出身で、役者だけど音楽監督もやっている人間がいましてね。彼と一緒にニューヨークに行って、先生に付いたこともあります。

井上　向こうはメソッドが確立されていますからね。

光枝　全然違うんですね。驚きました。ニューヨークで学んだこともだいぶ役に立っています。

井上　劇団四季はもともとはフランスの劇作家の作品を上演するために創設された劇団だと聞いています。四季で、ストレートプレイをやりたいというお気持ちもあったのでしょうか。

光枝　それはあまりなかったかな（笑）。ストレートプレイでも、いくつか役をもらいましたが、困りました。長いじゃないですか、四季の台詞。ジャン・ジロドゥの作品とかね、ものすごく長台詞なんですよ。我々が若い頃の四季は、東大や慶應を出たインテリばっかりでしたから、長い台詞を平気でばーっと言うわけです。我々は陰でそれを四季節と言っておりました。その四季特有の節回しが僕はあまり好きじゃなくてね。今だから言えますが（笑）。

井上　すごい。とても面白い話ですが、なんてコメントしたらいいか分かりません。ただ、そのお芝居の仕方、僕もできないだろうな（笑）。

光枝　そうですね。でもね、かなわないんです、やっぱり。水島《みずしま》弘《ひろし》さんとか、台詞回しがとてもうまいじゃないですか。俳優座養成所でギターを持って歌を歌っていた僕にはかないっこないんです。

井上　光枝さんはミュージカルをやりたかったわけですからね。個人的にはものすごく共感します。僕もミュージカルがやりたくてこの世界に入ってきたので、初めてストレートプレイに出たときは、「嘘だろ」と思ったものです。でも、やはりストレートプレイもやらなければいけないという思いもあります。やらないと、できるようにはならないですからね。

光枝　その考え方はご立派です。

ミュージカルには、ロマンチックで、きれいな曲が必要

井上　僕はてっきり光枝さんはお芝居をずっとやってきて、四季に入った後にミュージカルに出合い、ミュージカルに目覚めたのだと勝手に想像していました。全然違いましたね！　根っからのミュージカル俳優。

光枝　四季はあるとき路線をがらりと変えて、ミュージカル演目を中心に上演するようになりました。その一方で、フランス演劇の基礎というんですか、それがなくなっちゃいましてね。でも、芳雄さんなんか

はやったらいいんじゃないですか。
井上　どっちを、ですか。
光枝　フランス演劇。
井上　それはちょっと丁寧にお断りというか（笑）。いや、違う、違う。やらせていただけるのなら光栄です。でも確かにやったことないし、四季の作品はフランスのものも、いくつか拝見していますが、自分がやったらどうなるのか未知の世界ですね。
光枝　ただ作品は素晴らしいからね。
井上　光枝さんは、フランス演劇も含め、四季でもいろいろな作品に出演されていて。『ジーザス・クライスト＝スーパースター』があって、『コーラスライン』があって。
光枝　『コーラスライン』は、僕には役がなかったですね。
井上　やってなかった。
光枝　やってない。『コーラスライン』って、中盤に芝居が少し止まるところがあるでしょう？　オーディションを仕切るのが、演出家のザックから振付助手のラリーになって、少し舞台が暇になる時間があるんです。
井上　あの名作にそんな時間が！

光枝　一瞬だけ、ちょっとした隙ができる。そこで僕は作業員の役で出させてほしいなと思ったことがあってね。舞台の端から端まで歩くだけの。

井上　発想が市村正親さんと完全に一緒です。市村さんもよく、何かあると作業員で出ようとおっしゃいます。

光枝　『コーラスライン』は本当にいい作品だからね、一瞬でも出たくてね（笑）。

井上　光枝さんはダンスはお得意なんですか。

光枝　養成所のときはみんな嫌がっていたんですよ、ダンス。当時の男性はタイツをはくのを避けていた。でも、僕だけははきました。だからすごく先生に気に入ってもらえたんです（笑）。最初はダンスがうまいから気に入られているのかと思っていたのだけど、そうじゃなかったみたいです。

井上　タイツが気に入られていた（笑）。

光枝　そもそもダンスがあまり上手じゃない。自分で自分の欠点を言うのもあれなんだけど、僕、手が短いんです、あなたと違って。

井上　ごめんなさい。僕は長めにできている。

光枝　山岡久乃さんに、あなたは手が短いから動きをもっと大きくしなきゃだめだと言われたんですよ。ずっと僕の頭の中にある言葉です。

あなたはやっていらっしゃったんでしょう、ダンス？

井上　ダンスは好きです。タイツをはいてやっていましたよ！　ただ、褒められるほどにはうまくない。踊れと言われれば踊るんですけどね。歌のほうが得意です。

光枝　ああ。それはそうですよね。

井上　はい（笑）。では、歌やお芝居をやりながら四季でキャリアを重ねていかれたわけですが、『ジーザス・クライスト＝スーパースター』の話に戻ると、光枝さんは日本初演に出演されているんですよね？

光枝　『ジーザス・クライスト＝スーパースター』はロックミュージカルでしょう？　でも僕は初めの頃、ロックって全然受け付けなかったのね。

井上　僕も同じです。いや、別に僕と一緒じゃなくてもいいんですけど。

光枝　そうですか。だから最初にレコードを聴いたとき、えー、これ。そんなにいいのかなと思ったの（笑）。でも、世界中で、何百万枚とレコードは売れているわけです。（同作の作曲家である、アンドリュー・）ロイド・ウェバーは、クラシック的な素養もあるけど、ロックとかカントリーにも長けていてね、（１９７３年の）中野サンプラザホールでの初演では、東京交響楽団の大オーケストラが演奏を担当しました。音楽監督は若杉弘《わかすぎひろし》さんです。

井上　若杉さんが、指揮されたんですか⁉

光枝　そう。さらに深町純《ふかまちじゅん》さんのロックバンドも入ったんですよ。7～8人の。

井上　大編成のオーケストラだったんですね。

光枝　すごかった。出演者も相当な人数でした。

井上　すごい。

光枝　初めてだったからね。ところが、お客さんがあんまり入らなかった。

井上　新しすぎて、ということですか。

光枝　新しすぎて受け付けなかったんでしょうね。演者とスタッフの人数のほうが多かったみたい（笑）。ただ、後々は（お客さまが）入るんですよ。でも、そういう苦しい時期って必ずあります。東宝さんは商売がうまいからそういうことはないと思うんだけど。

井上　どうなんですかね。今度、聞いてみましょう。でもこのシリーズで、レジェンドにお話をお聞きすると、結構むちゃなことをやってきているんだなと驚くこともあって。

光枝　そうなんだ。

井上　でも、劇団四季のような私設の劇団が、そういった大がかりなミュージカルをやっていくというのはすごいことだと思うんです。

光枝　ただ、『ジーザス・クライスト＝スーパースター』は最初は当たらなかったけど、『キャッツ』はその賭けが見事に当たった。

井上　『キャッツ』に関しても当時は大博打《ばくち》だったと聞いています（笑）。四季で『キャッツ』を上演することになったときは光枝さんはどう思われました？

光枝　『キャッツ』の音楽も最初はそんなにいいと思わなかった（笑）。だけど（アンドリュー・）ロイド・ウェバーの楽曲はメロディアスなところがあるじゃないですか。ああいうところは好きなんです。これは僕の持論なんだけど、やはりミュージカルはお客さまが劇場を出るときに口を付いて出るような音楽があることが大切だなって思うんですよ。

井上　耳に残って離れない音楽が必要ですよね。

光枝　そう。僕はミュージカルには、ロマンチックで、きれいな曲が絶対に1曲はなきゃだめだと思っています。

井上　光枝さんが、ご覧になってきたミュージカル映画は、きっとそういう作品だったんでしょうね。では、『キャッツ』はちょっとそれとは違うんじゃないかなと思われた？

光枝　そうですね。それに、T・S・エリオットの詞をミュージカルにしたわけでしょう。暗いじゃないですか（笑）。

井上　哲学的というかね。

光枝　舞台もゴミ捨て場です。ちょっと汚い（笑）。
井上　僕の大好きなミュージカルを、それ以上悪く言うのやめてもらっていいですか（笑）。
光枝　すみません。好きなんだよね？
井上　はい（笑）。でも分かりますよ。僕にとってはこの世界を目指すきっかけになった作品ですが、決して甘美な物語ではないし、ほかのミュージカルとは何から何まで全然違いますから。
光枝　でも、やっているうちにやっぱり乗せられちゃうというかね。ただ、僕は、「これ当たるのかな？」と疑心暗鬼で（笑）。で、いざやることになって、ニューヨークへ行って見てこいと言われたの。
井上　浅利さんに。
光枝　ええ、それで行ったんです。久《く》野《の》綾《あ》希《き》子《こ》さんと2人で。で、実際に見たらこんな楽しいミュージカルはないなと思った。だって猫が降りてくるんですよ、客席に。
井上　来ます、来ます。
光枝　目を光らせてね。
井上　うわっとなりますよね。
光枝　そういうことなんだって思った。演出が良かった。
井上　それで『キャッツ』の世界に入っていかれた？

光枝　そうなんです。でもね、見てこいとは言われたものの、自分のお金で行ったんですよ。

井上　劇団がお金を出してくれるんじゃなくて？

光枝　今は違うと思いますが、僕らの頃は自腹でした。ただ、すでに上演権を購入しているので、現地での扱いは良かった（笑）。ブロードウェイでも演出の人が来て、客席に案内してくれて、話をして。そしたら、現地の関係者に一通りやってみろと言われたんですよ。

井上　何回ぐらい見たんですか。

光枝　5、6回かな。

井上　でも見たからやれるというものではないですよね。

光枝　そう。だけど、まあ、やるしかない。

井上　はい。（『キャッツ』には）24匹の猫が出てきますよね？

光枝　全部ではないけれど、主な猫はやりました。踊ったり、歌ったりしてね。それで猫歩きというのをやらなきゃだめだと、本当に猫になったつもりでやっていますかと言われてね。

井上　そういった、光枝さんたちのご苦労があった上での、『キャッツ』初演だったんですね。開幕後のお客さまの反応はいかがでしたか。

光枝　これがばか当たりしました。また、ちょうどその頃、チケットぴあが立ち上がってね。それまではチケットは全部手売りだったんです。劇場の窓口に並んで、購入するものだった。でも、ぴあができたことで、電話1本でチケットが買えるようになったんです。

井上　『キャッツ』の開幕でチケット市場も変わったんですね。

光枝　キャッツ・シアターという専用の小屋を建てて上演するというアイデアも当たりました。

井上　本当にやってくださって良かったです。僕は、子どものときに劇団四季の『キャッツ』を見て感動して、ミュージカル俳優を目指しました。『キャッツ』がなかったら、今ここにはいません。

光枝　芳雄さんの出身地である福岡では、百道浜《ももちはま》の特設テントみたいなところでやりましたね。福岡には1年間くらいいたかな。

井上　『キャッツ』はいろいろな都市で上演されていますが、日本全国にどんどんミュージカルが広まり、新しいお客さまを開拓している実感はありましたか。

光枝　そうですね。「昔みたいな芝居をやらないの？」なんて言う人もいましたけど、劇団は、どんどんミュージカルを中心に上演するようになっていきました。その頃は、各都市に四季の会というのがあったんです。公演が終わったら、必ずそこでパーティーをやっていた。でも、そういうのもやらなくなっちゃった。この作品の上演をきっかけに、いろいろなものが変化しました。

井上　興行の形態が変わった、と？

光枝　そうそう。

人間っていろいろな面があるでしょう

井上　四季にとってはもちろんですが、日本のミュージカル界にとってもエポックメーキングな作品だったと思います。『キャッツ』に関しては、僕、永遠に話を伺っていたいのですが、これで終わりにしなきゃと心を鬼にして…。

光枝　そのわりには時計を見ているよ（笑）。

井上　そうなんです（笑）。ずっと『キャッツ』の話をしていると、いろいろなところから怒られますので、この流れで『キャッツ』から1曲、歌っていただきましょう。光枝さんといえば、やはり『ガス―劇場猫』ということで、僕からリクエストをさせていただきました。『キャッツ』で光枝さんが長く演じられていた、昔は人気スターだったけれど、今は落ちぶれた役者猫のガスことアスパラガスが歌う曲です。

光枝　これ、ジェリーロラムという…。

井上　そう、ガスが雌猫と一緒に歌うデュエット曲なんですよね。

光枝　女性は今日いないですね？

井上　そうなんですよ。申し訳ないですが僕しかいないので、僕がご一緒させていただこうかと思っています。これ、男性が歌ったことってあります？

光枝　初めて。

井上　でも、歌ってみたら、キーは問題ありませんでした。

光枝　うん、リハのときもすごく良かった。男でもいけるんじゃないかと思いました。

井上　そんじょそこらのジェリーロラムには負けないという自信があります。僕は11歳くらいから聴き続けていますし、家で演じてもいました。

光枝　やっぱりね。

井上　いいニュースが少ない毎日ですが、今日、僕の夢がかないます。今年、1番いいことかもしれない。では、『ガス―劇場猫』を聴いてください。

〈歌唱〉

光枝　すてきなジェリーロラムでしたね。

井上　でした？　いや、僕のことはいいんです。もう胸がいっぱいで今日はここで終わってもいいかなとも思ってしまうのですが、まだまだお聞きしたいことはたくさんあります！　四季では、本当にたくさんの作品に出演されていますが、なかでも、特にご自分の肌に合っていると感じられた作品が『赤毛のアン』だったとか。

光枝　そうですね。作品が持つ温かさというか、素朴な人たちの心の触れ合いというか、すみません、私、もともと育ちがいいもので、何を言っているか分からなくなってきた（笑）。

井上　どう突っ込んだらいいか（笑）。ちょっと育ちのことは存じ上げなかったので。

光枝　もちろん冗談ですよ。世田谷という、田舎で育った人間です。世田谷区って、今でこそ偉そうな顔をしているけど、僕が子どもの頃は本当に田舎だったんです。

井上　当時の世田谷には、『赤毛のアン』の世界と重なるところもあったり？

光枝　はは。そうかもしれません。

井上　この作品のどんなところに魅力を感じられたのでしょう？

光枝　アンの持っている明るさとか元気さとか、想像力の豊かさというか、そういったところが1番の魅力ですが、曲も良かった。

井上　カナダの作品ですよね。

光枝　そう、作品の舞台であるプリンスエドワード島で毎年上演されているミュージカルで、最初に日本で上演されたのは、1970年の大阪万博のときだったと聞いています。

井上　それは四季の公演ではなかった？

光枝　違います。万博のあと、四季がやることになったんだけど、その経緯はよく知りません。

井上　光枝さんはマシュー・カスバート役を演じられています。

光枝　人間っていろいろな面があるでしょう。マシューのあまり人前でしゃべらない感じとか、演じていて楽しかったです。男性は、多かれ少なかれ、みんなそういった一面を持っているじゃないですか。

井上　光枝さんのイメージとも重なります。確かアンは久野さんが演じられていらっしゃいましたよね？久野さんともコンビを組まれることが多かったのでは？

光枝　多かったですね。久野さんとの共演はこの『赤毛のアン』が初めてで、その次が『エビータ』かな。彼女がエビータで、僕が（エビータと結婚し、後に大統領になる）ペロン。それから『キャッツ』です。3作ほど連続でご一緒しました。『赤毛のアン』では、マシューはアンを大きな愛情で包み込みます。

井上　はい。

光枝　ところが、『エビータ』のペロンというのは冷たい男でね。

井上　なにか冷め切った夫婦みたいな。

光枝　そうそう。その雰囲気が出せなくて困りましたね。

井上　マシューとアンになってしまう（笑）。

光枝　そうそう（笑）。でも、久野さんはがらっと変わっていたな。

井上　女優ってそういうものですよね。男優はちょっと引きずるところがある（笑）。

光枝　そうなんですよ、芳雄さんはよく分かっておられると思うけど。

井上　それが男優の愛おしいところであり、同時にばかだなとも思います。久野さんや鹿賀さん、市村さんなど、四季はどんどん人材が豊かになって、そのなかでみなさん切磋琢磨されていたんでしょうね。

光枝　鹿賀くんや市村くんというのは、僕がそれまで見たことのないタイプの人間でした。

井上　え、どういう意味ですか。

光枝　とりわけ鹿賀丈史はすごかったですよ。毛皮のコートとか着ていてね。Tシャツの上にヒョウ柄の毛皮をぱっと羽織って、フェアレディかなんかに乗ってさ。それでもう始終、浅利さんに怒られていましたよ。

井上　怒られる（笑）。

光枝　お前、スター気取りしやがってみたいな。でも、怒られてもやめなかった。

井上　でも、本当にスターになられて。

光枝　面白い人でした。

井上　市村さんはどんな感じでした？

光枝　イッちゃんは芝居が大好きで、そして、仕切るのも好きだったね、当時から。演出家がいないときは、ぱーっと彼が（芝居を）つくっちゃうの。

井上　…当時からそうだったんだ。市村さんは今もエネルギーの塊という印象があります。そういった人たちとたくさんの作品を創っていかれたんですね。あと、『赤毛のアン』もそうかもしれないけれど、四季は子ども向けのミュージカルを古くから積極的に上演されている印象があります。

光枝　『ニッセイ名作劇場』というのがありましたね。見たことないですか？

井上　僕の小学校、外れたんです。福岡市は抽選で当たった学校だけが見ることができたんですよ。こんなに劇団四季が好きなのになんで見られないんだと、先生に文句を言ったら、「は？」という顔をされました。

光枝　今日いらしているお客さまの中にも、子どもの頃、『ニッセイ名作劇場』をご覧になられた方がいらっしゃると思います。これは四季にとっても興行的にとても大きな仕事でね、これを機にミュージカルに傾倒していった節もあります。気づけば、フランス劇の台詞をしゃべっていた人が、『王様の耳はロバの耳』とかやるようになっていた（笑）。

井上　寺山修司《てらやましゅうじ》さんの作品ですよね。その当時の、日本の最先端のクリエーターが四季の作品を手掛けられていた。

光枝　そう、いずみたくさんにも20作品ほど創ってもらってたんじゃないかな。

久しぶりに人間の役をやらせてもらった

井上　光枝さんに、『赤毛のアン』のほかに、もう1つ思い入れのある作品を挙げてもらったところ、『アスペクツ・オブ・ラブ』とおっしゃっていて。このお話も聞かせてください。

光枝　久しぶりに人間の役をやらせてもらった作品ということもあり、印象に残っています（笑）。『ジーザス・クライスト＝スーパースター』のロンドン公演に出演していた頃、次は『アスペクツ・オブ・ラブ』のジョージという役をやってほしいと言われましてね。ちょうどロンドンで、『アスペクツ・オブ・ラブ』の初演をやっているタイミングでした。だから『ジーザス・クライスト＝スーパースター』も一生懸命やらなきゃだし、『アスペクツ・オブ・ラブ』の舞台も見なきゃならない。5～6回は見ました。劇場に行くと、堀内敬子《ほりうちけいこ》さんもいたりしてね。映画評論家の淀川長治《よどがわながはる》さんも何度も見にいらしていました。お好きだったんでしょうね。ただ、上演中、寝ている方も多くいらっしゃった。派手な作品ではないし、確かにちょっと退屈な面もある作品です。

井上　そうですね。ロイド・ウェバー作品の中では、地味な部類だと思います。小ぢんまりしているというか、長尺の昼ドラのようなどろどろの愛憎劇ですしね。

光枝　そうそう。だから、音楽をきれいにしないと持たないんです。

井上　音楽だけ聴くと上品なオペラのようで。

光枝　話は下品なのに（笑）。

井上　そこが生々しくて、恋愛ってこんなに大変なんだ、下手したら銃で撃たれてしまうんだ、みたいなところがあって、僕はなんとなく好きでした。音楽的にも素晴らしいですしね。

光枝　それこそメロディアスな音楽でね。この作品の楽曲をカバーしている歌手もたくさんいます。

井上　ミュージカルらしい音楽というか、やはり光枝さんは、ちょっと上品な感じの、耳になじむ音楽がお好きなんですね。

光枝　そうですね。大好きな作品です。

井上　というわけで、この流れでまた歌わせていただきます。分かっていただけます？　この企画って本当に大変なんです（笑）。レジェンドの方が出られた作品の曲を本人の前で歌うんですよ？　本当に緊張します。

光枝　大変ですね。やってみて実感しました。

井上　無理をお願いしてしまって申し訳ないんですけど、僕が先に歌いますので、少し休んでいていただいて。

光枝　分かりました。

井上　そんなわけで、『アスペクツ・オブ・ラブ』から2曲歌わせていただきます。曲は登場のシーンでも弾いていただきましたが、同作のテーマ曲と言ってもいい『恋のさだめは』。（劇団四季在籍中に同作で長く主役のアレックス役を演じてきた）石丸幹二《いしまるかんじ》さんの大学の後輩である僕が歌わせていただきたいと思います。２曲目はデュエットです。光枝さんがこれを一緒に歌ったらいいんじゃないかとおっしゃってくださった曲です。

光枝　うん。芳雄さんと歌ってみたいなと思って。

井上　光栄の極みです。劇中以外で歌う機会がなかなかない楽曲で、実はタイトルもなくて、光枝さんが付けてくれたタイトルは『ローズは君にぴったり』です。ローズという女性を巡って、年代の異なる２人の男が争います。その楽曲の一部です。では、まず僕の『恋のさだめは』からお聴きください。

＜歌唱＞

井上　ありがとうございました。それでは次の『ローズは君にぴったり』を、光枝さんとデュエットさせていただきます。

〈歌唱〉

井上　これはまた貴重な体験をさせていただきました。久しぶりに歌われましたか？

光枝　このくだりはね。

井上　なかなかここだけ取り出して歌う機会はないですからね。

光枝　でも、こういうのもいいですよね。

井上　ミュージカルという感じがしますよね。うれしい時間はどんどん過ぎていきます。時計を見ているわりには全然キープできてない（笑）。だんだんとまとめに入っていこうと思いますが、光枝さんにとって劇団四季はどんな場所だったんでしょう？　２００５年に退団されるまで、30年以上在籍され、たくさんの役柄を演じてこられました。

光枝　そうですね。大変に厳しい、独特のメソッドがあって、そのメソッドから外れるとだめなんです。

井上　劇団というのはそういうところですからね。

光枝　そう、カラーがあるんです。四季の俳優は、「そんなにはっきり言わなくても分かるよ」という台詞もはっきり言うじゃないですか。でも、だからこそ、客席の端から端まで台詞が伝わるわけです。

井上　宝塚の俳優のメークが濃いのと同じかもしれませんね。これには、後ろのお客さまにも顔が見えるようにという意図がある。目的がはっきりしています。確固たるメソッドがあるとか、守るべきものがはっきりしているのは、いい部分もあれば、悪い部分もあると思います。でもそれがあるからこそ、きちんと統率が取れ、また、作品のクオリティーが保てているのではないでしょうか。

光枝　フォローしていただいて、ありがとう（笑）。今の若い人たちが浅利さんの教えを守って、浅利イズムを継承しているところはすごく素晴らしいことだと思います。その一方で、作品によってはすごく自由にやらせてくれることもありましたよ。

井上　そうなんですね。バランスが取れている。

光枝　ただ、経営的には今大変なんだろうな。余計な心配だけどね。

井上　よろしければ、東宝のことも心配していただければ（笑）。別に僕、東宝の社員じゃないですけど。

光枝　東宝も大変か。それはそうだよね。

井上　東宝はいろいろなことをやっているので、リスクは分散されていると思います。『鬼滅の刃』の映画も当たりましたからね。ただ、やはり今、演劇業界はどこも本当に大変な状況に追い込まれています。

光枝　本当だったら今、ここでミュージカルを上演していたはずだもんね。

井上　では、劇団四季をお辞めになって、今も日本のミュージカル界で活躍されている光枝さんにとって、東宝はどういう存在なのでしょう？　四季に入団される前にも東宝のミュージカルには出演されていますよね。

光枝　東宝はやはり菊田先生のミュージカルに対する情熱がすごかった、その印象が強いですね。最初に出演したのは、新宿コマ劇場での『努力しないで出世する方法』でした。

井上　主演はどなたが？

光枝　坂本九さんです。面白かったですよ。

井上　タイトル通り、ある男が出世していく話ですよね。光枝さんはどんな役で出演されたんですか？

光枝　急に呼び出されて、テレビショーの司会者の役でした。台詞も相当あった。ただ、出ているだけでは、目立たないじゃないですか。

井上　またたくらみが始まってしまった？（笑）

光枝　始まっちゃったんです。それで出ていって、台詞を言う前に、ちょっとしたポーズを取ったら、それがウケたんですよ。当時のお客さんは甘かったから（笑）。

井上　ちなみにポーズ自体に意味はあるんですか。

光枝　なんの意味もありません。でも、やったんです。初めは演出家に、なんであんなことするんだ、バカなことはやめろと怒られたんだけど、でもやりたいんですって言ったら、勝手にしろと。

井上　よくそんな人が劇団四季に入れましたね。
光枝　でも、中日ぐらいからウケなくなりました。
井上　すごくよく覚えていらっしゃる（笑）。その『努力しないで出世する方法』もあって、その次が…。

チャンスをどう生かすかが、役者にとっての大命題

光枝　先ほども少しお話しした、『ラ・マンチャの男』の初演です。これはオーディションを受けました。当時、佐藤勉さんという有名なプロデューサーがいたんだけど、手間がかかる役があるから助けてくれないかと言われたんです。荒くれ者のラバ追いのボスなんだけど、みんな品が良すぎるんだとおっしゃるんです。じゃあ俺はなんだよ、と思ったね。
井上　荒くれ者（笑）。そもそも、『ラ・マンチャの男』は、当時の東宝にとっては珍しいタイプの作品だったと思います。
光枝　僕がオーディションを受けるように言われたのは、ものすごく粗野で乱暴な感じの男の役でした。当時、エディ・ロールさんという方が振付・演出をされていてね。オーディションでは『小鳥よ小鳥』という歌を歌いながら歩いたりしていたんだけど、審査員の指示どおりに動いていたら、熱が入りすぎちゃって。僕は映画かテレビのロケ上がりで、スーツを着ていたんだけど、ズボンのお尻がビリッと破けてし

まって。

井上　今日は、お尻関係が多いですね。

光枝　それを見た演出家をはじめ、審査の人たちがみんなゲラゲラ笑って、やった、これはもしかすると決まるんじゃないかなと思いました。

井上　お尻が破れたのは事故ですよね。

光枝　そう、もちろんわざと破いたんじゃないですよ。でも、一生懸命やっているということじゃないですか。

井上　結果、目立ってしまった。

光枝　だから、靴も脱いで裸足になってやりました。オーディションというのはやはりチャンスなんですよ。そのチャンスをどう生かすかが、役者にとっての大命題です。まあ、人より良く、あるいは面白くやるというのは、つまりは人を蹴落とすことなんだけどね、はっきり言えば。あの変な野郎が来たから、俺、落ちちゃったよということもある。

井上　あいつのケツが破れたせいで！　なんて汚い手を使うんだ、とか。

光枝　はい、ずいぶん言われましたよ。お前のせいで役がなくなっちゃったってね。

井上　そういう面は確かにありますね、この世界。

光枝　だけど、役者にとっては、やはり耐え忍んでいかなきゃならない道なんですよ。いや、これは世の中、なんの職業でも同じだと思います。嫌だけど仕方ない。あなたの場合は、1度で受かったんでしょう、オーディション。

井上　まあ、そうなんですよ。でも、それも言い方によっては、誰かを蹴落として勝ったわけなので。だからできるだけ普段は感じよく生きていこうという思いはあります。

　では、そのお尻が破れてオーディションに受かった『ラ・マンチャの男』のお話もぜひ聞かせてください。この『レジェンド・オブ・ミュージカル』には、過去に草笛さんにも、白鸚さんも来ていただいていて、大変な稽古だったと伺っています。

光枝　そう。さっきも少し話したけれど、日本初演の演出を担当したのは、エディ・ロールさん。元々振付家で、従者サンチョ役を演じたこともある御仁です。で、エディさんと一緒に食事に行くと、柄の悪いラバ追いたちは、昼間から飲むんですよ、酒を。エディさんが、飲め、飲めと言うんです。だから昼からビールをいただくの。酒が強い人はいいけど、俺なんか弱いから真っ赤になっちゃって。

井上　それで稽古をするんですか。

光枝　そうです。

井上　その話は初耳です。

光枝　言っちゃいけない話かもしれないけど（笑）。「遠慮するな」ともよく言われたなあ。女優さんを抱くときも、自分の女なんだろう、遠慮しないで抱いたり、胸を触ってなめろってね。日本人はなめるふりをするじゃないですか。すると、何やっているんだ、実際になめろと言うんです。だから、女優さんの革のベストをなめましたよ（笑）。

井上　ちょっと今の時代では考えられないお話ですよね、いろいろな意味で。

光枝　日本人はスタイルにこだわりすぎる、リアルにやれと何度も言われました。

井上　言いますよね、海外の演出家は。キス、キス、キスって、そんなにしないよ、日本人は、というのはありますけど（笑）。菊田先生が、『歌麿』というオリジナル・ミュージカルに尽力されたのは、この『ラ・マンチャの男』の後だったでしょうか？

光枝　そうです。『歌麿』は、菊田先生がこれからは海外のミュージカルだけに頼っていたらいけない、日本発のミュージカルを輸出していくんだという思いで製作した作品で、浮世絵画家の喜《き》多《た》川《がわ》歌麿《うたまろ》さんを題材にしたミュージカルです。歌麿さんは女性しか描かなかった。だからミュージカルも、女性の美しさに焦点を当てた作品になっています。ただ輸出した場合、お金がかかりすぎちゃうようで、あまりうまくいかなかったと聞きました。日本の衣裳とか全部持ち込まなきゃいけないからね。

井上　帝劇で上演したんですか？

光枝　そうです、2カ月間、帝劇で上演しました。フランキー堺さんや浜木綿子さん、京《きょう》マチ子《こ》さん、それから水谷良重《みずたによしえ》さん、今は水谷八重子《やえこ》さんですね。名だたるスターたちが、いろいろな衣裳を着て舞台に出るんです。すごくお金がかかる芝居でした。

井上　作品としては面白く仕上がったんですか。

光枝　面白かったですよ。徳川幕府が浮世絵についてうるさいことを言い始めた時代の話です。芸者の絵ばかり描くのはよろしくないとかね。そんななか、歌麿は、太閤秀吉の5人の妻が花見をしているところを描いてしまった。幕府としては面白くないわけです。それで歌麿は牢屋に入れられてしまいました。

井上　反逆児だったんですね。

光枝　そう、その辺がちょっと『ラ・マンチャの男』に似ているんです。

井上　菊田先生はいわゆる東宝の商業演劇なものを続けながらも、こういったチャレンジングな作品も手掛けていらっしゃったんですね。

光枝　ものすごく情熱を持たれていました。創らなきゃいけないという使命感もあったと思います。NHKの朝のドラマで、『エール』ってあったでしょう？　作曲家の古関裕而《こせきゆうじ》をモデルにした。

井上　すみません、『エール』は、いろいろなミュージカル俳優が出演していたので、あまり見ないようにしていました。

光枝　僕は彼が出ているものだから、えっと、ほら、怖い顔をした…

井上　吉原光夫《よしはらみつお》さん？

光枝　そう、光夫が出ているものだから、光夫が出ているときだけ見ていたんです。

井上　イヨマンテ、イヨマンテと言っていましたよね。

光枝　そうそう、あれは良かった。それで、菊田先生はその古関さんと一緒に、とにかく日本のミュージカルを創ろうという運動をやっていらっしゃった。

井上　『エール』に、菊田先生のような役の方が出てきたというのは、小耳には挟んでいます。小耳にはいろいろ入ってくるので（笑）。

光枝　小耳に（笑）。だけど、先生はもう疲れ切っちゃってね。『歌麿』をお書きになった翌年にお亡くなりになられました。

ミュージカルは夢の産物で、天が授けてくれたもの

井上　夢を抱きながら。今日はぜひ日本発のオリジナル・ミュージカルのこともお伺いしたいと思っていました。企業や劇団の境を越えて、ミュージカル界という大きな枠組みの中で活躍されてきた光枝さんがどんなふうに思っていらっしゃるのか、とても気になります。

光枝　いい答えはないですね。

井上　ですよね、ここで簡単に正解が出たら、よし明日からやりましょうってなりますよね。

光枝　リチャード・ロジャースとか、フレデリック・ロウとか、ロイド・ウェバーとか、なんであんないい曲を書けるんだよ、悔しくてしょうがないっていうね。

井上　古くからクラシックが根づいていた歴史とか、いろいろ違うものはあると思いますが、でも日本だってもう何十年も（ミュージカルを）やっていて。

光枝　心の琴線を揺らすじゃないですか、やつらは。

井上　揺らしますよね。やつらは、揺らします。

光枝　だから、何か秘訣があるのかなとか、そこを盗んでこなきゃだめだね。

井上　教えてくれないですよね（笑）。でも、向こうのアレンジャーの人と組むと、ミュージカル的な盛り上げ方とか、心の琴線の触れ方みたいなのは、やはり違うな、何かあるんだなとは思います。

光枝　だから、日本の音楽で対抗するのも1つの手かもしれない。あるいは、もう完全に向こうの音楽で、ものすごく日本的なものをやるという手法もあるかな。

井上　その可能性はありますよね。例えば、映画にもなった、日本の漫画『鬼滅の刃』を題材にするとか。

光枝　あ、それがいいじゃない。

井上　『君の名は。』とかもいいかもしれません。もしかしたら企画進行中かもしれないですけど。日本のアニメは、海外にたくさん輸出されているのだから、そういったものをミュージカル化するのはありなんじゃないかと思います。

光枝　『鬼滅の刃』はね、僕、１つだけ気に入らないのは、人を殺す話なんだよね。

井上　子どもは１人で見ちゃだめな感じですね。

光枝　鬼を人間として扱うのはいいけれど、結局、最後はチャンチャンバラバラで。

井上　けっこう残酷なシーンもあります。

光枝　これを言うと、またお前はまた変なことを言うと怒られそうだけど…。

井上　大丈夫ですよ、もう。

光枝　ここまで言っちゃったらね。日本の美学でいえば、人を殺すんじゃなくて切腹なんだよね。切腹をしろというわけではないけれど、やっぱり僕は『鬼滅の刃』は見ることができなかった。映画館の前まで行ってやめました。

井上　結構ぎりぎりまで迷われたんですね（笑）。

光枝　そうよ、あなたと違うよ、映画館まで行ったんだから。

井上　そうか。光枝さんは、『赤毛のアン』の世界観がお好きなわけですからね。

光枝　うまく結びつけてくれたね。

井上　時間も順調に経過していまして、このシリーズ始まって以来の延長をしております。

光枝　僕、歌うのをやめようかな。

井上　いや、そこだけは歌っていただきたい！　お聞きしたいお話はたくさんあるのですが、いろいろな思いを、先ほどお話にも出た『ラ・マンチャの男』の『見果てぬ夢』に込めていただきまして。すでにこのシリーズのテーマソングのようにもなっている名曲です。

光枝　これ、染さん…いや、今は染さんじゃないや、白鸚さんが歌ってらっしゃるのをいつも聴いていました。僕が歌ったら怒るんじゃないかな。

井上　怒られないと思います。僕だって、ご本人の前で歌ったことがありますからね。

光枝　本当？

井上　特に怒ってはいませんでしたよ。後で怒っていたのかもしれないですけど。光枝さんが歌われたら喜ばれると思います。僕はある俳優の結婚式で光枝さんがこの曲を歌われたのを聴いたことがあって、そのとき、すごく感動したんです。

光枝　あ、覚えています。奥さんと一緒に。

井上　はい、そうなんです。

光枝　お子さんもいたんですよね。

井上　はい、まだ小さいときで、いや、僕の話はいいんですけど、だいぶ大きくなってね、僕の身長を超しました。

光枝　へえ、どのくらい？

井上　僕の話はいいんです。時間がないんです、光枝さん（笑）。

光枝　ああ、そうか。

井上　最後に万感の思いを込めて、『ラ・マンチャの男』から『見果てぬ夢』をお願いします。

〈歌唱〉

井上　本当にありがとうございます。お聞きしたいことはまだまだたくさんあるのですが、さすがにもう終わらないと、という時間になってしまいました。最後に、ミュージカル俳優に必要なもの、ミュージカル俳優が大事にしたほうがいいものってなんだと思われますか。ぜひ光枝さんのお考えを教えていただきたいです。

光枝　ミュージカルは夢の産物で、天が授けてくれたもの。そのミュージカルを生業《なりわい》にしている僕たちにも、そういった何かが備わっていると思うんです。そのいただいたものを大事にして、ミュージカルと共に生きていくこと。それしかないんじゃないかな。

井上　今日お話を伺って、光枝さんは本当にミュージカルと共に生きていらっしゃるんだなと改めて思いました。今はコロナの影響で思いもよらない状況にはなっていますが、ミュージカルと共に生きていきたいですよね、やっぱり。

光枝　うん、なんとか生き抜きたい。

井上　今日はそのエネルギーを存分にいただいたと思います。そして、みなさんもそうであったらうれしいです。長い時間お付き合いいただき、ありがとうございました。

初風　諄

共感できる物語が日本で作品を創る強み

2022年1月25日

初風 諄（はつかぜ・じゅん）

東京都出身。１９６１年宝塚歌劇団入団。74年には『ベルサイユのばら』初演で演じたマリー・アントワネットが話題を呼び、ベルばらブームの礎に。76年に『ベルサイユのばらⅡ』で再びアントワネットを演じ、同年退団。２０００年にミュージカル『エリザベート』の皇太后ゾフィー役で24年ぶりに無台に復帰。以降、『ミー&マイガール』『蜘蛛女のキス』『ウェディング・シンガー』『ニュー・ブレイン』などに出演。16年の『シカゴ』宝塚歌劇ＯＧバージョンでは、ニューヨークのリンカーンセンターでの公演にも参加。最近の出演作に宝塚歌劇花組・月組１００th Ａｎｎｉｖｅｒｓａｒｙ『Ｇｒｅａｔｅｓｔ Ｍｏｍｅｎｔ』がある。

井上　本日は、ようこそ、『レジェンド・オブ・ミュージカル in クリエ』にお越しくださいました。ホストを務めます井上芳雄です。『すみれの花咲く頃』の音楽に乗って、宝塚のOGみたいな顔をして出てきましたが、これは僕のテーマ曲ではありません。本日のレジェンドのテーマ曲でございます。

　改めて、みなさま、（コロナ禍の）こういう状況のなか、よくぞシアタークリエにたどり着いてくださいました。本当に開催されるのかなとか、あいつは元気なのかなとか思われていたと思います。大変な状況が続いていまして、いつどうなってもおかしくないですが、みなさんの運が強いのか、とにかく今日ここに集えたことを喜びながら、楽しい時間を過ごしていきたいと思います。今、ピアノを弾いていただきましたピアニストの方を紹介します。太田《おおた》裕子《ひろこ》さんです。後ほどまたたくさん弾いていただきます。

　さて、本日、レジェンドをお迎えしますが、まずはこの『レジェンド・オブ・ミュージカル』という企画について説明したいと思います。日本のミュージカルの黎明期からミュージカルの世界に生き、愛し続けてきた先輩方のお話を聞きたいという、僕の思いから始まった企画です。1回目は草笛光子さん、2回目は宝田明さん、3回目は松本白鸚さん、4回目は鳳蘭さん、5回目は上條恒彦さん、6回目は光枝明彦さんということで、これまで6人のレジェンドをお招きしました。今、名前を読み上げただけでも緊張するという、すごいシリーズをやらせてもらっているわけです。

　でも、お話を聞く価値が毎回余りあるというか、ここだけでシェアしていいのだろうかと、悩んでしまうくらい素敵なお話を、毎回、聞かせていただいています。こういった状況下ではありますが、昨年（２０２１年）は光枝さんにお越しいただきました。コロナだからと歩みを止められない、なんとか歩みを止めずにどんどん多くのレジェンドを呼んでいきたいという思いで開催する第7回です。

では、今回のレジェンドである初風諄《はつかぜじゅん》さんの経歴を簡単にご紹介させていただきます。１９４１年、東京都のお生まれです。１９６１年に第47期生として宝塚歌劇団に入団。同期には鳩山幸《はとやまみゆき》さん、元総理大臣夫人がいらっしゃいます。なぜ宝塚の方は政治家と結婚される方が多いのでしょうか…。また、現在も大活躍されている振付家の羽山紀代美《はやまきよみ》先生も47期生です。

初舞台は月組公演『春の踊り／サルタンバンク』。１９６７年に星組主演娘役に、１９７０年には月組主演娘役に就任され、古城都《こしろみやこ》さん、榛名由梨《はるなゆり》さんらの相手役を務められました。代表作は、なんといっても１９７４年に初演された『ベルサイユのばら』でしょう。初代マリー・アントワネットを務められたのはみなさんご存じかと思います。ほかにも、『霧深きエルベのほとり』や『オクラホマ！』などに出演され、１９７６年に宝塚を退団されていました。

その後はご家庭に入られ、しばらく舞台から離れますが、２０００年、東宝版『エリザベート』初演で皇太后ゾフィー役として、24年ぶりに舞台に本格復帰されます。同作は僕がデビューを飾った作品でもあり、以来、初風さんにはお世話になりっぱなしです。

その『エリザベート』への出演を皮切りに演劇界での活躍を続けられて、その後『ミー＆マイガール』『宝塚BOYS』『蜘蛛女のキス』、そして僕もご一緒した『ウェディング・シンガー』、ここシアタークリエで上演された『ニュー・ブレイン』など、たくさんの作品でご活躍されています。

さあ、もう十分ですね、いつも僕がしゃべりすぎてしまい、レジェンドが全然出てこられないという展開なのですが、このあたりでお呼びしましょう。エスコートさせていただきますね。それではご紹介します。本日のレジェンド、初風諄さんです。どうぞ、ようこそ！　…これは結婚式じゃないですよね。

初風　（笑）。

井上　お互い結婚していますしね。改めまして初風諄さんです。ようこそいらっしゃいました。

初風　死ぬ覚悟でまいりました。

井上　そんな決死の!?　ただ、いろいろな意味で、今は冗談にならないといいますが…。

初風　みなさんも、お気を付けになってくださいね。

井上　こういうことでもないとなかなかお会いできないですよね。

初風　何年ぶりでしょうか。

井上　3～4年ぶりでしょうか。コロナ禍になってからは1度もお会いしていないので。その前がいつだつたかは、もう思い出せないくらい。

初風　久しぶりにお会いできて、私もうれしいです。

井上　『レジェンド・オブ・ミュージカル』に来てくれと言われたときのお気持ちはいかがでした？

初風　芳雄さんが呼んでくださったのだから、命に換えても行かなきゃと思いました。

井上　悲痛な叫びが（笑）。初風さんには、いつかこのシリーズにご登場いただきたいと思っていました。これまでのレジェンドは、「初めまして」の方も多かったのですが、今日はお正月に親戚の家に遊びに行ったくらいの気持ちで臨ませていただいています。

初風　気楽でしょう。近所のおばさんが来たみたいじゃない？

井上　近所にこんなゴージャスな方はあんまりいらっしゃいません（笑）。今日は、僕の知らない初風さんのことを、宝塚時代のことなどを含め、ぜひお伺いしたいです。

初風　どうぞ、なんでも聞いてください。私がデビューした頃は、芳雄さん、まだ生まれてないものね。

井上　そうですね、（宝塚歌劇団に）入団されたときも、退団されたときもまだ影も形もありませんでした。

初風　ああ、そう（笑）。

井上　ところで、このシアタークリエは結構久しぶりですよね。

初風　最後にいつ出演したか、忘れちゃいました（笑）。それくらい久しぶりです。でも、劇場のことは知っているわよ。すごく広いのよね、奥行きが。

井上　そうなんですよ。今は『リトルプリンス』というミュージカルを上演していて、僕も出演しています。

初風　そうなのね。

井上　サン＝テグジュペリの『星の王子さま』を原作にしたミュージカルなので、セットが抽象的なんです。今日はそこに豪華なソファーを置いてもらっているのですが…、初風さんのお衣裳も豪華ですね。

初風　芳雄さんにお会いするので一張羅《いっちょうら》を着てみたの（笑）。

井上　一張羅ということはないでしょう、たくさん衣装をお持ちでしょうし。

初風　そうね、まあ三張羅くらい。

井上　最初から嘘をつかれて（笑）。それにしても、僕のデビュー時からのお付き合いになるので、もう21年ですか！　僕はまだ大学3年生でした。

初風　何もかも細くてね。首も細かった！

井上　首ですか!?　今はいろいろなところが太くなってしまって（笑）。神経とかね。久々に会った僕はどうですか？

初風　全然変わらないですよ！　本当に若々しくて、首も細くて。

井上　全然は嘘でしょうけれど。

初風　（当時は）お稽古場で長椅子にちょこんと座っていらしたのを覚えています。

井上　その頃から初風さんは優しくて、面白くて、無敵でした。なぜそんなふうにいられるのか、今日はその秘密もお聞きしたいです。

初風　楽観的なんですよ。ただ、楽しく過ごしています。

井上　それを実践できているのが素晴らしいです。当時僕は本当の新人でしたが、初風さんも「私も新人みたいなものだから」とおっしゃっていて、なんて優しい方なんだと思っていました。

初風　（舞台に立つのは）24年ぶりでしたからね。

井上　なるほど、確かにある意味、新人かもしれませんね。車の免許だって更新が必要ですからね。

初風　でもね、芳雄くんだから優しくしているの。厳しい人には厳しいわよ。

井上　初風さんは１９６１年に宝塚に入団されていますが、宝塚に入ろうと思われたきっかけはなんだったのでしょう？

初風　母が宝塚が大好きで、よく劇場に連れていってもらっていたんです。それで、だんだんと見るだけでは物足りなくなってしまい、スカートでくるくる回って、わーっ、素敵って。

井上　生粋の宝塚好きだったわけですね！

初風　バレエのお稽古にも行っていました。お弁当を持って。

井上　歌も踊りも好きなお子さんだったんですね。

初風　踊ることは好きでしたね。でも、歌は下手くそでした。

井上　ええ！　全然そんなイメージありません。

初風　宝塚の演出家で、高木《たかぎ》（史朗《しろう》）先生という方がいましてね。「（歌が）下手、下手、代わりなさい」と言われて、役を降ろされたこともあります。

井上　シビアですね。

初風　悔しくて、それからはすごくお稽古しました。

井上　じゃあ、最初はダンスのほうがお得意で、ダンスで（宝塚に）入られた？

初風　男役だったんですよ。1年くらいやっていました。

井上　では、最初は男役にあこがれて？

初風　そうね。宝塚ってやっぱり男役の世界でしょう？

井上　分かります。僕もあこがれました（笑）。いかがでしたか、あこがれの男役をやられて。

初風　役が付いて、「僕は…」という台詞を言った途端、ばーっと寒気が襲ってきたんです（笑）。

井上　自分で言っておいて（笑）。

初風　私もだし、見ている人もそうだったと思います。これはダメだと思ってね。「娘役のほうがいいわよ」と言われたこともあって1年で娘役に転向しました。

井上　じゃあ、娘役になってからは順調に？

初風　いえ、4、5年ほどは鳴かず飛ばずでした。当時の宝塚は今とは少し雰囲気が違って、（番手は関係なく）誰でも役を狙えたのですが、私は主役の何番目の妹とか、そういう役ばかり。ソロはないけど、台詞は3つ、4つあるような役柄です。

井上　手元の資料によると、入団1年目にトップスターの相手役（雪組『絢爛たる休日』、主演は明石照《あかしてる》子《こ》）を務めていらっしゃいますよね？

初風　ほら、私、かわいいじゃない？（笑）。助手の方たちにとても人気があってね、助手全員が、「この子はいいよ～」と推薦してくださったんです。私、お嫁さんにしたい娘役の1番だったのよ（笑）。でもその1作だけで、ドーンと落ちちゃったの。

井上　でも、その後、浮上されたのですよね？　手元の資料によると、入団6年目に星組の主演娘役に就任されています。

初風　上月晃《こうづきのぼる》さんという素敵な女優さんがいらして、その方の相手役に抜てきされたんですよ。

井上　結構男らしいタイプの男役さんですよね。

初風　そう、荒っぽいの、ゴンちゃん（上月の愛称）。

井上　「もみあげが太いな」といったイメージがあります（笑）。1967年に上月さんの相手役を務められた『オクラホマ！』のお話も伺いたいのですが、まず、『霧深きエルベのほとり』（1963年初演）などで日本演劇界のレジェンド・菊田一夫先生の演出を受けたお話もぜひお聞きしたいです。ここは東宝の劇場なので、菊田先生の話を多めに聞くように言われておりまして（笑）。

初風　研1（研究科1年）のときにも菊田先生の演出で舞妓の役をやっていますが、印象に残っているのは、やはり『霧深きエルベのほとり』ですね。好きな人とホテルで一夜を明かしたあと、うれしい気持ちで出てくるシーンで、「初風くん、おにぎりもらって喜んでるんじゃないんだよ」って言われました（笑）。

井上　けっこう辛辣ですね（笑）。

初風　辛辣なんです。でも、憎めないのよね。

井上　『霧深きエルベのほとり』は菊田先生が本も書かれて演出もされたんですよね。

初風　そうです。ハンブルクを舞台にした、荒くれ水夫のカールと、名家の令嬢マルギットの恋物語です。

井上　切ないお話だったと聞いています。

初風　そうなの。最後はカールが自らの意志で去っていくんです。

井上　菊田先生はそういったお話も上手に創られていたんですね。僕は、菊田先生にお会いしたことはなくて、こんなふうにレジェンドの方からお話を伺うのが楽しくて。どんな方だったんだろうと、想像は膨らむばかりです。

初風　女の人にはとても親切でしたよ。

井上　いますね、そういう方は、うん。

初風　でもね、スタッフの男の人にはすごく厳しいの。なんで当たるのかしらね。

井上　どこかに当たりたいんでしょうね。役者に当たれないから、仕方なくスタッフさんに当たってしまうんじゃないかと僕は思っています。

ソ連に行くことになったのは〝丈夫〟だから

井上　さて、先ほどお話に出た『オクラホマ！』ですが、これは宝塚で初めて上演したブロードウェイ・ミュージカルですよね？

初風　『オクラホマ！』までは（劇団内）オーディションはなかったのですが、この作品から大きな役はオーディションで決めるようになり、実力があるけれど役が付かなかった人たちが抜てきされるようになったんです。演出家も海外から招聘《しょうへい》しました。ジェムジー・デ・ラップさん。この間（２０１６年）の『シカゴ』のニューヨーク公演のときに再会したんですよ。

井上　お元気でいらっしゃるんですね。

初風　お元気で、一緒に『オクラホマ！』の歌を歌いましたよ。

井上　歴史的瞬間ですよね、なんでどこのテレビ局もそれを追ってないんだ!?

初風　追わないわよ（笑）。

井上　（笑）。では、ラップさんは今でも現役というか、向こうでショービジネスをやられているんですね。

初風　そうみたいです。

井上　すごいなあ。どんな演出を受けられたのですか。

初風　まず稽古期間が長かったです！　それまでは（1つの作品の）稽古期間は20日間ほどだったのですが、この作品は倍くらいの時間をかけてお稽古しました。最後、『オクラホマ！』を歌うシーンでは1人でも間違えたら「NO！」とやり直し。とても厳しかったです。

井上　へえ。結構スパルタですね。

初風　びっくりしました。

井上　翻訳物のミュージカルに出演されて、いかがでしたか。

初風　私、子どもの頃、映画館の近くに住んでいたんです。母が洋画が大好きで、ご飯を食べた後、よくミュージカル映画を見に行っていたのよ。

井上　いいですね！

初風　『アニーよ銃をとれ』も見たし、もちろん、『オクラホマ！』も！（宝塚初演では上月さんが演じたカウボーイの）カーリーがトウモロコシ畑をばーっと馬で走ってくるシーンもとてもよく覚えています。

井上　『オクラホマ！』という作品自体、数あるミュージカルの中でも、画期的な作品の1つだと思います。子どもの頃、映画で見た作品を、自分がやれた喜びみたいなものはありましたか。

初風　ありましたね。

井上　音源を聴かせていただきました。デュエットの『恋仲と人は言う』、初風さんも上月さんも素敵でした、素晴らしい歌唱でした。今、日本のミュージカル俳優はどんどんテクニックが上がっていて、歌もダンスもうまくなっていると言われていますが、今聴いてもめちゃくちゃうまいなと思いました！

初風　ゴンちゃんとのデュエットソングですね。聴いたの？

井上　はい、レコードを。上月さんも素晴らしく上手ですね。

初風　上月さんはもともと声がいいんですよ。

井上　めちゃくちゃうまいなと思いました。上月さんは、男役としての素直な歌唱で、初風さんも素晴らしいソプラノで。ただ、僕には少し気になるところがあって、宝塚で海外の翻訳物のミュージカルを上演する場合、（オリジナルでは男性が演じている役柄も宝塚では女性が演じる関係上）男役の方はオリジナルのキーではなく、キーを上げて歌うわけでしょう？

初風　そうね。

井上　そうなるとデュエットでは、娘役の方のキーはさらに上がるわけですよね？

初風　そう、すごく高くなるんです。それが大変で、翻訳物をやるようになってから、ハモるようになったの。

井上　じゃあ、無理に上げずに？

初風　そう。男役がメロディラインを歌い、娘役は無理に（キーを）上げずにハモるんです。

井上　とても興味深いです。『オクラホマ！』だけでも質問したいことはたくさんあるのですが、時間の都合上、次の作品に行きましょう。初風さんは、15年もの間、主演娘役をなさっていますが…、あれ、そんなに長く務められた方、いるのかな？

初風　花總《はなふさ》（まり）さんとか、そうじゃない？

井上　実は今、（『リトルプリンス』で）共演しているんです。明日、聞いてみます！　そんななか、１９７５年には『ラムール・ア・パリ―サラ・ベルナールの恋―』で主演されました。宝塚は基本的に男役が主役ですが、大女優サラ・ベルナールが主演の同作では主演娘役の初風さんが主役を務められた。

初風　上級生がみんな退団してしまって、下級生が相手役になったの。たぶん、そういうことよ。（宝塚は）わりと縦社会だし、（私が）なかなか辞めなかったからね（笑）。

井上　そこはもう少し突っ込んで伺いたいです。（宝塚が）居心地が良かったというか、楽しかったからですよね。

初風　そうです、それでソビエト連邦（現在のロシア。以下、ソ連）での公演に行かされたの。

井上　行かされた（笑）。なかなか辞めないから。

初風　ソ連公演が決まって退団が延びたのよ。ソ連の5都市で公演したんです。

井上　でも、それは宝塚歌劇団にとって初風さんがそれだけ大事な人だったということですよね。

初風　丈夫な人だったからよ。ソ連に行くに当たっては、肉体的にも精神的にも丈夫な人ばかり選ばれました（笑）。

井上　そんな基準、公開されてないでしょう。

初風　（ソ連に行くことになった）月組って丈夫なのよ（笑）。

井上　（宝塚は）組ごとに特徴があるという話は聞いたことがありますが、〝丈夫〟なんて特徴もあるんですか。

初風　だって、4カ月よ。精神的にも肉体的にも強くないと無理よ。今だったら、みなさん、行かないって言うと思います。でも私たちの頃は、「はい、行きます」って言うしかなかったの。

井上　で、どうだったんですか、その４カ月の海外公演は。

初風　食事が大変でした。（食べ慣れていない）ライ麦パンとスープでね。

井上　『レ・ミゼラブル』みたいな世界ですね。

初風　それすら早く行かないとなくなっちゃうの。みんながばーっと取って。

井上　それ戦後すぐの話ですか。

初風　いえ、１９７５年９月から１９７６年１月にかけてです。戦争は終わっていました（笑）。

井上　それにしても、月組、どんな鍛え方をしているんだ（笑）。

初風　組長さんがすごくいい方で、こうしなさいと言ったら、みんな素直に、「はい」って。

井上　リーダーが優れていたんですね。

初風　そう、そう。

井上　ソ連のお客さまの反応はいかがでした？

初風　熱狂的でした。私、ロシア語で最後の挨拶をしたんです。一生懸命、覚えました。今でも覚えているくらいよ。

井上　当時のソ連なんて鉄のカーテンの向こうでしょう？　歌劇団もよく４カ月も生徒を行かせましたね。

初風　丈夫だから大丈夫と思われたのかしら。

井上　でも、舞台俳優にとって、丈夫というのは何よりも大事ですよね。

初風　最後に訪れた公演地はパリだったんだけど、みんなでホテルを駆け巡ったわ。うれしくって。最後がパリで本当に良かったわ。最初にパリで、最後がソ連だったらたまらなかった（笑）。

井上　分かります。地方公演の順番や、どこで終わるかは結構重要です（笑）。

初風　パリに訪れたのはちょうどお正月前のセールの時期で、みんなで買い物を楽しんだのもいい思い出です。

井上　この海外公演のお話は、『エリザベート』でご一緒して、食事に連れていってもらったときに初めてお伺いしたのですが、今でもすごく印象に残っています。

　さて、いろいろなところに話は飛びますが、ここで1曲、ちょっとお水とかを飲まれたりしたほうがいいですよね。

初風　ありがとう。

井上　僕は気が利いて丈夫というだけでここまでやってきました（笑）。では、初風さんの喉が潤ったところで、先ほどお話が出ました、『ラムール・ア・パリ―サラ・ベルナールの恋―』から、『白い花がほほえむ』を歌っていただきましょう。

初風　緊張するので、芳雄さん、聴かないでいただけない？

井上　それは難しい注文ですね。

初風　だって、こんなことになるなんて思わなかったんですもの。

井上　そんなふうに思っていらっしゃるお衣裳ではないですよ（笑）。

＜歌唱＞

初風　芳雄さんが見ていると思ったら、上がっちゃった。

井上　（客席の）みなさんが見ているというシチュエーションに上がってください（笑）。それに、僕には上がっていらっしゃるようには見えませんでした。素晴らしかったです！　一気に『ラムール・ア・パリ―サラ・ベルナールの恋―』の世界に…って、拝見したことがないのですが、本当にきれいなソプラノですね。

初風　ありがとうございます。この作品は、サラ・ベルナールという女優さんの生涯をテーマにしたものなの。

井上　聞いたこと、あります。フランスの方でしたね。麻実れいさんが出演されたお芝居もありましたね（『サラ』宮《みや》田《た》慶子《けいこ》演出）。実際はどういう方だったんですか。

初風　革命の日に歌を歌い、聴衆を魅了したそうです。

井上　日本のお客さまはフランス文化やフランス革命が大好きですよね。帝劇なんて、年の半分くらいフランス革命（に関連する作品）をやっているんじゃないかと思うこともあります（笑）。そのすべての源は、やはり『ベルサイユのばら』（以下、『ベルばら』）だと思うんです。それ以降の、日本のミュージカルは、多くの作品が『ベルばら』の影響を受けているのではないでしょうか。

初風　そうね、それまで、宝塚歌劇団は、〝知っている人は知っている〟という存在だったけど、『ベルばら』をきっかけに全国区になったと感じています。『ベルばら』は、（二枚目俳優として、当時、名をとどろかせていた）長谷川（一《かず》夫《お》）先生が演出を担当されたことも話題になったのだけど、当時は、（宝塚が女性のみが出演する舞台を製作していることを知らず）長谷川さんが出演すると思っていた人も少なくなかったんですよ。

井上　宝塚についてご存じの方はまだそれほど多くなかった。

初風　そうなの。長谷川先生に、〝大きなお芝居〟を教えていただいたことも印象に残っています。最後、断頭台に上るときに後ろ手でスカートを持つ仕草など、1つひとつの動作をすべて教えていただきました。

井上　歌舞伎の型のようなものですね。

初風　それが『ベルサイユのばら』という作品にぴったりだったんだと思います。

好きで楽しくやっているだけ

井上　初風さんにとって、マリー・アントワネットという役はどんなものなのでしょう？

初風　一般的には憎まれた王妃様ですよね。でも、（『ベルばら』の原作の）池田理代子《いけだりよこ》先生の劇画はとてもかわいらしいでしょう？（オーストリアの作家である）シュテファン・ツヴァイクの『アントワネット』には、（自分の処刑を担う）首切り役人の足を踏んでしまい、「ごめんあそばせ」と言う記述もあって、そこからもちょっとふくらませて役作りをしました。そんなときにまで、「ごめんあそばせ」と言える人って、すごくない？

井上　すごいと思います。その後の自分の運命を分かっているのに！　僕もフェルゼン役をやったことがあるんですよ。

初風　スウェーデンの方で、最後はなぶり殺しにあったんですよね。

井上　嫌な情報を（笑）。でも、そうですよね。フェルゼンもなかなか悲しい運命を…と、なんだか歌に行きづらくなってしまいましたが。

初風　ごめんなさい。

井上　負けずに歌わせていただきます。その『ベルばら』から今日は2人で『愛あればこそ』を歌わせていただきます。

初風　うれしい！

井上　鳳蘭さんともこの曲をデュエットさせていただいたんですよ。僕、初代のマリー・アントワネットと、初代のフェルゼン、両方とデュエットしてしまう！

〈歌唱〉

井上　いやあ、これが緊張するんですよ。

初風　私も緊張しました。

井上　そうなんですか。だって、もう何百回、何千回と歌われている曲でしょう？

初風　お相手にもよるわ。

井上　（笑）。お上手ですね。初風さんには、いつまでも少女のようなところがあるので、ちょっと照れるというか、ドキッとすることがあって…。

初風　ほっほっほっ。こんな日が来るとは思わなかったわ。

井上　たしかに、この方と『愛あればこそ』を歌うのは僕だなんて、まさかのまさかですよ。

初風　芳雄さんは、いつまでも若くて、変わらなくて、でもキングになられて。

井上　キングになってないですよ、全然（笑）。話を進めさせていただきますね。初風さんは、『ベルばら』のアントワネット役を最後に宝塚を退団されていますが…。

初風　はい。こんなにいい役はきっともうないから、辞めちゃえ！と思ったの。

井上　いつかは終わりが来るものですからね。

初風　それでね、公演中にお見合いを始めたんです。30回くらいはしたわね。

井上　結婚して、家庭に入りたかった？

初風　一生、役者さんを続ける自信がなかったんです。

井上　意外です。では、ちゃんとそういう方を見つけられて？

初風　ふっふっふっ（笑）。

井上　そう来ましたか。これはどう受け取ったらいいんだろう（笑）。

初風　お見せしたいわ。

井上　もしかして袖に来てらっしゃるとか？　そんなことないか。

初風　（配偶者は）今、こうやって、ここに出演していることも知らないかもしれません（笑）。

井上　そういうタイプの方なんですね。昔からおっしゃっていたけれど、初風さんがやられていることにあまり関心がおありにならない?

初風　そうなんです、だから自由にできるの（笑）。

井上　束縛されるよりは、全然いいですよね。退団し、結婚され、母であり、妻でありをやられて、『エリザベート』で復帰をされたわけですが、その24年という歳月は、初風さんにとってどんな時間だったのでしょう?

初風　息子の学校のＰＴＡの副会長もやってましたよ、真面目に。「お宅は1人っ子だからやってください」と言われ、嫌とは言えなかったの。

井上　とても素敵な息子さんだと聞いています。僕は息子さんと同世代なんですよ。だから、すごく親近感があるんです。でも、家庭に入られている24年間、また舞台に立ちたいという思いはなかったんでしょうか。

初風　なかったですね。

井上　やり切ったという思いもあった?

初風　そう、そう。でも年に1度、（演出家の）小池《こいけ》修一郎《しゅういちろう》先生がやられているチャリティーコンサートがあって、そのときだけは舞台に立って歌っていました。で、あるとき突然、小池先生から「女役で二番手の役があるんですが、出ませんか」と連絡が入ったんです。それが（エリザベートの姑である）ゾフィー役だったの。

井上　この『エリザベート』から僕たちの人生が交わっていくわけですが、ゾフィーを「女役二番手の役」と表現するとは小池先生も考えましたね（笑）。

初風　くらくらっと来ちゃいました。ただ、『エリザベート』は大好きだったけれど、そんないじわるな役を演じたことなかったから悩みましたね。

井上　今までは、いじわるをされる側の役柄のほうが多かったですからね。

初風　そうなんです。ゾフィーはお衣裳が黒でしょう？　うちの父が舞台を見て、「（初風さんがどの役を演じているか）ごめんな、分からなかった」と言っていました。宝塚時代は、白い衣裳で、優しい役柄ばかりだったので（笑）。（当時の舞台写真を見ながら）芳雄さんも本当に素敵ね！　15頭身くらいあるんじゃないかしら。

井上　15頭身って、どんな数え方しているんですか。でも、確かに僕、首、細かったな。ちなみに、隣にいる、ルドルフの子役をやっていた髙橋徹《たかはしとおる》くんは、劇団四季でばりばりに活躍していますよ。

初風　あら、見に行ってあげなきゃね。

井上　この前、『アラジン』を見に行ったときも出演していました。めっちゃ大きくなって、それこそ首も太くなっていました。

『エリザベート』に話を戻させていただくと、初めての外部公演はいかがでしたか。

初風　（復帰に当たっては）1年間歌のお勉強をしたのですが、出ていったら舞台の動きが何も分からなかったんです。でもある日突然、「ここが七・三（の位置）だわ」といった感じで、勘が戻ってきたの。（トート役の）内野《うちの》（聖陽《せいよう》）さんは文学座のご出身で、この作品が初のミュージカルでしたが、大学ノートに（演出家からの）注意をびっしり書いていらしたのをよく覚えています。あと楽屋のお掃除をよくしていらして、劇団の人は偉いな、と感心しました。

井上　僕はそういう教育をどこからも受けませんでした（笑）。

初風　あと、内野さん、「ビールがそこに積んでありますから、どうぞ飲んでください」とおっしゃってくださって。阿知波悟美《あちわさとみ》さんは、昼夜公演の間にご自分の楽屋でお食事を作ってくださいましたね。阿知波食堂。

井上　お皿だけ持って食べに行きましたよね。もちろん全員ではないですが、10人くらいは集まっていたかな。

初風　楽しかったですねえ。

井上　僕はこの作品が初舞台だったので、「カンパニーって家族みたいになるんだ！」と思ったのですが、今考えたらとても貴重な体験だったんですね。（エリザベート役の）一路《いちろ》（真輝《まき》）さんが「毎回こんなふうだと思ったら違うよ」とおっしゃっていて、本当にとてもいいカンパニーでデビューさせてもらいました。ビギナーズラックでした。そして、当時から思っていましたが、初風さんのようにみんなと仲良くできる方はなかなかいらっしゃいません。先ほどおっしゃっていた、助手の方から引き上げてもらったという嘘みたいなお話も、初風さんならあり得る話だな、と。初風さんのことを悪く言う人もいません。その秘訣もぜひお聞きしたいです。どういう心持ちでやってらっしゃるんでしょう?

初風　好きで楽しくやっている。それだけですよ。

井上　でも、大変なこともあるじゃないですか。それこそ『エリザベート』の振付、大変だったでしょう?　プロローグでご苦労されていたのを覚えています。当時、ダンス演出・振付を担当された大島早紀《おおしまさき》子《こ》さん、素晴らしい振付家ですが容赦なかった。

初風　村井《むらい》(國夫《くにお》)さんなんか、「もう踊らないよ」と怒っちゃってね(笑)。

井上　初風さんは嫌とは言わずに一生懸命踊って、その後、気持ち悪くなられていた。

初風　そう、気持ち悪くなったの。

井上　そういったご苦労もあるわけじゃないですか。「これはちょっとできないわ」ということもあるかと思いますが、そういったときはどう対応されているのでしょう?

初風　やらなきゃ仕方ないかなと思って。

井上　すごいな。

初風　やっぱり舞台が好きなんじゃないですかね。

1つ大きな目標があると、人生を制することができる

井上　では、改めて、初風さんにとってゾフィーはどんな存在ですか。

初風　大好きですよ。オーストリアを背負っている、真面目な人なんですよ。死ぬときは、当時は（トートダンサーの）鴇《とき》（田芳紀《たよしのり》）ちゃんや、縄《なわ》（田晋《たすすむ》）ちゃんが支えてくれていたの。いい役でした。

井上　初演ではありませんでしたが、ゾフィーが死の直前に歌う歌もいいですよね。

初風　いえ、最初からあったのよ。でも、ゾフィーがいい人に見えてしまったら困るということでカットされてしまったの。

井上　復活したんですね！

初風　（再演を繰り返すうちに）もう十分憎たらしくなったから、いいだろうと（笑）。小池さんはそういったことを気にされますからね。

井上　僕もいつまでたっても王子様にしか見えないと言われていました（笑）。

初風　そうね、かわいかった。今もかわいいけれど。

井上　汗が出てきました（笑）。

初風　でも今は、もうお父さまになられたのでしょう?

井上　違いますよ。

初風　いえ、役ではなく、芳雄くんご本人が。

井上　あ、僕自身がお父さま！　そうです、そうです。一瞬、僕のことを、（エリザベートの夫でルドルフの父親であるフランツ・ヨーゼフ役を演じている）田代《たしろ》万里生《まりお》と間違えているんじゃないかと思っちゃいましたよ。

初風　間違えないわよ（笑）。

井上　僕もデビューから21年たって、いろいろ変わりました。結婚して、子どもを持って、他にもいろいろな経験をして…。舞台で演じていると、その時々の気持ちがさまざまなタイミングで蘇ってきます。で、「お、この感情は使えるな」と思うことも。

初風　そう、それが俳優の幅になるんでしょうね。

井上　いい仕事だと思います。

初風　私が芳雄さんで覚えているのは、「ハプスブルク…」と言ったら、小池先生が「藝大の声だよ!」っておっしゃったこと（笑）。

井上　オペラみたいに歌っているとも、よく言われました。では、ここで、『エリザベート』より『愛と死の輪舞《ロンド》』を歌わせていただきます。初風さんからは、「ラララー、エリザベート♪」というメロディーの曲を聴きたいとリクエストをいただいて。

初風　楽しみだわ。

〈歌唱〉

初風　ブラボー。

井上　ありがとうございます。ここ何年かはトート役をやらせていただいていますが、やはりルドルフだった頃の僕を知ってくださっている初風さんに聴いていただくのはうれしいですね。

初風　芳雄くんは、あのブルーの衣裳が似合っていてね。

井上　そうです、あれで一大センセーションを巻き起こしました（笑）。今、この（水色の）服は使われていないんです。稽古着になっていました（笑）。

初風　そうなのね。

井上　もともとこれ、本編用ではなくプロローグ用の衣裳だったそうなんです。それを、小池先生が、

「絶対こっちがいい」とおっしゃって、本編でもこちらになりました。僕が初風さんのことで覚えているのは、（エリザベートのベッドの）シーツをめくるシーン。小池さんのこだわりが強く（笑）、ご苦労されていましたね。

初風　1時間（稽古を）やりました。最後には、「ホテルに帰ってベッドで練習してください」って言われちゃった。小池先生は意地悪な顔をして、すごくお上手におやりになるのよね（笑）。

井上　初風さんの後のゾフィー役のみなさんも何度もやらされています。

初風　小池さん、今日、いらしてないわよね？（笑）

井上　はい。でもどこかから耳に入ると思います。実は、初風さんとはもう1作、ご一緒させていただいているんですよね、それがこの写真です。

初風　『ウェディング・シンガー』ね。

井上　この劇場でもやりましたよね。初風さんは、ロージーという、ちょっとファンキーなおばあちゃん役で。

初風　ぴったりでしょう？

井上　初風さんには、マリー・アントワネットをはじめ、さまざまな当たり役がありますが、僕はこれが1番の代表作なのではないかと思っています。

初風　私はどちらかというとコミカルなほうが得意なの。何も考えなくてもできちゃう。

井上　初風さんご自身の生き方に近いものがあったりするのでしょうか。

初風　そう、そう（笑）。

井上　ロージーは下ネタをばんばん言うようなおばあさんなのですが、初風さんが言うと、あまり下品にならないんですよ。

初風　そんな下品なことを言っていました？

井上　はい。中指も立ててましたよ（笑）。2011年3月の東日本大震災の瞬間は、この舞台の上演中で僕は舞台の上にいました。そんなこともあって、僕にとっても忘れられない作品の1つです。

初風　私は出番が終わって楽屋にいました。いろいろなことが思い出されますね。

井上　『シカゴ』の宝塚歌劇OGバージョンでは、ママ・モートン役で出演されました。

初風　ニューヨークでも上演したんですよ。

井上　ニューヨークのお客さまの反応はいかがでしたか。

初風　字幕を見て、お客さまがわーっと笑うの。すごく受けがよかったですよ。別の作品ですが、ミャンマーで公演したこともあります。野外の舞台で歌ったの。（照明で舞台が）パッと明るくなると、コウモリがばっばっばっばっと飛んでくるの。

井上　せっかくなら、そのシチュエーションに合った作品をやりたいですね。『ダンス オブ ヴァンパイア』的な（笑）。でも、コウモリとは全然違う作品をやるわけでしょう？

初風　日本物です。

井上　コウモリの後で日本物（笑）。時間があまりないので次の作品に行かせていただきますね。ここシアタークリエでも『ニュー・ブレイン』や『宝塚BOYS』に出演されて。

初風　『宝塚BOYS』では、宝塚の寮に帰ってきたような懐かしさを覚えました。

井上　（中尾《なかお》ミエさんのプロデュースによる）デイサービスを受けるために高齢者施設にやってくる老人たちをフィーチャーした『ザ・デイサービス・ショウ』というミュージカルにも出演されています。もうなんでもミュージカルの題材になる！

初風　私、この作品で初めて車いすに乗りました。

井上　24年間のブランクを経て、『エリザベート』で復帰されてから大活躍され、本当にさまざまな役柄を演じていらっしゃいます。

初風　なんていうのかしら、体が覚えていて、舞台を自由に歩けるという感覚です。ただ私ね、子どもの頃は本当に引っ込み思案で、人前ではほとんど話さない子だったの。それが宝塚に入って、人生がぱっと変わって。自分でも驚いていています。面白いわね。

井上　初風さんのように、黎明期から日本のショービジネス界を生きてきた方の生の声を聞けるのは、僕たちにとってもとても貴重です。初風さんのご経歴はすべての人に当てはまるものではないかもしれませんが、だからこそ希望が持てると思うんです。僕の妻もそうですが、特に女優さんは人生においてさまざまな局面があり、仕事を続けていくことが難しいこともある。それは、結婚している、していない、子どもがいる、いないにかかわらず、です。そんななかお仕事を続けていく秘訣はなんでしょうか。

初風　やはり元気でいないとダメですね。あとは探究心。ただ、私の場合はやはり小池先生の存在が大きいです。あの方が（『エリザベート』に出演してほしいと）言ってきたから、今、私はここにいるわけで。

井上　そういうチャンスが舞い込んでくるのも、初風さんの実績であり、実力であり、人徳だと思います。

初風　あとは、やはり〝好きこそものの上手なれ〟だと思います。あと、ミュージカルをやるのなら、歌のレッスンは欠かさないほうがいいですね。また、健康に気を配ることも大切です。私は幸いにタバコもいただきませんし、お酒は少し嗜みますが、体を酷使するほどはいただきません。

井上　初風さんのお酒は楽しいお酒ですからね。

初風　1つ大きな目標があると、自分の人生を制することができるのではないでしょうか。

井上　やりたいことをやりたい放題やるのではなく、自分が本当にやりたいことのために。初風さんはそうやって生きてこられたのですね。

初風　意外と真面目なのよ。

井上　承知しております（笑）。では、これが本当に最後の質問になりますが、ミュージカルをやり続けてこられた初風さんが、これからの日本ミュージカル界に期待することはありますか。日本のミュージカルはこういうところが素敵よとか、こういうところをもっと頑張れみたいなことがあれば、ぜひ教えていただきたいです。

初風　想像もつかない場所を舞台にした物語より、「こういうところ、あるな」と共感できる物語が日本で日本の作品を創る強みだと思います。こまつ座の井上《いのうえ》ひさし先生の物語とか、見ていてとても楽しいですからね。

井上　たしかに、井上先生は日本の歴史を基にした作品も多く書かれていらっしゃいます。

初風　私たち、髪の毛も黒いし、青い目の人物はなかなかやりにくいじゃないですか（笑）。

井上　僕もアイラインの限界を感じています（笑）。なかなか目が大きくなりません。やはり僕たちの生活に根づいた物語をお届けしたいですよね。でもその一方で、外国の素敵な物語もやりたいという思いもあります（笑）。いずれにしても、またぜひご一緒させてください。

初風　まずは芳雄さんの舞台を見に行きます（笑）。今日はお呼びくださって本当にありがとう。こんな日が来るなんて思っていなかったわ。

井上　こちらこそ光栄でした。ここ（劇場）だけで止めておくのはもったいないくらい貴重なお話をたくさん伺えて、一緒に歌わせていただいて。コロナが明けたら、またいろいろなお話をしましょう。

PART2

トークを終えて　レジェンドに学ぶ

井上芳雄

日本経済新聞社と日経ＢＰが共同運営するサイト「ＮＩＫＫＥＩ ＳＴＹＬＥ
エンタメ！チャンネル」（現在は休止）での連載「井上芳雄 エンタメ通信」で
公開した記事を転載しました。見だし下の年月日は連載時の公開日です。

草笛光子さんに聞く　ミュージカル創生期

２０１７年11月18日

２０１７年11月７日に『レジェンド・オブ・ミュージカル in クリエ』の第１回を催しました。毎回ミュージカル界のレジェンドをお迎えして、日本のミュージカル創生期の話を、僕がホストとして伺う企画です。記念すべき1回目は草笛光子さんに来ていただきました。「ミュージカルは好きな人がやらないとだめよ」という言葉が印象的でした。「私だって、好きじゃなきゃ大変でやらないでしょう」とも。日本にミュージカルを持ち込んだ当時の方たちの情熱をひしひしと感じました。

近年はミュージカルがブームと言われていて、僕自身もそう感じます。ミュージカル映画が大ヒットして、人気ミュージカルのチケットは完売、２・５次元という新しいジャンルも出現しました。この状況をありがたく思うたびに、日本でミュージカルがここまで大きくなるのに、どれだけの情熱が注がれたのか。創生期に活躍された方々のお話をじかに聞いて、こんな作品があった、こんな苦労をされた、こんな喜びがあった、ということを知りたいと思っていました。僕が大好きな劇作家の井上ひさしさんが、「過去を軽んじる者は未来に裏切られる」と言われています。過去を知ることは、未来を考えることでもあるのです。レジェンドの方々から聞いた話が、いずれ日本のミュージカル界をもっと大きくしたり、新しい日本のミュージカルを誕生させる原動力につながるかもしれないと考えて、今回の企画を始めました。

草笛さんは、日本のミュージカル創生期の大スターです。東宝が初めて海外ミュージカルを上演したのが1963年の『マイ・フェア・レディ』。草笛さんはその翌年の64年、『努力しないで出世する方法』から東宝ミュージカルに出演されて、数々のヒロインを演じられました。『キス・ミー・ケイト』『ラ・マンチャの男』『王様と私』『ピピン』『ラ・カージュ・オ・フォール』など、たくさんの名作に出演されています。

もともとは松竹歌劇団（ＳＫＤ）の出身ですが、東宝のプロデューサーで演出家、脚本家として有名な菊田一夫先生に誘われて、東宝ミュージカルに出演するようになります。

当時のエピソードとして、こんな話をしてくれました。マイクは小さな懐中電灯くらいのサイズで、それを衣裳の胸のあたりにはさんでいたそうです。重くて、舞台で歩いているとポトンと落とすこともあり、すると「卵を産んだ」と言われたそうです。汗をかいたら感電して、痛いのを我慢して歌っているうちにやけどをしたこともあるとか。今のマイクは小さくて目立たないし、電気が通ることもありませんから、技術の進歩を感じました。

『ラ・マンチャの男』はニューヨークでご覧になり、魂を奪われるほどの衝撃を受けたそうです。ミュージカルといえば、明るく楽しいというイメージだった時代に、シリアスで複雑な構造のこの作品を見て夢中になり、宿屋の下働きで売春婦のアルドンサ役をやりたいと熱望しました。女優を辞めようと思われていた時期だったそうですが、この役と出会って思い直したという、転機となった作品です。ところが実際に演じてみると、初演はトリプルキャストで、シングルの役の人の3分の1の時間しかお稽古ができずに初日を迎えた。それが、とてもつらかったとおっしゃっていました。

僕は、その話が心にしみました。ニューヨークで見て、あこがれた役をいざ日本で演じてみたら、楽しくてしようがない、というのじゃなかった。つらくて大変だったというのは、とても真実味があります。

そんなお話をうかがったあと、『ラ・マンチャの男』のテーマ曲ともいえる『見果てぬ夢』を僕がソロで歌いました。大先輩を前に、かなり緊張しました。この曲はテーマが深くて大きいので、なかなかつかみきれなくて、歌うたびに僕はまだまだだと思います。

草笛さんは、ミュージカルの魅力を「歌と踊りとお芝居を体の中で結婚させること」と表現されます。でも、その3つを同時にやるのは大変なこと。レッスン、レッスン、レッスンになって苦しい、だから「三重苦」なのだとも。

僕は、その三拍子そろっているミュージカル女優の先駆けが草笛さんだと思っているので意外な言葉でしたが、草笛さんほどの方でも苦しい思いをされてレッスンされてきたことに共感もしました。僕も、苦しい気持ちはよく分かります。だからこそ、お客様に見ていただいたときに、大きな喜びを感じてほしいと思っているのが、僕たちミュージカル俳優なのです。

草笛さんも、歌と踊りとお芝居を結婚させるのは難しいけれど、うまくいったときがミュージカルの醍醐味だと言います。「しゃべっているうちに、声の響かせ方がだんだん歌になって、セリフから自然に歌にもっていけたときは、自分でもゾッとしない？　それがミュージカルの醍醐味だと思うし、そこが好きで、うれしくて、私たちはミュージカルをやってると思うの」。

そのセリフから歌へと自然につないでいくことを「橋を架ける」とおっしゃっていました。僕はその表現を初めて聞きましたが、いわんとすることはよく分かります。本当にミュージカルが好きなのですね。

ミュージカルの匂いを日本へ

後半の歌のコーナーでは、まずゲストの島田歌穂さんに『王様と私』から『ハロー・ヤング・ラヴァーズ』を歌っていただき、次に歌穂さんと僕のデュエットで『シャル・ウィ・ダンス』をお客さまと一緒に歌いました。林アキラさんに演奏していただきました。

草笛さんの言葉で、僕の心に強く残っているのは「向こうのミュージカルの匂いを日本に伝えたいというのが私の生き方」とおっしゃったことです。ブロードウェイの舞台に立つよう誘われたりもしたそうですが、英語が得意じゃないこともあり、それよりも日本に本場のミュージカルの雰囲気や感覚を伝えることを、自分の役割として選ばれたのです。そうやって、日本のミュージカルが成り立ってきたことがよく分かったし、それを受け継ぎ、もっと大きくしていくのが僕たちの役割なのだと思いました。

宝田明さんの生き方で知る　年をとる意味

２０１８年３月３日

２０１８年２月15日に『レジェンド・オブ・ミュージカル in クリエ』の第２回を催しました。宝田明さんに来ていただきました。歌も披露していただき、その姿に、歌声に感動しました。ミュージカルのお話を伺おうと始めた企画ですが、結局のところは、どう生きるか、どう生きてきたかという話になるのだなと感じました。この先、自分が行く道の指針を得たような気もします。

宝田さんには『南太平洋』から『魅惑の宵』をソロで、『ファンタスティックス』から『トライ・トゥ・リメンバー』を僕とデュエットで、そして最後に『ラ・マンチャの男』から『見果てぬ夢』をソロで歌っていただきました。その歌の説得力がすごかったです。

「お芝居の中で歌うのだから、ミュージカルの歌詞というのはセリフであって、それがはっきりお客さまに伝わらないとだめなんだ」という話をした後に歌ってくださったのですが、まさにおっしゃったように歌われました。本当に語りかけるように歌っていて、お芝居しながら歌うとはこういうことなんだと。ミュージカル俳優としてとても勉強になったし、歌手としても、こういうふうに歌えたらいいなと思いました。

83歳（当時の年齢）なので、もちろん若いときの声の出方とは違うと思います。でも、それを補ってあまりある表現というか技術というか、気持ちで歌っている気迫に圧倒されました。歌はその人自身なのだ、と納得しました。

宝田さんは長身でハンサムなスターとして、東宝ミュージカルでは二枚目の役を一手に引き受けてきた方です。僕も東宝ミュージカルの中では同じ立ち位置で演じてきたと思うので、そういう意味では目標というか、先を歩んでいる先輩だと思っています。そんな目から見ても、歌っているたたずまいがかっこいい。立ち姿が美しいというのか、それ自体がひとつの芸になっていると感じて、すごく勉強になりました。

二枚目を演じていると、ヒロインを引き立てる役割のときもあるし、キャラクターとして脇の個性的な役の方が面白いと感じるときもあります。「宝田さんもそう感じることはありませんか」という話をしたら、「まあ、そうだね。自分のやるべきことをやるのみだね」と。きっと、どんな役でもご自身の役目を毎回きちっと果たされて、その積み重ねのうえに今があるのだなと感じ、そういう真摯な姿勢にも勇気づけられました。それで素敵に年をとれるのなら、すごくうれしいことです。

というのも、今の日本のエンタテインメント界は、若くてきれいな男女をめでるといった風潮が主流で、それに対して僕は最近、危惧も感じているからです。ミュージカルの出演者にしても、以前よりも若い世代が中心になり、確実に低年齢化が進んでいます。

でも、お芝居って若い人しか出てこないわけじゃなくて、おじいさんやおばあさんがいて、若者もいるという多様性こそが面白いと思うのです。若い人だけが重宝されるのだと、俳優の側としても年を重ねると、なかなか先が見えないという感じになります。

僕も今年（２０１８年）39歳。もう若くもないし、でもベテランというほど年もとってない。そういう立場になり、ミュージカル俳優としてどう年を重ねていけばいいのか、ミュージカル界はどうなっていけばいいのか、を考えるようになりました。それで温故知新じゃないですが、先輩たちはどんな道を歩んできたのか知りたいと、始めたのが『レジェンド・オブ・ミュージカル』の企画でした。

若さの価値も分かるけど、年をとる意味も知りたい。そう思っていたところでの宝田さんのお話や歌だったので、経験を積むことでこれほど表現する力が培えるのなら、年を重ねるって素晴らしいことなんだ、と実感しました。それには努力も必要だろうし、誰もがそうなれるわけではないけど、１つの指針というか、歩むべき道を見た気がします。

人間の誰もが等しく持てる宝物

宝田さんは旧満州で育ち、子どもの頃にソ連兵に撃たれ、瀕死の重傷を負う経験をしました。終戦後に帰国して、１９５４年に東宝ニューフェース第6期生としてデビュー。54年に映画『ゴジラ』で初主演して、その後、映画界で活躍します。

ミュージカルに初めて出たのは64年の『アニーよ銃をとれ』。そして『キス・ミー・ケイト』『サウンド・オブ・ミュージック』『スイート・チャリティ』などに出演され、ミュージカル俳優の草分け的な存在になります。その後も『南太平洋』『リトル・ショップ・オブ・ホラーズ』『ビッグリバー』『ピーター・パン』『ビッグ』『ミー＆マイガール』など有名な作品に出演されています。

大劇場の作品だけでなく、71年には渋谷の小劇場ジァンジァンで、エル・ガヨ役の宝田さんが中心となり『ファンタスティックス』を上演します。ニューヨークで見たこの作品に深く感動して、日本でもぜひ上演したいと、自ら動いたそうです。80年には日本で初めてのミュージカル俳優の養成学校、宝田芸術学園を開設されました。

ただ演じるだけではなく、作品を立ち上げたり、人を育てたりと、俳優の域を超えたことも成し遂げてこられました。戦争を体験して、あのように悲惨なことを決して繰り返してはならないという強い信念もお持ちです。

トークも最後となり、「人間の誰もが、等しく持つことのできる宝物は何だと思われますか？」と客席に向かって問いかけた宝田さんは、こう続けました。

「それは、夢を持ち続けることだと思います」

そして、歌われた『見果てぬ夢』。僕は舞台上で、その後ろ姿を見ながら、宝田さんの生き方そのものが、ひとつのミュージカル作品のように思えました。

松本白鸚さんの言葉　今をあなどるなかれ

２０１９年１月５日

２０１８年12月14日に『レジェンド・オブ・ミュージカル in クリエ』の第３回を催しました。松本白鸚さんに来ていただきました。白鸚さんは「役者は何でもやる必要はないけれど、プロの役者なら何でもできないといけない」とよくおっしゃっています。僕は、その言葉が好きで、同じような心構えでやらせてもらってきました。当日は、ほかにも心に残る言葉がたくさんありました。

白鸚さんは歌舞伎だけでなく、ミュージカル、現代演劇、映画、テレビドラマと、演劇でも映像でも、あらゆることをやられています。ミュージカルは１９６５年の『王様と私』日本初演で主役を演じて以来、『心を繋ぐ６ペンス』『屋根の上のヴァイオリン弾き』『ラ・マンチャの男』『スウィーニー・トッド』といった作品に出られ、歌舞伎俳優としての名声を極めながら、日本のミュージカル界をけん引されてきました。

２０１９年10月には『ラ・マンチャの男』の再演が決まっていて、実に半世紀にわたり１２００回以上演じられています。１９７０年には、その『ラ・マンチャの男』で27歳のときに日本人として初めて米国のブロードウェイに招かれて主演を果たしました。また、１９９０～91年には英国のウェストエンドで

『王様と私』に主演されています。

本当にいろんなことを経験されているのですが、きっかけは「すべて縁だった」と言います。ミュージカルを始めたのも勧められたからだし、ブロードウェイやウェストエンドの話も向こうから来たもの。断ることもできたけど、そうはせずに新しい世界に飛び込んでいった。その積み重ねのうえに、今の自分があるのだと。

だから「今が一番好き。歌舞伎という伝統の世界にいながら、やっぱり確かなものは今なんです」とおっしゃってました。その言葉からは、今、自分がやるべきことをしっかりやってきたという自信が感じられました。

お話を伺って思ったのは、自分に課しているハードルがすごく高いということ。「（いろんなことをやってきたのに対して）チャレンジャーと言われるとどうもアマチュアぽく感じられてしっくりこない。チャレンジャーで終わらずにプロフェッショナルになりたい。アルチザン、つまり職人と言われたい。役者は『手に芸をつける』のだ」と言われました。日々、相当厳しく鍛錬されていることが伝わってきます。

それで思い出したのが、娘の松たか子さんです。舞台でご一緒したことがあるのですが、稽古のときから力を抜かないんです。そんなに声を出さないでいいですよという稽古でも、ずっと全力。すると周りは、あの松さんがあれだけ一生懸命やるなら、自分も手を抜けないと思います。僕も松さんの姿勢を見て、自分もそうありたいと思い、今に至るまで稽古場ではそういう気持ちで臨んでいます。

松さんに話を聞いたら、ある日稽古に白鸚さんが来られて、本気でやっていないとすごく怒られたことがあるそうです。それで、常に全力で取り組むようにしているのだと言っていました。松さんは白鸚さんから学び、僕はそんな松さんからすごく影響を受けました。これも白鸚さんの言う、ご縁だったのかなと思います。

「日本の役者は本当にうまいんだよ」

毎回ゲストの方には、「日本から世界に出ていけるオリジナルのミュージカルを創るにはどうすればいいのか」という質問をお聞きしています。白鸚さんは「そんなこと、考えたことがないです」と答えました。理由は「今までやり続けてきたことが、明日の舞台につながっているのだから」。そして「今はもしかしたら、素晴らしいときではないかもしれない。過程の途中と感じるかもしれない。嫌なことがあるときかもしれない。でも、今が大事なんです。僕は、今がどんなときでもいとおしい。今をあなどるなかれ、です」とも。

トークショーが終わったあと、乾杯をしてお話しさせていただいたとき、白鸚さんは「日本の役者は本当にうまいんだよ」と何回もおっしゃっていました。繊細な感情表現ができるんだと。それがすごく印象に残っています。ブロードウェイやウェストエンドの舞台に実際に立たれた白鸚さんに、そう言っていただけるのはうれしいし、説得力がありました。

僕にもブロードウェイの舞台に立ってみたいという夢があります。それも、今いる場所で頑張っていれば、及ばぬことでもないのかな、という思いを抱きました。勇気づけられる言葉でした。

鳳蘭さんの輝き　お客さまの笑顔が大好き

２０１９年８月３日

２０１９年６月23日に『レジェンド・オブ・ミュージカル in クリエ』の第４回を催しました。鳳蘭さんに来ていただきました。鳳さんは、パフォーマンスの素晴らしさも含めて、エネルギーが満ちあふれてとまらないという様子で、バイタリティーに圧倒されました。

鳳さんは１９６４年に宝塚歌劇団に入団。70年に星組トップスター就任。76年の『ベルサイユのばら』でフェルゼン役、77年の『風と共に去りぬ』でレット・バトラー役といった伝説的な作品に出演されました。そして79年に宝塚を退団。80年に『ファニー・ガール』で東宝に初出演以降、約40年間、多くのミュージカルで活躍されています。

その長きにわたって第一線で活躍されている秘けつや苦労話を伺おうと、作品ごとにいろんな質問を考えていたのですが、鳳さんの受け答えはいつも同じ。「あまり覚えていないの」と「苦労はなかったわ。持って生まれた才能だから」。最初は、お客さまの受けを考えてのフレーズかと思いましたが、トークショーの最初から最後まで、90分間それを貫かれました。そんなゲストの方は初めてなので驚いたし、それをできるのもすごい話術です。

何を聞いても答えが一貫しているので、僕としてはリアクションのバリエーションを増やすしかなくて、試されているみたいな気分でした。最初こそ「僕もそういう芸風なんです」とか「謙遜しないのって楽ですよね」と言っていたのですが、それだけでは対応しきれなくなり、「聞かなきゃよかった」と言ったり、最後には椅子から転がり落ちるという初めてのリアクションまでやりました。

　でも、鳳さんのトークはお客さまに大受けで、舞台にいると客席から笑いの波が来るのを肌で感じました。鳳さんは、ご自身のことを「過剰なサービス精神」があって、「目の前にいるお客さまが、にこにこと笑っているのが大好きなの。悲しそうな顔をしたら、どうやってこの人を明るく、幸せにしようかと思ってしまう」とおっしゃっていましたが、まさに鳳さんだから生まれる場の空気でした。

　話を聞きながら、おこがましいですが、自分と共通点があるとも感じていました。僕も、昔のことはあまり覚えていないし、謙遜しない芸風でもあるので、方向性は似ています。ただ僕の場合は、意識してそう振る舞っているところもあるのですが、鳳さんは本当に昔の作品のエピソードが出てこなかったりして、根っからおおらかな人柄がうかがえます。

　一方で、繊細さもお持ちです。それを感じたのは、『ベルサイユのばら』から『愛あればこそ』をデュエットさせていただいたとき。歌っている最中は、僕の目をしっかりと見て気持ちを伝えてくれて、ブロードウェイのスターと歌っているみたいでした。そして、歌い終わったら「私の息に合わせてくれて、すごく歌いやすかった」と言っていただきました。「私がいつも人に合わせるほうだから、よく分かるの」とも。

鳳さんは華やかで前に出ていくタイプの女優さんではあるけど、一緒に歌ったり、演技している人のことをすごく気にしていることが伝わってきました。いろんな方が鳳さんのことを、とても繊細なところがある、と言われるのですが、僕もそれを感じました。大胆さと繊細さが共存しているのが鳳さんの魅力。それはスターの条件でもあるのでしょう。

歩みを止めることのない人生

トークショーが終わった後、打ち上げで乾杯してお話しさせていただいたときに、印象に残った言葉があります。「鳳さんたちの時代のスターは個性が強いし、濃いですよね。それが今は、自分も含めてかもしれないけど、どこか押し出しが弱かったりして、薄味になっている気がしませんか」と聞いたところ、こんな答えが返ってきました。

「私たちの時代にも、薄味の人はいっぱいいたのよ。それはいつの時代も同じ。今も残っているのが、個性の強い人たちだというだけのこと」。その言葉からは、時代を超えて生き残ってきたという強い自負が伝わってきました。それを成し遂げるだけのバイタリティーも感じました。僕は目を見開かされた思いで、歩みを止めることなくひとつのことをやり続けることのすごさや大事さを心に刻み、自分もそうありたいと願いました。

上條恒彦さんにみる　ミュージカルの理想形

２０１９年12月14日

２０１９年11月13日に『レジェンド・オブ・ミュージカル in クリエ』の第5回を催しました。上條恒彦さんに来ていただきました。上條さんの演技は、気がついたらセリフが歌になっているという、まさにミュージカルの理想形。実際にお芝居をしながら歌も披露していただき、感動を覚えました。

上條さんは、１９５８年に高校を卒業されて、役者を目指し長野県より上京。雑貨問屋の住み込み店員をはじめさまざまな仕事を経験して、62年に舞台芸術学院の14期生として入学されます。その後、役者の道をあきらめて歌手として活動。71年に『出発の歌』が大ヒット。72年には市川崑監督の『木枯らし紋次郎』の主題歌『だれかが風の中で』も大ヒット。『ＮＨＫ紅白歌合戦』に出場されました。そして73年から本格的な俳優活動を始めます。

ミュージカルに出演するようになり、76年には『ピピン』でチャールズ役、77年からは『ラ・マンチャの男』の牢《ろう》名主《なぬし》、宿屋の主人役、93～２００７年は『マイ・フェア・レディ』のドゥーリトル役、82～05年は『屋根の上のヴァイオリン弾き』のラザール役と、多くの作品で活躍されています。

『ラ・マンチャの男』は、この10月にも帝国劇場で上演されて、僕も拝見させていただきました。松本白鸚さんとのお芝居が素晴らしく、本当にお2人にしか出せない空気があって、こんなふうにミュージカルでセリフをしゃべって歌にいけたら最高だと思うような演技でした。上條さんは白鸚さんより2年先輩。白鸚さんに対して「染五郎の時代があり、長い幸四郎の時代があって、白鸚になられましたね。役者として非常に深いところにいかれて、1人の男が成長していく姿を生で見られたのはすごくうれしいことです」とおっしゃいました。長く一緒に演じてこられた上條さんだから言える言葉だと思います。

上條さんは、この『ラ・マンチャの男』をはじめ東宝ミュージカルを支えてきた大事な作品にずっと出られています。出演回数をみても、『ラ・マンチャの男』が９３１回、『屋根の上のヴァイオリン弾き』が８２３回、『マイ・フェア・レディ』が４１７回と、この3本だけで２１７１回を数えます。そこで森繁久彌さんや白鸚さんら、いろんな主役の方と一緒にやられて、演技を追求されてきた結果、歌いながらお芝居をするという表現において、東宝ミュージカルの理想を体現しているように、僕は感じています。

歌とお芝居の両方を組み合わせて、自然に演じるのは本当に難しいことです。僕も含めてミュージカル俳優はみんなそこを目指しているのですが、やっぱり一朝一夕でできるものではありません。上條さんは、そこにさらに役としての表現、例えば愛きようがあったり、哀愁があったりという、日本人の心にもしみるようなエッセンスを含めて、しゃべっているうちに気がついたら歌っています。それもさりげなく、力を抜いた感じでやられる。まさに芸の域に達しています。

今回それを目の当たりにしたのが、『屋根の上のヴァイオリン弾き』から『もし金持ちなら』という主人公テヴィエが歌う曲を披露していただいたとき。「テヴィエは神様とお話をするのが好きなんですよ。きょうも神様とお話をするところから始めましょう」と言って、椅子に座ってセリフを語り始め、歌い出すと少し踊ったりもして、お芝居のワンシーンをそのまま演じてくださいました。

上條さんは86年に、当時テヴィエを演じていた森繁さんとのダブルキャストで7回くらいテヴィエを演じたそうです。『屋根の上のヴァイオリン弾き』にラザール役で出演するのが決まる前に、森繁さんから「君のような人がテヴィエをやるといいんだよ」と言われたというエピソードも話していただきました。その後の歌唱だったので、パフォーマンスが真に迫っていたのに加え、そこに至る役への思いも感じて、とても感動しました。

自分がやれることを一生懸命にやる

上條さんから半生を振り返る話を聞いて感じたのは、自分がやれることを一生懸命やるという生き方をしてきたんだなということ。役者になろうと東京に出てきたけど、それがうまくいかなかったときに歌手になる道が開けて、歌でやっていこうと思ったけど、また役者の声がかかれば、やらせてもらうという道を歩んできた。いい意味での臨機応変というか、これしかやらないというのではなく、巡りあって与えられたものに全力を尽くす。そういう生き方は素晴らしいし、僕もそうありたいと思います。

ミュージカルも、最初からやりたかったというわけではなく、流れのなかでやることになった。基本的には歌手だから、いつまでたっても役者に対しては、追求する気持ちや、もっとできるんじゃないかという思いがあるとおっしゃいます。どんなに出演回数を重ねても、「いくらやってもうまくならないから。昨日はあれができなかった。よし、きょうは頑張ろう。いつもそういうふうに思ってますよ」とも。僕もどちらかというと同じタイプなので、共感する部分が多くありました。

最後には、もう1曲ソロでシャンソンの『バラはあこがれ』を歌ってくれました。『ラ・マンチャの男』の共演者でシャンソン歌手でもある荒井洸子さんと、打ち上げのときに「みんなで一緒に歌えるものはないかな」という話をしたら、この曲を歌おうということになって、毎回歌っているそうです。サビの「♪バラはあこがれ」というパートをお客さんとの掛け合いで歌い、最後は客席全体を巻き込んでの大合唱になりました。

みんなで歌うことって、今は少なくなっているので、懐かしいような、照れくさいような、うれしいような感じが伝わってきました。僕も初めて知った曲なのですが、すごく耳に残って、みんながひとつになれる、いい曲です。トークの最初の方で、上條さんは歌手としてのキャリアを歌声喫茶から始めたという話があったので、最後にみんなで歌って終わるのは、まるで当時の再現のよう。とても素敵な光景でした。

光枝明彦さん　ミュージカルと共に生きる

２０２１年2月6日

日本のミュージカル創生期から活躍されてきた先輩方をお迎えしてお話を伺う『レジェンド・オブ・ミュージカル in クリエ』の第6回を２０２１年1月21日に催しました。今回のレジェンド光枝明彦さんは、僕が個人的にずっとあこがれて、お手本にさせてもらっている方。「ミュージカルと共に生きる」という言葉は、光枝さんの生き方そのものであり、僕の希望ともなりました。

光枝さんは１９３７年東京生まれ。俳優座養成所を卒業後、劇団青年座に入り、その後、劇団四季に入団されて30年あまり在籍。『ジーザス・クライスト＝スーパースター』『キャッツ』『アスペクツ・オブ・ラブ』『ウエストサイド物語』『美女と野獣』などの海外ミュージカルから、『夢から醒めた夢』『ミュージカル李香蘭』といった劇団四季のオリジナル・ミュージカルにも出演されています。２００５年に劇団四季を退団された後も数々のミュージカルに出演。東宝の作品では『ラ・マンチャの男』『裸のカルメン』、『シラノ』（ホリプロ共催）、『ハムレット』『グレイ・ガーデンズ』などに出られています。

僕は、子どものときに劇団四季の『キャッツ』を見て感動して、ミュージカル俳優になりたいと思いました。そのころから光枝さんは、劇団四季を代表する俳優として活躍されていたので、あこがれの人。

『レジェンド・オブ・ミュージカル』に出ていただきたいとずっと思っていたのが実現して、1人のファンとしてもうれしい限りでした。光枝さんは劇団四季の人ではあったけど、劇団の色や個性には染まっていないイメージでした。二枚目の役もやれば、コミカルな役もやるし、芸の幅が広くて自在。それでいて歌も一流というのは、僕が理想とするミュージカル俳優の形なので、尊敬して目標にしてきたのです。

でも、光枝さんがどうやって、そうなれたのかは知りませんでした。ご挨拶はしていましたが、一緒に舞台に立ったことも、歌ったこともなく、ちゃんと話したのは今回が初めてです。劇団に長くいたこともあって、インタビュー記事などは少なく、世間の人も経歴を詳しく知らないと思います。僕もそうだったので、光枝さんの歩みと人柄を深く知りたいと思って、お迎えした回でもありました。

経歴をうかがって、僕が驚いたのは、「最初からミュージカルをやりたかった」とおっしゃったこと。芸の幅が広いし、世代的にも、新劇を目指してお芝居をやっているうちにミュージカルと出合い、この世界に入られたのだろうと想像していたら、そうではなかった。『ブリガドーン』といった米国映画を見てミュージカルにあこがれ、舞台をやれるところはないか探しながら劇団四季にたどり着いたそうです。その前に、初期の東宝ミュージカルにも出ています。自分があこがれた光枝さんは、最初からミュージカルがやりたかったのだと知って、せんえつながら、僕と同じだと思ってすごくうれしかったですね。

新しいことにチャレンジし続ける姿勢も素敵でした。「僕の役者人生の命題は、どうやったら人より目立つか。ほかの人と違うところを、何か見つけること。常にひと工夫だったり、もう1アイデアを考えている」と。そこもせんえつながら、僕もそうありたいので、光枝さんが80代の今も変わらぬ姿勢を貫いているのは素晴らしいと思いました。

光枝さんは、後輩の俳優たちからとても慕われています。劇団四季出身の方や舞台でご一緒された方からは「お父さん」と呼ばれ、後輩からも「おみつ」と呼ばれています。そんな人柄も、お会いしてよく分かりました。素晴らしい経歴でありながら、人を圧倒したり、緊張させたりする雰囲気が全くないのです。これまでのレジェンドの方々とたたずまいが全然違うのに驚きました。劇団に長くいて、そこでの自分の役割を果たしてきた方だからなのかもしれません。それでいて、ミュージカルへの情熱や芸事への執念は、ほかのレジェンドと同じように熱いものを持ってらっしゃる。ただ、醸し出す人としての空気が全然違う類いだったから、びっくりしました。あらためて素敵だと思ったし、自分も何十年後かにそうあれたならいいなと願いました。

光枝さんは、役者としては他人より目立とうとするところがあったのでしょうが、普段は自分を押し出すタイプではなく、人の話をすることが多いそうです。今回話していただいた、劇団四季時代の市村正親さんや鹿賀丈史さんの話も、聞いたことがなかったエピソードだったのですごく楽しかった。光枝さんも「トークショーに出ても、人の話ばっかりしちゃう」と笑ってました。役者は「我が我が」しているイメージですけど、そうじゃないところも光枝さんの素敵な一面です。その一方で、「『鬼滅の刃』は鬼を人間扱いするのが素晴らしいけど、結局は人を殺す話なのが気に入らない」とか、いろんなことに自分の意見をお持ちで、ユーモアを込めて話してくれます。意識がいつも外を向いてるのが、今も元気な秘訣のように思いました。

トークの合間には、3曲歌っていただきました。『キャッツ』から『ガス―劇場猫』、『アスペクツ・オブ・ラブ』から『ローズは君にぴったり』と光枝さんがタイトルをつけられたデュエット曲、『ラ・マンチャの男』から『見果てぬ夢』です。

『ガス―劇場猫』は、もちろん僕からのリクエスト。『キャッツ』で光枝さんが演じられていた、昔は人気スターで今は落ちぶれた役者猫のガスことアスパラガスが歌う曲です。まず僕がジェリーロラムというメス猫のパートを歌い、光枝さんにガスのパートを歌っていただきました。僕は11歳くらいから聴き続けているので、光枝さんとデュエットできるなんて夢のよう。まさに夢がかなった瞬間でした。『見果てぬ夢』も僕のリクエストです。光枝さんは『ラ・マンチャの男』の初演にも出演されています。何年か前に、同業者の結婚式の2次会で光枝さんが歌っているのを聴いて感動したので、ぜひ歌っていただきたいとお願いしました。

『アスペクツ・オブ・ラブ』からの曲は、逆に光枝さんの提案です。『恋のさだめは』という曲を僕がソロで歌って、その後2人でデュエットしました。デュエットのパートは長い曲の一部で、ローズという女性を巡って若者と年配の男性が争います。光枝さんは最初、通常のデュエットに加えて、僕が年配のパートを歌って、光枝さんが若者の方を歌うという、役割を逆にしたバージョンとの2パターンをやったら面白いんじゃないかというアイデアをくれました。僕は初めて歌うから、さすがに逆のバージョンは難しいと思ってできなかったのですが、やはり光枝さんは「常にひと工夫」を考えていました。受け身じゃなくて、意欲にあふれているところが光枝さんらしいなと。

その瞬間は役になりきって歌う

光枝さんの歌はニュートラルというか、まっさらで、初めて歌うような感じでした。自分がずっとやってきた役だから、普通なら「こう見せるぞ」とか「ここが聴かせどころだ」みたいなのがあると思うのですが、久しぶりに持ち歌を歌うというふうではなく、その瞬間は役になりきって歌っていました。だから僕も、すごく歌いやすかった。やはりレジェンドの方が出られた作品の曲を本人の前で歌うのは、毎回すごく緊張します。僕は初めて歌うし、ご迷惑をかけたら申し訳ないので必死になります。でも、光枝さんは人を全然緊張させないので、僕も初めて落ち着いて歌えたように感じました。

今回の『レジェンド・オブ・ミュージカル』では初めてライブ配信がありました。また、これまでのレジェンドは東宝ミュージカルで活躍された方が多かったのですが、光枝さんは劇団四季にいた期間が長く、東宝以外の話がメインだったのも『レジェンド・オブ・ミュージカル』では初めて。僕としては、企業や劇団の境を超えて、ミュージカル界という大きな枠組みの中で活躍されてきた方のお話を伺いたかったので、良かったです。コロナ禍で演劇界の横のつながりは強くなっています。東宝の方の話では、劇場をどうするかなどで劇団四季とも常に連絡を取り合っているので、これまでとは関係も違ってきているそうです。そういう演劇界に変化が起こっている中での『レジェンド・オブ・ミュージカル』だったので、これまでの先輩方とはまた違ったキャリアで活躍されている光枝さんに来ていただいたのにも、意味があったように思います。

最後に「ミュージカル俳優に必要なものは何か」を尋ねました。光枝さんはこう答えてくれました。「ミュージカルは夢の産物で、天が授けてくれたと思ってるんです。そのいただいたものを大事にして、ミュージカルと共に生きていくこと。それしかないんじゃないかな」。本当に感動的な言葉でした。それは光枝さんの生き方そのもの。生涯ミュージカルとともにあればいいんだ、そうやっていけば光枝さんのようになれるかもしれないのなら、僕には大きな希望となりました。いつまでも僕のあこがれです。

永遠の少女　初風諄さんに寄り添われて

２０２２年2月5日

日本のミュージカル創生期から活躍されてきた先輩方をお迎えしてお話を伺う『レジェンド・オブ・ミュージカル in クリエ』の第7回を２０２２年1月25日に催しました。今回のレジェンド初風諄さんは、宝塚歌劇団の『ベルサイユのばら』で初代マリー・アントワネットを演じられた元娘役トップスター。少女のような、かわいらしい魅力をいつまでもお持ちの方です。僕の舞台デビュー作『エリザベート』でご一緒して以来、公私にわたってお世話になっているので、これまでのレジェンドとはまた違った関係性でしたが、それも舞台の世界ならではの素敵なことだと実感しました。

初風さんは１９４１年東京生まれ。61年に第47期生として宝塚歌劇団に入団。月組公演『春の踊り／サルタンバンク』で初舞台を踏まれて、67年に星組主演娘役、70年に月組主演娘役になりました。代表作は74年の『ベルサイユのばら』初演の初代マリー・アントワネット役です。『霧深きエルベのほとり』や『オクラホマ！』などにも出演され、76年に宝塚を退団。その後は、ご家庭に入られていましたが、２０００年に東宝版『エリザベート』の初演で皇太后ゾフィー役として24年ぶりに舞台に本格的に復帰。それを皮切りに『ミー＆マイガール』『宝塚ＢＯＹＳ』『蜘蛛女のキス』『ウェディング・シンガー』『ニュー・ブレイン』など多くの作品で活躍されています。

これまでに登場していただいたレジェンドの方は、草笛光子さん、宝田明さん、松本白鸚さん、鳳蘭さん、上條恒彦さん、光枝明彦さん。輝かしい芸歴に加え、共演したことがなく、ほとんどが初めましての方だったので、とても緊張しました。今回の初風さんは、僕が20歳のときに『エリザベート』でご一緒させていただいて以来、食事などにも誘っていただいたりして、お世話になっています。若いころから見守ってくださっているので、トークでも「まあ、立派になったわね」というようなことを何回も繰り返されました。そんな関係なので、いつもよりリラックスしてやれた気がします。とはいえ長い経歴なので、宝塚のころの知らないことや初めて聞く話も多く、安心感と驚きのどちらもありました。

常に明るくて楽しい方なので、食事や飲み会のときに聞く昔のエピソードはユーモラスで、とても面白く話してくださいます。なかでも僕が好きなのが宝塚時代の海外公演の話なので、今回も伺いました。1975年9月から76年1月にかけてのヨーロッパ公演で、ソビエト連邦（現在のロシア）の5都市に行ったときの話です。初風さんが言うには「行かされたの」。お客さまには熱狂的に喜ばれたのですが、食事はライ麦パンとスープで、すぐになくなったりもして、本当に大変だったそうです。そんな苦労話を「私は肉体的にも精神的にも丈夫だったから、選ばれたの」と笑って話してくれました。最後に訪れた公演地のパリでは、ちょうどセールの時期だったので、みんなで買いもの三昧を楽しんだのもいい思い出だとか。

与えられた環境でベストを尽くす

当時そんな貴重な経験ができたのも宝塚にいたからで、お話を聞きながら一番変化が激しい時代を過ごされたのだなと思いました。「『ベルサイユのばら』以前の宝塚は知る人ぞ知る存在だったけど、以後は全国区になって、すべてが変わった」と言われましたが、初代マリー・アントワネット役なので、まさにその渦中にいたわけです。そしてブームの最中に海外公演に行き、最後も『ベルばら』に出演されて退団。宝塚が大きく変わった時期に、娘役のスターとしてトップを走っていたのはあらためてすごいことです。

そして退団してから24年後にまた本格的に舞台復帰したのもすごいことで、女優として特異なキャリアだと思います。それも自分から望んだというよりは、先の海外公演もそうですが、与えられた環境でベストを尽くしたのでしょう。宝塚では、最初は男役だったのですが、「娘役の方がいいわよ」と言われたので、娘役で頑張ったそうです。歌も「下手だと言われたので、すごくレッスンしたのよ」と。そうやって努力をして手に入れたものも、潔く手放すことをいとわずに、結婚したら家庭に入って、また次のステップに進みます。そして24年ぶりに『エリザベート』で舞台復帰したのも、「演出の小池修一郎先生に突然、言われたから」。自然の流れに身を任せているうちに、いろんなチャンスが巡ってくるのは、やはり人柄なのだと思います。今では宝塚のＯＧの中でも最上級生だし、これだけ素晴らしいキャリアをお持ちなのに、偉そうなところは全くありません。誰にでも優しくて、面倒見もいいので、本当にみんなから愛されています。

僕は『エリザベート』と『ウエディング・シンガー』の2作で共演しました。初風さんは歌声がぶれなくて、声の調子が悪かったり、出づらかったりするのを見たことがあまりありません。『エリザベート』でのゾフィーという役は、宝塚で演じてこられた役と違って、低い音で歌わなければいけなかったり、怖いイメージの義母だったりしたので、歌や演技を猛練習されたそうです。そういう苦労を全然感じさせなかったし、つらさや悲しみを含めて、人間というものを表現するのがとてもお上手で、持っていらっしゃるものが自然と演技ににじみ出るのだと思っていました。

一方、『ウエディング・シンガー』で演じたのは、下ネタをばんばん言うようなおばあさんの役。初風さんは下ネタはおっしゃらないけど、冗談はよく言いますし、一緒にふざけて笑い合うようなことも。宝塚のときは宴会部長だったとも聞きますし、みんなを楽しませるのが大好きで、いろんな顔をお持ちの方です。

近年はおばあさんの役が多いと思いますが、ミュージカルで年配の女性の役をやれる女優さんは実は少ないのです。実際はもっと若い方がおばあさんを演じることが多いのですが、初風さんは本当に重ねてきた人生の経験も生かしながら、年齢相応の役を演じられてきたという点で、ミュージカル界で大きな役割を果たしてこられたと思います。

トークの合間には2曲を歌っていただきました。まずはソロで『ラムール・ア・パリ—サラ・ベルナールの恋—』から『白い花がほほえむ』。当時歌っていたのと同じキーで歌われていて、きれいなソプラノを保っていました。年齢を重ねると高い音は出づらくなるのが自然なのですが、それを保っているのはすごいことです。「私は丈夫だから」とおっしゃっていましたが、やはり鍛え方が違うなと感心しました。

こんな日が来るなんて思わなかった

もう1曲は『ベルサイユのばら』から『愛あればこそ』をデュエットさせていただきました。初風さんは、少女のような、かわいらしいところをずっと持ち続けている人で、歌うとそれがいっそう伝わってきました。「メインのメロディーを歌ってくださいね。僕がハモるので」と言っていたのですが、初風さんは自然とハモってしまうんです。僕が1人でメロディーを歌うはずだったところも、後を追うようにハモってくださいました。きっと娘役として、ずっとそうやってハモってきたんだなと感じました。初風さんに寄り添われて、一緒に歌えたのがとてもうれしかったですね。

その後、僕はソロで『エリザベート』から『愛と死の輪舞《ロンド》』を歌いました。僕は見えなかったのですが、初風さんはずっとうれしそうに後ろから見守っていたよ、と後で周りの方に聞きました。初風さんはトークでも、「こんな日が来るなんて思わなかった」と何回もおっしゃっていました。本当に愛情豊かな方なのだと思います。

初風さんは、コロナ禍になる前までは僕の舞台を毎回見に来てくださっていました。そのつど、「大人っぽくなったわね」とか「今回はちょっと今までにない感じね」と感想をおっしゃってくれて、本当にずっと見守ってくださっています。なので今回の『レジェンド・オブ・ミュージカル』は、今までとは違った感じでした。それは幸せなことだし、舞台のよさでもあると思うのです。舞台って足を運ぶ文化なので、公演があれば楽屋などでも会えたし、だからこそ育めた関係なのだと思います。コロナ禍になってなかなか人と会えなくなった今は、それが余計に愛おしく思えます。そんなふうに家族のようなお付き合いができる人に出会えたのは舞台の世界ならではで、この仕事の素敵なところだとあらためて実感します。

PART 3
日本のミュージカル事始め

語り手

東宝演劇部プロデューサー

宮﨑紀夫

―語り手―

宮﨑紀夫（みやざき・のりお）

東宝演劇部所属のプロデューサー。1963年（昭和38年）より東宝株式会社・演劇部の演出部員として、またプロデューサーとして手掛けた主な作品に『マイ・フェア・レディ』『ノー・ストリングス』『王様と私』『サウンド・オブ・ミュージック』『心を繋ぐ6ペンス』『屋根の上のヴァイオリン弾き』『ラ・マンチャの男』『ラ・カージュ・オ・フォール』『シカゴ』『ジキルとハイド』『レ・ミゼラブル』（初演）などがある。オリジナル・ミュージカル作品では『スカーレット』『慕情』『歌麿』『十二夜』にも携わる。またスーパーバイサーとして、『ジャージー・ボーイズ』の初演に携わる。2023年（令和5年）4月、『ラ・マンチャの男』松本白鸚・ファイナル公演に携わる。

井上芳雄が日本のミュージカル界の〝レジェンド〟をお迎えし、お話を伺った『レジェンド・オブ・ミュージカル in クリエ』のシリーズ。本来ならぜひお越しいただきたかったが、すでに鬼籍に入られた方も少なくない。日本のミュージカルが立ち上がった歴史や、登壇がかなわなかったレジェンドについて、１９６３年から東宝演劇部に所属し、数々のミュージカルに携わってこられた宮崎紀夫プロデューサーに当時の話を伺い、日本のミュージカル創生期を振り返ってみたい。（本文では敬称を省きました）

日本ミュージカルの礎を築いた先人たち

日本のミュージカルの歴史を語る上で欠かすことができないのが、希代のクリエーターである菊田一夫だ。『レジェンド・オブ・ミュージカル in クリエ』でもレジェンドたちが幾度となくその名を口にしている。彼と、宝塚歌劇団の創始者であり、菊田とも関わりの深い小林一三《いちぞう》の足跡から、まずは日本ミュージカルの創生期を振り返っていきたい。

『レジェンド・オブ・ミュージカル in クリエ』のトークでも繰り返し紹介されていますが、日本で初めてブロードウェイ・ミュージカルが上演されたのは、１９６３年の９月。当時、東宝の専務だった菊田先生が演出を兼ねてプロデュースしました。私はこの年に東宝演劇部の演出部に所属しました。小林一三氏も菊田先生も、演劇ファンのみなさんは、すでに十分にご存じかと思います。小林氏は宝塚少女歌劇団を創った、現在の阪急電車の創業者です。東宝を設立したのも小林氏です。「朗らかに、清く正しく美しく、これをモットーとする我党の芸術は即ち高尚なる娯楽本位に基づくところの国民劇である」「大劇場を造り、その大劇場によって初めて実現できる国民劇の育成」――。小林氏には、「大衆娯楽の提供」という強い思いがあり、彼が生み出したたくさんの事業の根底には、大衆娯楽を通じて、お客様の幸福に寄与していきたいという思いがありました」

小林は１８７３年、現在の山梨県韮崎《にらさき》市に生まれた。一三という名前は、生まれた日が1月3日であったことに由来する。生後まもなく母を亡くし、本家に引き取られて育った。１９８８年に、当時、福澤諭吉が学長を務めていた慶應義塾予科に入学。19歳で卒業後、三井銀行に入社するが、１９０７年、同行を退職。箕面有馬《みのおありま》電気軌道株式会社（現、阪急宝塚線・箕面線）を創立する。会社設立が失敗した場合は、損失を全部自分で引き受けることを条件に会社の全権を担うという、当時としては画期的な経営手法で同鉄道を発展させた。１９１０年に運行を開始した電車事業も、沿線の住宅開発を共に行うという独創的な試みで成功に導いている。

「江戸時代から大正初期での日本の国民劇といえば、歌舞伎でした。歌舞伎は、当時から、広く一般大衆に広く受け入れられていて、小林氏はその理由を音楽があるからだと考えます。そこで、小林氏は、〝音楽がある〟という要素を踏まえ、西洋音楽による新しい時代の国民劇を創ろうと思い至ります。さらに、それを安価で見てもらいたい、それには大きな劇場を造り、大勢のお客さまに来てもらうことが必要だという夢を描いたのです。そんな思いを結実させたのが、１９２４年に開場した宝塚大劇場です。４０００人を収容できる同劇場で、各組が1カ月ごとに交代で12回の常時公演を行うというスタイルを確立させました。この大劇場で上演している公演を、東京のお客さまにもお見せしたいと造ったのが、１９３４年設立の東京宝塚劇場でした。その東京宝塚劇場の設立時の支配人が秦豊吉《はたとよきち》氏です。秦氏は、渋沢栄一《しぶさわえいいち》さんの四男の渋沢秀雄《ひでお》さんの学友で、生涯にわたって小林氏の右腕でした。秦氏が１９３３年、欧米視察のため、ベルリン・パリ・ロンドン・ニューヨークを半年間にわたって視察中、小林氏宛の手紙に、レビューが衰退し、その次にオペレット（ミュージカル・コメディ）が来ることを予告し、また当時、流行し始めたラジオに代わり、テレビ時代が来ることを告げています。企画・製作・演出も手掛け、仏文学者でもあり、ゲーテ『ファウスト』『若きウェルテルの悲み』などの翻訳があります。１９４０年に、小林氏が第2次近衛内閣の商工大臣になった時には東宝株式会社の社長を引き継いでいます。それだけ小林氏からの信頼が厚かったというわけです」

冒頭でも触れたが、小林は、大衆娯楽の提供に強い思いを抱いており、自らが実現しようとする「国民劇」について、以下のように定義している。

(1) 音楽がある
(2) 唱がある
(3) 踊りがある
(4) 台詞が唱によって語られる
(5) 扮装や動き、場面が絵画的である
(6) 2500年の長い歴史を題材にする
(7) 役者と観客がともに娯楽的な雰囲気にある

「この7つは歌舞伎の素晴しい要素を取り入れたもので、これを西洋音楽で創ろうという小林氏の「国民劇」は現在の「ミュージカル」だった、と私は思っています。

その小林氏は、商工大臣を1年ほどで辞任しますが、それでも戦後、レッドパージで公職追放になってしまいました。秦氏も同様で公職追放となり、１９５０年にレッドパージが解かれ、同年11月に帝国劇場の社長に就任しています。その秦氏が、帝劇の社長として、最初に企画を手掛けたのが、１９５１年２月に初演された、『モルガンお雪』でした」

『モルガンお雪』から「東宝ミュージカル」へ

秦は、かつてブロードウェイで見たミュージカルという新しい演劇を、いつか日本で創り、上演したいと考えていた。その構想を、社長に就任した帝劇で実現すべく、『モルガンお雪』の製作に着手する。

「台本は当時、東宝文芸部の嘱託だった菊田一夫先生が担当し、26歳だった越路吹雪さんが主役のお雪役を務めました。越路さんは、まだ、歌劇団在団中でしたが、菊田先生が引っ張ってきたと言われております。その後、菊田先生は宝塚に在団中の生徒を、東宝の芝居にどんどん出演させて経験を積ませました。それで成長した女優さんはたくさんいます」

１９０８年生まれの菊田は詩人を志し、上京。印刷工を務める傍ら、１９２５年、サトウハチローの門下生となる。１９３０年、浅草玉木座で上演された処女作『阿呆疑士迷々伝』が話題を呼び、その後、劇作家として数々の喜劇を書く。１９３６年、東宝に移籍した古川緑波《ろっぱ》一座に招かれて座付作者となる。戦後は、『鐘の鳴る丘』『君の名は』など、作曲家の古関裕而とのコンビで、ラジオドラマや映画のヒット作を数多く生み出した。

「小林氏のレッドバージが解け、78歳にして東宝の社長に返り咲いた頃、宝塚歌劇の演出家・内海重典氏に「今、アメリカで評判のミュージカルを勉強してきなさい」と命じています。当時、横浜港からニューヨークまで２週間以上かかったそうです。そんな時代に、演出家たちをブロードウェイやパリのレヴューの勉強に行かせたりしていたのです。

『モルガンお雪』公演の1年前、１９５０年3月、帝劇開場40周年記念公演は宝塚月組でした。〝ミュージカル・コメディ〟『ブギウギホテル』作・演出高木史郎。すでにミュージカル・コメディと付けていました。このように宝塚歌劇は「ミュージカル」の要素を研究して、いち早く実践していたのです。海外で学んできた演出家の皆さんの才能と努力は、日本のミュージカルの向上に大きく貢献したと思っています。

１９５２年10月小林氏は秦氏を帯同して約２カ月間、欧米視察に出かけております。お２人は常に10年先、いや20年先を見つめて活動していたのだと思います。

さて、越路さんは『モルガンお雪』を機に、帝国劇場のミュージカルに立て続けに出演するようになります。相手役は古川緑波さん、山茶花究《さざんかきゅう》さん、榎本健一さんらが務めました。最初は「帝劇コミック・オペラ」と銘打ち、第３回からは、「帝劇ミュージカルス」と名称を改めてシリーズ化されます。企画を手掛けた秦氏は、「しっかり準備を取って取り組んだものは成功したけれど、２、３カ月程度しか準備期間が取れなかったものはすべて失敗した」と著書で語っています。実際、越路さんが出演した回はすべて成功しているんですよ。でも、その盛り上がっている時分に、帝国劇場に建て替えのタイミングが来てしまった。だけど、映画なら大丈夫ということで、また時流の変化もあり、帝国劇場は、１９５５年に日本初のシネラマ（映画の「シネマ」と「パノラマ」を合成した言葉で、アメリカのシネラマ社が開発したワイドスクリーンによる撮影・上映システムのこと）上映館に転換しました。

一方、東京宝塚劇場は戦後、ＧＨＱに接収され、アメリカ連合軍の兵隊のための慰安劇場となります。名前もアーニー・パイル劇場と変更され、日本人は役者やダンサー以外は出入りできなくなってしまった。東宝は早く返せ、返せと言い続けていましたが、結局、９年間返してもらえず、１９５５年にようやく返還されたのです」

その１９５５年、小林は、菊田を「演劇はすべてあなたに任せる」と言って、東宝取締役（演劇担当役員）に迎える。

「菊田先生は、この命を受け、第1回東宝ミュージカル『恋すれど恋すれど物語』（菊田一夫脚本・演出、古関裕而音楽）と『泣きべそ天女』（飯沢匡《いいざわただす》演出）の2本立てを上演しました。『恋すれど恋すれど物語』には、榎本健一（エノケン）さん、古川緑波さん、越路吹雪さん、宮城まり子さんが出演しています。『泣きべそ天女』には雪村いづみさんが出演しました。

最初、菊田先生は、「東宝喜劇『恋すれど恋すれど物語』」と書いて台本を提出したのですが、小林氏は「東宝喜劇」の「喜劇」を赤鉛筆で消して「ミュージカル」と修正してしまった。菊田先生は、「これはアチャラカです」と進言したそうですが、小林氏は「面白ければいいじゃないか」と言って、ここで初めて「東宝ミュージカル」という名称が使われることになりました」

「ミュージカル」というタイトルを提案したのは小林だった。「自分が書き、演出する芝居が「ミュージカル」と称されることに、当初、忸怩《じくじ》たるものがあった」と菊田は後に記している。

「その後、「東宝ミュージカル」は10数回続きました。笑いあり、歌あり、踊りあり、大詰めの豪華なシヨー場面が売り物で、お客さまもいつも満員の興行でした。出演者は、豪華な顔触れのスターたちばかりでしたしね。越路さんはほとんどの公演に出ていたんじゃないかな」

『マイ・フェア・レディ』が告げた夜明け

１９６１年には大きな変化が訪れる。映画『ウエスト・サイド物語』が日本で公開され、１年半以上のロングランを記録する空前の大ヒットとなったのだ。

「『ウエスト・サイド物語』を見ずにミュージカルを語るなかれ」などと言って、わざわざニューヨークまでミュージカルを見に行く人も出てきました。そんな人たちの中には、「東宝のミュージカルは本場のミュージカルにはほど遠い」「単なる歌入り芝居だ」などと批判する人もいました。菊田先生はそれに対抗して、「日本のミュージカル」という論文を当時の中央公論に発表しました。ただ、先生も小林氏の意思を尊重して、ミュージカルを勉強しようということで、１９６１年から翌年にかけて、年に４回もブロードウェイに行っています。もちろん、ロンドンにも足を運びました。

菊田先生の外遊には、英語ができるフランキー堺さんが同行したそうです。これはフランキーさんに直接聞いた話ですが、菊田先生は、『マイ・フェア・レディ』を見て、この話は日本人に肌合いがあうと、すぐに日本人の役者とスタッフで上演することを決意されたそうです。そのときの先生の意気込みはすごかった、とおっしゃっていましたね。

　私が東宝に入ったのは1963年ですが、その年の9月、東宝は『マイ・フェア・レディ』を上演します。これが、日本で初めて上演された、本格的なブロードウェイ・ミュージカルでした。初日はカーテンコールが終わっても拍手が鳴りやまなくて、お客さまの退場時に演奏するエグジット音楽が始まっても、お客さまは手拍子をやめなかった。すると、菊田先生が舞台袖まで駆けてきて、「あの拍手が聞こえないのか、もう1回（幕を）上げろ」と。その時点で、舞台装置は半分くらい片付けられていて、役者さんもよかったよかったと大感激。舞台裏で喜びあっていました。私は「もう1回、もう1回」と叫びながら舞台中を駆け回っていました。そこで、すでに片付けたヒギンズの書斎のセットを出して、役者を舞台に並ばせ、幕を上げました。お客さまは総立ちの拍手でした。そうしたら、驚いたことに、菊田先生も舞台に登場されて、挨拶を始めたんですよ。今ここには100人以上の出演者がいるけれど、裏で働いている人間はその倍以上いる、その人たちがみんな1つになって、今日という日を迎えることが…。みんなよくやってくれました。みんな泣いていました。先生も泣いていました。私が、ミュージカルの世界で生きていこうと決めたのはこの日です。ミュージカル評論家の小《こ》藤《とう》田《だ》千《ち》栄《え》子《こ》さんが、この『マイ・フェア・レディ』という作品は、日本のミュージカルの夜明けを告げるものとなるとおっしゃってくださいましたが、まさに、そんな作品でした。

『マイ・フェア・レディ』に先立って、同年の7月には、東京宝塚劇場でオリジナル・ミュージカル『ブロードウェイから来た13人の踊り子』が上演されています。ブロードウェイから、13人のダンサーを招聘し、彼らがダンス場面を担当しました。『マイ・フェア・レディ』を上演するに当たって、本場の雰囲気を学ぶべく、ニューヨークでオーディションをして、13人を連れてきたんです。その中には、ジェームズ・ロジャースさんやジェイ・ノーマンさんといった、映画『ウエスト・サイド物語』に出演したダンサーもいました。（同作の振付家である）ジェローム・ロビンスさんの目にかなった人たちです。この13人の踊り子たちは、『マイ・フェア・レディ』にも出演し、『ラブリー』『教会へ行こう』のダンスシーンは、彼らが振付をしています。ただ、日本サイドの私たちが、彼らのことを、あまりにもダンサー、ダンサーと言うものだから、あるダンサーが「我々はダンサーではなく、アクターだ。たまたまダンスのオーディションを受けて、合格しただけだ」と言うわけです。ミュージカルを志すなら、歌って踊って芝居をするぐらいは当たり前だと。確かに、菊田先生もおっしゃっていました。向こうの役者は歌えるし、踊れるし、芝居もできる。そして、そのことにちゃんとプライドを持っています。この『ブロードウェイから来た13人の踊り子』に出演したアンサンブルは歌・踊り・演技、この3つに分かれていました。その中に宝塚歌劇の月組の生徒さん20数名が含まれており、出演者総勢１１７名でした。

初演の『マイ・フェア・レディ』も東宝現代劇の皆さんのほか、合唱グループ、男性ダンサー、ブロードウェイから来た13名。それに大阪から、歌も踊りも芝居もできる素晴しい梅田コマ・ミュージカルチーム20数名の皆さん。それらの人たちが、宝塚劇場の下手楽屋で寝泊りしながら出演していたのです。総勢102名でした」

日本発世界への挑戦『スカーレット』

日本のショービジネスの振興に精魂を傾けた菊田には、日本発オリジナル・ミュージカルを世界に輩出したい、という人生を賭けた夢があった。

「菊田先生は、帝劇を再建築して『風と共に去りぬ』を上演することを、切望し続けていました。その夢の実現は、『マイ・フェア・レディ』の成功でぐんと勢いづいたと、誰もが考えたはずです。しかし、著作権を取りにいったらミュージカルでの上演はダメだと言われてしまった。舞台化にあたっての条件は①脚色はメトロで製作した映画に頼らないこと　②脚色は翻訳本に頼らず、英語版の原本を基にすること③ミュージカルとして扱わないこと。この要望を受け、1966年11月、帝国劇場にて、ミュージカルではなくて、ストレートプレイの『風と共に去りぬ』が初演されます。新装開場したばかりの帝劇の新たな舞台機構を駆使し、劇場の中央にスクリーンを下ろして、後ろから映写して、その前で芝居をしました。東宝撮影所の昔の大きなプールにミニチュアのアトランタの街を作り、それを燃やしながら撮影、その映像をスクリーンの後ろから映すシステムを開発したんです。舞台上に、本物の馬が登場したことも大きな話題となりました。2カ月の予定が5カ月のロングランになったのです。この成功を受け、著作権者のケイ・ブラウン女史は、菊田先生が切望していた『風と共に去りぬ』のミュージカル化を許諾。１９７０年に、ついにミュージカル『スカーレット』が幕を開けました。脚本は菊田先生が、作詞・作曲はハロルド・ロームが担当、振付・演出は『ノー・ストリングス』でトニー賞を受賞したジョー・レイトンが手掛けるなど、主要なスタッフのほとんどは米国から招聘しました。演出家のイメージをこうやって形にするのかと、すごく勉強になりましたね。

『スカーレット』では、神宮寺《じんぐうじ》さくら（内重のぼる）さんがスカーレットを、北大路欣也《きたおおじきんや》さんがレット・バトラーを演じたのですが、本当は宝田明さんがバトラー役のオーディションに合格していたんです。でも、初日2週間前に、宝田さんが足首を骨折してしまい、急きょ東宝撮影所で撮影していた北大路さんに帝劇に行ってもらうことになりました。北大路さんは2週間で台詞や動きのすべてを覚えました。私も2週間、自宅には帰れませんでした。その後、北大路さんとは『プロミセス・プロミセス』で一緒になり、宝田明さんはその年、『マイ・フェア・レディ』で復帰して一緒でした」

『スカーレット』は、１９７２年には、ロンドンのウエストエンドでも上演されている。

「１９７３年3月に、東宝はトニー賞の特別賞を受賞しました。『マイ・フェア・レディ』に始まり、10年間にわたって、ブロードウェイ・ミュージカルを日本に広めた功績が認められたのです。3月25日に行われた授賞式には、当時、東宝の重役だった雨宮《あまみや》恒之《つねゆき》さんが出席しましたが、本当なら菊田先生を行かせてあげたかった。当時、先生は病床にあり、渡米はかなわなかったのです。授賞式の後、雨宮さんが急いで帰国して、先生が入院している慶応病院にトニー賞の授賞カップを届けました。先生は、ベッドの上でそれを抱えて落涙されたそうです。うれしかったと思います。その４日後にお亡くなりになりました。そして、私もこの栄誉のひとかけらをもらったと思い、唯一の誇りにしています。先生から、世界にはいろいろなミュージカルがあるんだから、本当にいいミュージカルを買ってきて日本で上演しよう、そして、君たちが40代になったら、向こうへ持っていけるものを創れ、というようなことを言われたことがあります。ただ、きちんとしたミュージカルを創るなら、１年前には本と曲ぐらい完成していないと、絶対にいいものはできないと思います。

『マイ・フェア・レディ』『屋根の上のヴァイオリン弾き』『ラ・マンチャの男』に関しては、日本での上演回数は１０００回を超えています。『王様と私』が７５０回ほど、『サウンド・オブ・ミュージック』が５００回ほどでしょうか。最初に挙げた3作品は、50年以上にわたって上演され続けています。私の願いは、これらの作品が、50年先も上演されていることです」

先駆けとなった４人のレジェンドたち

宮﨑プロデューサーが、登壇はかなわなかったが、「日本のミュージカル創生期を語る上で欠かせない方たち」と語る４人のレジェンドについて、その功績を紹介しよう。

越路吹雪　『モルガンお雪』に主演、ミュージカル女優の元祖

日本におけるミュージカル女優の先駆けと言っていいだろう。１９２４年生まれの越路吹雪《こしじふぶき》は１９３７年に宝塚音楽学校に入学。小さい頃から歌うことが好きだった越路に、音楽学校の受験を勧めたのは父親だったという。芸名は音楽学校入学直前まで父親の仕事の関係で新潟で過ごしていたことに由来する。

１９３９年、月組「宝塚花舞台」で初舞台。その後、花組に異動し、１９４４年、20歳にして花組トッ

プスターに就任。コーちゃんの愛称で親しまれた。1951年には第1回帝劇コミック・オペラ（のちに帝劇ミュージカルスと改めている）『モルガンお雪』で主演。実在した京都の芸妓お雪と、彼女を莫大な身請け金で引き取ったアメリカ人の大富豪モルガンの実話を基にしたミュージカルで、越路は主役のお雪役と、パリのシーンで登場するレビュー・クイーンの2役を演じた。同作は大変な評判を呼び、1カ月間の予定だった上演期間が2カ月間に延長された。作家の三島由紀夫は、同作を見て越路の熱狂的なファンになったとエッセーに綴っている。越路は同年に上演された第2回帝劇ミュージカルス公演『マダム貞奴』、第3回公演『お軽と勘平』にも主演している。

その1951年に越路は宝塚を退団。1968年にフリーになるまで東宝の専属スター女優として、『王様と私』『南太平洋』『屋根の上のヴァイオリン弾き』『サウンド・オブ・ミュージック』など数々のミュージカルに出演した。その一方で、シャンソン歌手としてその名をとどろかす。越路がシャンソンに目覚めたのは、1953年春、フランスを訪れたことがきっかけだ。まだ、日本人の海外渡航が自由化されていない時代、パリで絶頂期のエディット・ピアフのステージを見た越路は衝撃を受け、「ピアフを二度聴く。語ることなし。私は悲しい。夜、一人泣く。悲しい、寂しい、私には何もない。私は負けた。泣く、初めてのパリで。」と日記に綴っている。越路が、作詞家・翻訳家でマネジャーでもあった岩谷時子の訳詞で、ピアフの『愛の讃歌』をカバー。同曲は越路の代表曲となった。日本語の歌詞は複数存在するが、今も越路が歌った岩谷の訳詞が最もよく知られている。なお、『愛の讃歌』は岩谷の初めての訳詞作品だ。越路の生涯にわたってのマネジャーであった岩谷は、その後、東宝の『レ・ミゼラブル』『ミス・サイゴン』、劇団四季の『ジーザス・クライスト＝スーパースター』『ウェストサイド物語』『エビータ』など、数々のミュージカルの作詞を手掛けることとなる。

ライフワークとなった日生劇場でのリサイタルは１９６３年から、他界する１９８０年まで行われ、毎年、約１カ月もの間、日生劇場を満席にし、その名声を不動のものとした。なお、日生劇場でのリサイタルは、１９６６年より劇団四季の創設者である浅利慶太氏が担当している。

１９７１年には浅利のプロデュース『アプローズ』にも出演した。

私生活では１９５９年、35歳の時に作曲家の内藤法美《つねみ》と結婚している。

「１９６３年の『ブロードウェイから来た13人の踊り子』では作曲陣が薫敏郎氏ほか３名で、その中に越路さんの御主人でもある内藤法美さんが参加しておりました。ダンス場面の稽古中、プロデューサーから内藤さんの曲ができたから、お前、取ってこいと言われ、地図を片手にタクシーを飛ばしました。そうすると、曲がまだできておらず越路さんが出迎えてくれ、私みたいな者にも紅茶とケーキを出してくれて、（曲が）できるまで付き合ってくださるんですよ。そういったところに神経を砕く方でした。大作曲家である黛敏郎さんに、うちの内藤をよろしくみたいな感じで、挨拶されている姿を拝見したこともあります。大スターで確かに舞台のことは厳しかったですが、いったん、舞台を離れると優しい普通の主婦という感じでした。何より旦那さんのことを大切にされていて、内助の功という印象が強く残っています。

１９６５年４月には、梅田コマ劇場『王様と私』の初演でご一緒しました。その公演中に12月、東京で再演が決定して、みんなで喜びました。毎年12月は年忘れ爆笑公演でしたが、12月にミュージカル公演、いよいよミュージカル路線になるな、とうれしかった思い出があります」

１９８０年11月、56歳で逝去した。

江利チエミ　『マイ・フェア・レディ』のイライザ役で観客を魅了

１９６３年、ついに日本人キャストによる日本語でのブロードウェイ・ミュージカルの上演が実現する。ミュージカルの本格的な日本語上演を目指し、まい進してきた、菊田一夫が製作・演出を手掛けた『マイ・フェア・レディ』だ。初演のヒギンズ教授役は高島忠夫。菊田は、初日の幕が下りた後、菊田と高島、江利《えり》チエミが舞台袖で抱き合って涙を流したことを書き記している。江利のイライザ役は絶賛された。

「チエミさんは、（『マイ・フェア・レディ』の）初演ではオリジナルキーが合わなくて。音楽監督の古関裕而先生は、歌の内容によって1曲1曲、チエミさんが一番良い状態で歌えるよう考えていました。チエミさんにはバイタリティーがあって、特訓中のシーンでイチゴパイをもらえないので悔しくて、バタバタと駆け回ると、飛び上がってソファーにバターンと倒れ込むんですよ。お客さまの反応の大きさに、私もびっくりです。アスコット競馬場のシーンでは、新式の世間話のイザイザのひと言ひと言にお客さまは大爆笑の連続で、すごかったです。

チエミさんは、『マイ・フェア・レディ』が初演された１９６３年の『ＮＨＫ紅白歌合戦』の紅組の司会者で、チームキャプテンも務めていました。ご自身の出番では、（『マイ・フェア・レディ』の楽曲の）『踊り明かそう』の1番を日本語版の歌詞で、2番は英語の歌詞で歌いました。うれしかったですね。大晦日、自宅で炬燵《こたつ》にあたりながら見て、感激しましたよ。対する男性は立川澄人《たちかわすみと》（後に立川清澄）さんで、彼は『運がよけりゃ』を歌ったんです。私は、（彼がこの曲を歌うことを）全然知らなくて、えーっ、ＮＨＫ、すごいなあと思ってね。あの年の紅白で、『マイ・フェア・レディ』の知名度はだいぶ上がりました。イライザの親父、アルフレッド・ドゥーリトル役の八波むと志さんもゲスト出演していました」

江利はその前年の１９６２年の紅白では、『オズの魔法使い』から『虹のかなたに』を歌っている。『マイ・フェア・レディ』は大好評を博し、１９６４年には早くも東京と大阪で再演されている。

『マイ・フェア・レディ』の成功を受け、東宝は、『カーニバル』『ノー・ストリングス』『努力しないで出世する方法』と立て続けに海外ミュージカルを上演する。

「チエミさんは、１９６４年に新宿コマ劇場で初演された『アニーよ銃をとれ』にも出演されています。相手役は宝田明さんでした。その宝田さんがまた素晴らしく、ミュージカルスター誕生！と言われました。１９６５年には、『キス・ミー・ケイト』にも出演しています。その際の相手役も宝田さんでした」

江利は、１９３７年1月、東京都台東区生まれ。バンドマンの父と女優の間に生まれ、12歳の時、進駐軍のキャンプを回るジャズ歌手としてキャリアをスタートさせる。１９５２年、『テネシー・ワルツ』でデビュー。同時期にデビューした美空ひばり、雪村いづみと共に「3人娘」と呼ばれ、一世を風靡する。１９５３年、『ＮＨＫ紅白歌合戦』に初出場、その後16回連続で出場を果たしたほか、約50本の映画に出演。なかでも、テレビドラマ『サザエさん』はハマリ役だと評判を呼んだ。

１９５９年には、当時、新進気鋭の映画俳優だった高倉健と結婚（１９７１年に離婚）。１９８２年2

月13日自宅で就寝中に亡くなる。45歳だった。1999年公開の高倉主演の映画『鉄道員（ぽっぽや）』では、高倉演じる駅長が、『テネシー・ワルツ』を口ずさむシーンがある。

森繁久彌　『屋根の上のヴァイオリン弾き』をライフワークに

　黎明期の日本のミュージカルを語る上で、森繁久彌《もりしげひさや》が残したものは大きい。

　1913年、大阪府枚方《ひらかた》市に、実業家の父親と海産物問屋の母親の三男として生を受ける。父が三菱財閥三代目総帥の岩崎久彌と親交が深かったことから、三男である森繁を「久彌」と名付けたという。早稲田大学商学部に進学し、演劇研究部で活躍。軍事教練を拒否して大学を中退し、俳優の道を歩む。東京宝塚劇場、古川緑波一座などを経て、1939年にNHKのアナウンサーとなる。戦時中は満州に派遣され、国威高揚の映画のナレーションなどを務め、終戦とともにソ連の捕虜となり、翌1946年に帰国した。1947年に衣笠貞之助《きぬがさていのすけ》監督の『女優』の端役で銀幕デビュー。さまざまな作品に出演するが、なかでも話題を呼んだのが、新宿の大衆劇場・ムーランルージュ新宿座（1951年閉鎖）で上演された、アドリブを交えながら歌う舞台だった。〝歌える〟俳優の元祖でもあったのだ。

　1956年から1970年にかけては森繁が会社の社長を、小林桂樹《けいじゅ》が社長に振り回される秘書役を演じる喜劇映画「社長シリーズ」で大きな話題を呼んだ。人情喜劇を得意とし、『七人の孫』『だいこんの花』など向田邦子《むこうだくにこ》と組んだ作品も多い。自ら作詞作曲を手掛けた『知床旅情』も大ヒットを博す。

ミュージカルに関しては、１９５１年、『モルガンお雪』で古川緑波、越路吹雪と共演。１９８６年、『屋根の上のヴァイオリン弾き』の日本初演で、主演のテヴィエ役を演じる。


「１９６３年の『マイ・フェア・レディ』の初演は、当初は、雪村いづみさんがイライザを、森繁久彌さんがヒギンズ教授を演じる予定でした。ただ、雪村さんは、当時、アメリカにいて、日本にいない時期が多かった。森繁さんはなかなか出演オーケーの返事がなく降ろされたという噂もありますが、本当のところは存じ上げません。

森繁さんがようやくミュージカルをやる気になってくれたのが、１９６７年に帝国劇場で初演された、『屋根の上のヴァイオリン弾き』です。越路さんが（テヴィエの妻の）ゴールデ役を演じました。その後、森繁さんは１９８６年までに通算９００回にわたってテヴィエ役を演じることになるのですが、初演は興行的に成功したとはいえず、再演まで8年の歳月を要しました。森繁さんがなかなかやる気になってくれなかったのです。ただ、１９７５年の再演では、森繁さんは、朝10時から夕方6時までの稽古にしっかりと参加して、初演に続いて演出・振付を担当したサミー・ベイスさんも、「モリシゲサンは変わった」と驚いていました。

今でも覚えていることがあります。再演の公演中のこと、当時、私は演出助手で稽古スケジュール担当でしたが、日生劇場のロビーで打ち上げのパーティーがあったんですよ。そのとき、（森繁）先生に、「俺はおめえの言う通りに稽古してやったぞ」と言われましてね。褒められたのか怒られたのかわからないけれど、多分、10時から６時まで俺はしっかり稽古したぞ！と言いたかったのだと思います。この役をライフワークにするんだという強い気持ちを感じました。実際、初演から再演までには時間を要しましたが、再演をしてからは、ほぼ毎年、上演してきました。また、最近はダブルキャストやトリプルキャストといって、１つの役に複数の俳優がキャスティングされるのが主流ですが、昔は１人の俳優が月に40公演をこなすことはざらでした。体力的に非常に厳しかったと思います。森繁さんに至っては、終演後、２時間ほど動けずぐったりされていた姿を何度も拝見しています。日生劇場の再演は素晴らしかったです。誰もが認める出来栄えだったのです」

森繁が最後にテヴィエ役を演じた１９８６年は上條恒彦が土曜マチネ公演のみテヴィエ役で出演。以後、１９９４年から２００１年は西田敏行、２００４年からは市村正親がテヴィエを演じている。

「今でこそ、ミュージカルブームが定着した感がありますが、『屋根の上のヴァイオリン弾き』の全国横断公演は大好評で、ミュージカルというエンタテインメントの知名度を全国に広げてくれました。森繁さんの貢献度は大きかったです」

１９９１年には大衆芸能の俳優として初の文化勲章を受章。２００９年11月、96歳で逝去した。

高島忠夫　『マイ・フェア・レディ』で完璧なる初代ヒギンズ教授

ドラマ、司会の印象が強い高島忠夫《たかしまただお》だが、テノールの美声を生かした歌唱力、舞台映えする華やかなルックスで、日本のミュージカルの礎の一端を担った俳優の1人である。日本初のブロードウェイ・ミュージカル『マイ・フェア・レディ』ではヒギンズ教授役を演じた。

「高島さんのヒギンズ教授は言語学者の役です。江利チエミさんのイライザは下町なまりの汚い言葉で話す花売娘の役です。その下町なまりの言葉を正しく話せるように特訓する役が高島さんです。高島さんは学生時代まで関西で過しており、普段は関西弁が飛びかいます。心配する人が何人かいましたが、私もその１人でした。しかし、稽古に入ると台詞は完璧なアクセントで、歌も演技も文句なく見事にヒギンズ教授を演じ切りました。

最後にお会いしたのは『王様と私』の稽古場でした。息子さんの政宏《まさひろ》さんが王様役で、父親として出来具合が心配でのぞきに来たのです。私とは久しぶりの再会で話が弾みました。稽古を見終って、安心したのか、帰り際の出口で私に手を振って帰えられた姿が忘れられません。高島親子ともども主役をはるミュージカルでご一緒できて、感慨深いものがあります。

『マイ・フェア・レディ』初演、大詰の前のシーン、旧・宝塚劇場の銀橋を歩きながら歌う高島さんの『あの娘の顔が忘れられない』のメロディーが今でも聴こえます。60年前の歌声が…」

高島は１９３０年、神戸市東灘区出身。新東宝映画第１期ニューフェイスに応募し、「新東宝スターレット」の第１期生として芸能界入りを果たす。１９５２年、『恋の応援団長』でデビューし、『坊ちゃん』シリーズでは二枚目スターとして注目を浴びる。学生時代からジャズバンドで、ギター、ドラム、ピアノ、作曲などを独学で習得していた高島を、新東宝は「歌う映画スター」として売り出した。

１９５９年、菊田一夫に「君はミュージカルスターになれる」とスカウトされ、東宝に移籍。１９６３年に宝塚の男役スターだった寿《す》美《み》花《はな》代《よ》と結婚する。出会いは、彼女が司会を務めていたテレビ番組『季節のミュージカル』に高島がゲスト出演したことがきっかけだった。

同年、『マイ・フェア・レディ』に出演。翌１９６４年には、「日本製の本格的ミュージカル映画」として評価された『君も出世ができる』が公開となる。同作はフランキー堺主演の和製ミュージカルで、須川《すがわ》栄三《えいぞう》監督が製作に先立ちブロードウェイ・ミュージカルを研究。音楽は映画音楽の巨匠・黛敏郎が担当した。高島は、フランキー堺演じる旅行代理店の社員・山川の後輩・中川役を務めている。

その後、テレビ番組の司会、映画や音楽の解説など、多岐にわたって活躍。テレビ『ごちそうさま』『ゴールデン洋画劇場』『クイズ・ドレミファドン!』、ラジオ『お元気ですか高島忠夫です』といった長寿番組も多く担当した。

２０１９年６月、88歳で亡くなった。

井上芳雄（いのうえ・よしお）

１９７９年、福岡県出身。東京藝術大学音楽学部声楽科在学中の２０００年にミュージカル『エリザベート』皇太子ルドルフ役で鮮烈なデビューを果たす。以降、高い歌唱力と存在感で数々のミュージカルや舞台を中心に活躍。コンサートの開催、音楽・バラエティー番組への出演ほか、近年ではＭＣを務めるなど活動の場を広げている。第20回読売演劇大賞優秀男優賞ほか、受賞多数。ＴＢＳラジオ『井上芳雄 ｂｙ ＭＹＳＥＬＦ』（毎週日曜）、ＢＳ-ＴＢＳ『美しい日本に出会う旅』（毎週水曜）、ＮＨＫ総合『はやウタ』（司会）、日本テレビ系『行列のできる相談所』（ＭＣ）、ＷＯＷＯＷ『生放送！井上芳雄ミュージカルアワー「芳雄のミュー」』（司会）放送中。２０２３年3月、初のオリジナル・アルバム『Ｇｒｅｅｎｖｉｌｌｅ』を発売。著書に『ミュージカル俳優という仕事』『夢をかける』（日経ＢＰ）。

レジェンド・オブ・ミュージカル
with 井上芳雄

2023年12月25日　第1版第1刷発行

編者　日経エンタテインメント！

発行者　佐藤央明

発行　株式会社日経BP

発売　株式会社日経BPマーケティング
〒105-8308　東京都港区虎ノ門4-3-12

印刷・製本　図書印刷株式会社

ISBN　978-4-296-20210-2

本書に関するお問い合わせ、ご連絡は下記にて承ります。
https://nkbp.jp/booksQA

片をつける

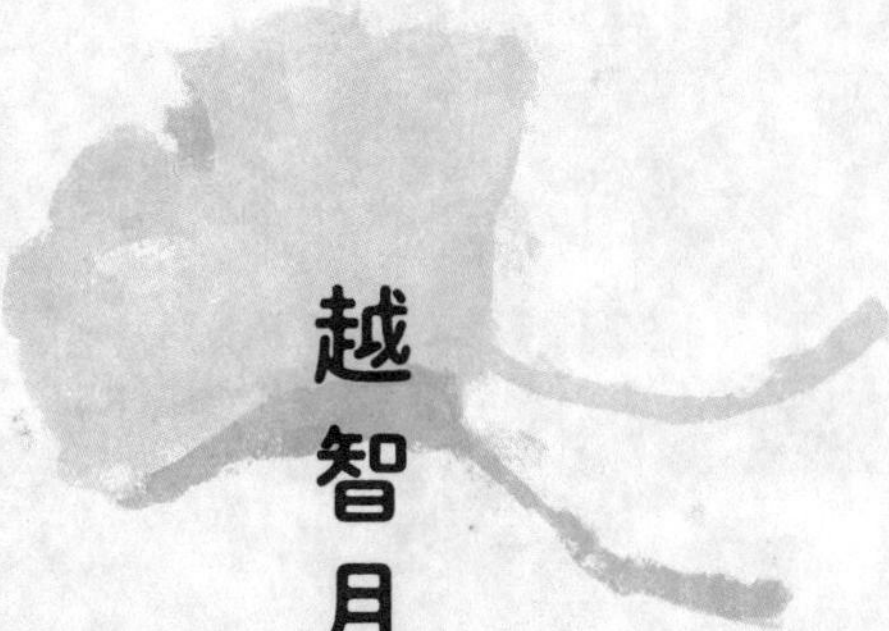

越智月子

片をつける

自由に生きたければ
なくてもいいものを手放しなさい

――トルストイ――

今年も冬がなかなか巡ってこない。そう思っていたら、数日前から急に寒くなってきた。

阿紗《あさ》はダウンジャケットを羽織り、家を出た。マンションの小さなスロープを下りて国道沿いの道を歩いていく。

「もう十二月だっていうのに、コートなしで歩いている人が多いねぇ。ひと昔前の冬はもっと寒かった。日本も東南アジアみたいな気候になったねぇ」

おばあさんというよりは、おじいさんと言ったほうがしっくりくる、あのしわがれた声がする。いつもいつも判で押したように同じ。それでも阿紗は相槌を打つ。そうしないと八重《やえ》がすぐ不機嫌になるから。

「東南アジアねぇ。行ったことないけど、きっとこんな感じなんでしょうね。夏は湿度が高くて冬はポカポカ」

「まぁ、寒いよりは暖かいほうがいいやね。あたしは暖かい冬が好き。ソ連なんかに生まれなくてほんとによかった」

「八重さん、ソ連じゃなくてロシア」

「あんたはもの知らずだね。昔はソ連って言ったんだよ」

何かを思い出したかのように突如として色づき始めたイチョウの木を横目に阿紗は石畳を歩く。空は雲に覆われている。どんよりとした灰色。

「イチョウの葉っていうのは、曇り空でも映えるねぇ」

いつも灰色の服を着ていた八重はイチョウ色のマフラーを巻きなおしながらよく言った。

そしていつもここで曲がった。阿紗は駅前の交差点を左に折れる。

ゆるやかな坂を上りきる手前でガラスに覆われた掲示板が視界に入った。

今月のことば——

まことに、まことに、あなたがたに告げます。一粒の麦がもし地に落ちて死ななければ、それは一つのままです。しかし、もし死ねば、豊かな実を結びます。

ヨハネによる福音書12：24

ほんとうは絵本を買いに二ブロック先の本屋まで行くはずだった。

でも、今すぐじゃなくてもいい。

阿紗は立ち止まった。

もう何千回、何万回と通った場所なのに、初めて掲示板の奥に建つ教会をまじまじと見上げた。

大きなイチョウの木の脇の階段を上る。アーチをくぐり、小さな回廊を進む。中庭の聖人像を横目で見ていると、奥のドアが開いた。灰色のジャケットをはおった神父と思しき男が出てきた。目礼すると、柔らかな笑みを浮かべて言った。

「こんにちは」

「こんにちは。あのあたし、お祈りしたいんですけど」

祈り……。

誰が？

思ってもみなかった言葉が口をつく。

「どうぞ、お御堂《みどう》はそちらです」

神父は今しがた出てきた部屋を指し示した。

阿紗は生まれて初めてお御堂といわれる部屋の扉を開けた。

入ってすぐ右の小さな壺に聖水が入っている。人差し指につけ、十字をきる。

正面の祭壇には大きな銀色の十字架がかかっている。

ドア近くの椅子に腰かけた。

父と子と聖霊の御名によりてアーメン

十字架にかけられたイエスキリストを見ながら、もう一度、十字をきる。

めでたし聖寵《せいちょう》充ち満てるマリア
主御身と共にまします
御身は女のうちにて祝せられ
御胎内の御子《おんこ》イエズスも祝せられたもう
天主の……

そのあとが出てこない。

門前の小僧は習わぬ経を読めるが、隣人の八重に教えてもらった祈りさえもロクに覚えていない。

かわりにずっと抑えていたものが込み上げてくる。

「あたしが死んだら、一度くらいは教会で祈ってみなよ」

なぜ今になって八重との約束を果たしているのだろう。

もっと早く来たってよかった。

でも、いつもこの場所を素通りし、見て見ぬふりをしてきた。

どれくらい祈っていたのだろう。

神の家の中で佇んでいた。

佇みながら、八重を感じていた。

阿紗はお御堂を後にした。

回廊を渡り、階段を下りようとしたところで、きっぱりとした風が吹き上げてきた。

教会のイチョウの木が揺れた。はらはらと黄金色の葉が舞ってくる。

八重さん、もしかしてそこに来てる？

からんと音を立てて足もとに何かが落ちた。阿紗はしゃがんでそれを拾った。イチョウの木が落とした銀色の実。

風が頬に吹きつけ去っていく。

ほんとうの冬が巡ってきた。

阿紗は握りしめていた拳《こぶし》をゆっくりと開いた。

八重の置き土産。絶対に片づけられない、一粒の銀色の実。

八重はもういない。二年前からわかっていた。それでもずっと認めたくなかったことが、ようやくすとんと心に落ちた。

その途端、堰《せき》を切ったように涙が溢れてきた。

1

絵本の中では十二色揃ったクレヨンたちが笑顔を浮かべている。


みるちゃんは言いました。

「いままで、ほんとうにごめんね」

そうしてタンスのはしっこにはさまって、かけてしまったきいろちゃんの頭をやさしくなでてくれました。

「もうぜったいにまいごにしたりしないからね。

だって、きいろちゃんがいなきゃ、おひさまもひまわりもかけないもん」

みるちゃんは、あかくんとみどりちゃんのあいだ、なつかしいクレヨンのお部屋にきいろちゃんをもどしました。

「ありがとう」

きいろちゃんはお礼を言いました。

みるちゃんには聞こえない声。

でも、きょうはちゃんと届いている、そんな気がします。

「きいろちゃん、おかえり〜」
「みんな待ってたんだよ」
なかまたちがなつかしいお部屋でかん声をあげています。

ページをめくりながら、阿紗は知らず知らずのうちに頷いていた。片づけができない子はクレヨンや色鉛筆をよくなくす。自分もそういう子供だった。

生活のすべてにおいてだらしなく、家事能力ゼロ。困ったときは金で解決とばかりに愛情がわりの消費を惜しまなかった母はクレヨンの色が揃わなくなると、すぐに新品を買った。十二色のはずなのに九色。二十四色のはずなのに二十一色。三十六色のはずなのに二十八色。空席が目立つ箱ばかりが増えていった。

やがてその箱が邪魔になり、不揃いのクレヨンたちはモロゾフのクッキー缶に入れられた。それでもクレヨンはなくなり続けた。それも決まってよく使う色が。自分もみるちゃんみたいに、黄色のクレヨンをよくなくした。あれがないと致命的。おひさまもひまわりも、今ならピカチュウも描けなくなってしまう。

あたり一面に散らばるリカちゃん、シルバニアファミリーのフレアやラルフ、人形たちの服や小物が瞼に浮かんでくる。ない、どこにもない、黄色いクレヨンが。レゴや積み木の山を探ってみたが、やはりない。タオルケットをめくっても見つからない。スウェットシャツにストッキング、靴下の片割れ、いらないものばかりが出てくる。血まなこになって迷子のクレヨンを捜していた五歳の自分。カオスのような部屋。二度と戻りたくない空間。

阿紗は絵本を閉じた。

大きく息を吐き、残像を振り払う。

窓の外は明るい。いつのまにか地面に打ちつけていた雨の音が消えている。

店の前に置かれたオリーブの木がかすかに揺れている。目を凝らすと、細長い葉先から身震いするみたいにしずくが落ちた。

天の気まぐれのように突然降りだした雨も風もおさまっている。

カップに残ったコーヒーを飲み干した。ほどよい酸味が広がり、すっと消えていく。銀色の筒から丸まった紙を抜き、腰を上げる。

「ごちそうさまでした」

熟年起業組のマスターに一礼してドアを開けた。

風が頬をくすぐる。向かいの家の庭から木々に染みた雨のにおいが漂ってくる。東の空を見ると、虹が出ていた。

いったい何年ぶりだろう。七色のアーチを見るのは。頭をよぎった昔の嫌な思い出が一気に消えていくほどのすがすがしさだ。

きょうは……と言っても、正午を過ぎてしまったが、何かいいことが起こりそうな気がしてきた。午後二時になったら家に子供たちがやって来る。読み聞かせの仕事が終わったら、隣町にでも行ってみようか。

国道15号沿いの道に出た。二、三歩踏み出したところで、ぽつぽつしずくが落ちてきた。

また雨？

違う。

犯人は歩道に植えられたイチョウの木だ。さわりと吹いた風に誘われて、またぽつり。振り返ると、ついさっきまでくっきりと浮かんでいた虹は跡形もなく消えている。それでも、仰ぎ見たときの心地よさはたしかに残っている。

イチョウの木が途切れたところを右にそれ、古ぼけたレンガ色のマンションに入っていく。申し訳程度のソファセットが置かれたエントランスを抜け、正面のエレベーターへと向かい、八階まで上がる。ガタンと故障寸前のような音を立て動き出す箱は、意外と早く目的の階へ着く。機械的に身体が右に曲がる。

なんだろう、宅配便？

うす暗い廊下の突き当たり、８０５号室。我が家の前に大きな荷物がある、と思ったら、違った。荷物は動いている。巨大化したネズミのような老婆がしゃがみ込んでいる。

「どうしたんですか」

思わず駆け寄った。大理石もどきの床がじんわり濡れている。老婆の髪からしずくがぽたりと落ちた。

「どうしたもこうしたもこのザマだよ」

シワに囲まれた斜視気味の目がこちらを睨《にら》む。まるで阿紗が雨を降らせでもしたかのように。

「いきなりの雨でしたからね」

老婆の表情がさらに険しくなった。

「雨？　そんな生易しいもんじゃないよ、あれは。スコール？　突然ドシャーッと。いつのまにか日本も東南アジアみたいな気候になっちまった。というかさ、この安もんの床、あんたどう思う？　どうにかなんないのかね、冷たいんだよ。こんなんじゃ尻から冷えて死んじまう。ったく、どうしてくれんだ。こっちは鍵なくして部屋に入れないんだよ。ずっと突っ立ってるわけにもいかないんだよ。だいたいさ――」

　これが噂の難物か。

　阿紗は初めて見る隣人をまじまじと見つめた。肩まで伸びた灰色の髪を無造作にひとつにまとめ、ネズミ色のワンピースをでれっと着ている。これまでの人生の不満を凝縮したかのように眉間には深いシワ。

「お隣の804号室には、ばあさんがひとりで住んでるんですがね。これが相当な変わり者でして」

　このマンションに越してきた当初、管理をしている不動産会社の担当者が言っていた。

「世の中に対しても人に対しても、とにかくいつも怒っている。不機嫌が服着て暮らしているみたいなばあさんです。つかず離れずっていうより、つかないほうがいいですよ」

　たしかに、こんな厄介者とはかかわらないほうがいい。

　さっさと部屋に入ろうと思った。だが、斜視気味の目は何かを察したようだ。

　あんた、あたしを見捨てる気？

　無言のプレッシャーが矢のように飛んでくる。

「部屋に入れば、合い鍵はあるんだ。だから部屋にさえ入れれば」

　老婆はしゃがんだまま阿紗の背中に言った。

「末野《すえの》の奴、電話かけてもいやしない。いや、あれは絶対にいるね。居留守を決め込んでいる。いつ戻るって聞いたら、半日は戻らないとさ。ったく、何、悠長なこと言ってんだ。あいつは悪魔か。あたしにここでどうしてろっていうんだ――」

　べらんめぇ調で担当者をののしっている。

「――連絡つくまでずっとここでしゃがんでろっていうのかい。いいかい？　あたしは見かけほど若くないんだ。こんな濡れネズミでいたら凍死してしまう」

ただ今の気温……体感でも25度はある。

いくらずぶ濡れになっても九月に凍死はしません。今年は残暑が厳しく、例年よりずっと暑いんだから。心の中で反論していると、セルフイメージよりは十歳は老けているであろう、推定七十五歳の老婆の目の光が変わった。

「嘘じゃないよ、寒いんだよ。このままじゃ風邪ひいちまう」

自分で自分を抱き締めるかのように身を縮め、こちらを見上げる。

横目で８０４号室のドアに掲げられた表札を見た。

五百井。

大学のとき、同じ苗字の教授がいた。「いおい」と読むのだろう。

二年と十ヶ月前の記憶が蘇ってくる。挨拶がわりのタオルを渡そうと何度もインターフォンを押した。午前中に出なければ午後に。出なければ日没後に。三十回、いやもっと押したかもしれない。それでもこの老婆は無視し続けた。きっとドアののぞき穴からこちらを見て、居留守を決め込んだのだろう。

そんな人間不信の塊のような女が、今、自分を頼っている。

どうしたものか。

トートバッグから部屋の鍵を取り出し、鍵穴に差し込む。左に二回。ゆっくりと回す。

「じゃあ、お気をつけて」

そう言い残すはずだった。

だが、お節介な唇が勝手に動く。

「とりあえず、こちらでお待ちになりますか。中でお話を聞きます」

まったく何を言ってるんだろう。ここでいい人ぶったって、何の得にもならない。末野だって、高い管理費を取っているのだから、いつまでもこの老婆を放置はしないはずだ。数時間以内にマスターキーを持ってここまで駆けつける。なのに……。つい親切な隣人を演じてしまう自分がわからない。

「いいの？　ありがとうございます」

などと殊勝な態度を取るはずもなく、老婆はふんっと鼻を鳴らし、阿紗の後に続いて家にあがった。

玄関の右、廊下というには短すぎる通路の先のリビングのドアを開けて、ソファを指した。

「そちらにどうぞ」

老婆は濡れた服のまま、腰を下ろすと値踏みするかのように部屋を眺める。

「ここ何畳？　同じマンションだってのに、また随分と広いんだね」

責めるように言う。

８０４号室の間取りなど知ったことではないが、マンションの造りからして同じ平米数に思われる。ここが広く感じるのは、お宅が物で溢れているからじゃないですか、などと返すのもバカらしい。阿紗は相槌も打たず洗面所に行きタオルを持って、リビングに戻った。

「ほんとに風邪ひきますよ、拭いてください」

「わかってるよ、このままじゃ凍死しちまう」

老婆は束ねた髪をほどき、ごしごし拭き始めた。老人特有の枯葉を煮詰めたようなにおいが漂ってくる。

黙って窓を開けた。ほどよい湿り気を含んだ風が入ってくる。壁にかけてある温度計を横目で見る。25・2度。体内センサーはいつだって正確だ。

「ドライヤー使います？」

「いらないよ、そんなの。これでじゅうぶん」

「だけど、災難でしたね。鍵、いったいどこでなくしたんですか」

髪を拭いていた老婆の手が止まった。

「あんた、バッカじゃないの。わかってたら、こんなところにいないよ」

いきなりバカ、しかもこんなところ呼ばわり。

はちみつミルクを出そうと思っていたが、親切心はしぼんでいく。

「落としたから、今、手もとにないんだろうが。鍵がなくなるっていったら、フツーそうだろう。雨が降る前だか後だか、とにかくどっかで落とした」

　老婆はワンピースのポケットに手を突っ込み、引っ張り出した。裏返った袋状の布に大きな穴が空いている。

「これ、この前まで小さかったのに、いつの間にかこんなに大きくなっちまった。あたしは用心深いからねえ。なくしたときのために合い鍵は三本も作ってたんだ。でも、これで、残るは一本」

「部屋に、たしかにあるんですよね」

「しつこいね、さっきからあると言ってんだろ。あんた、あたしが年寄りだから、ボケてると思ってんだろ」

「ただ確認しただけです」

「悪いけど、あたしは記憶力だけはいいんだ。チェストの引き出しの真ん中にちゃんとしまってある」

　斜視気味の目がこちらを睨んだところで、壁にかけた鳩時計が午後一時を告げた。老婆の肩がぴくりと上がる。

「なんだよ、デカイ音だねぇ。今どき鳩時計なんて。せっかくくつろいでいるのに、びっくりするじゃないか」

　老婆は我が物顔でソファに座り直し、大きく伸びをした。

この目つきの悪さ、ごつい鷲鼻《わしばな》、底意地の悪さがにじみ出た喋り方。白雪姫やヘンゼルとグレーテル、眠れる森の美女……。けなげな主人公を不幸の渦に落とし入れる魔女そのものだ。

なんでまた自分は、こんな性ワルを部屋に入れてしまったのか。まったく魔術にかかったとしか思えない。

阿紗はリビングに続くキッチンに行き、冷蔵庫から牛乳を取り出した。大きめのマグカップに注ぎ、レンジで二分。そこにアカシアはちみつをたっぷりとたらす。

「温まりますよ。これ飲んでゆっくりしていてください」

はちみつミルクを老婆に渡し、短い廊下を通って寝室に行った。ベッドの前の窓から顔を出し、隣室をのぞく。

視線を左九十度に向けると四角いベランダがある。鉄柵までは難なく届きそうな距離。さらに身を乗り出して見る。鉄柵の前に目隠しを兼ねたブロック塀が張り出している。幅二十センチ。じゅうぶん足場となる。

ベランダの先で薄汚いレースのカーテンが揺れている。不用心なのか、それとも換気しているつもりか。主がいない部屋の窓は開けっぱなしだ。

阿紗は窓の下に視線を移した。通用門付近には配送の軽トラックが一台とまっている。八階のここから地面まで三十メートル近くある。真っ逆さまに落ちれば、脳はくだけ散る。

だが……。

サイドテーブルがわりのスツールを窓際に引き寄せ、上に乗る。窓を越えるのにちょうどよい高さになった。手を伸ばし鉄柵をつかみ、足場のブロックに片足をかければ……思ったより簡単に隣のベランダに移れそうだ。

いったんスツールから下りた。

ほんとうに越えるのか。

我ながら突拍子もないことを思いついた。だが、魔女を追い払うにはこれしか方法がない。

ほんの数秒、宙を舞う恐怖よりも、あの厄介者にこのまま居座られる不快感のほうがずっと大きい。

リビングに戻った。ソファに浅く腰かけた老婆は、ヴェールのようにタオルをかぶり、腕組みをしている。コーヒーテーブルのマグカップは空っぽ。

「あの……」

老婆はこくりこくり舟をこいでいる。こちらが命を賭《と》した自問自答をしていたこの数分の間に、はちみつミルクを飲み干し、入眠までしてしまうとは。

揺り起こそうかと思ったが、やめた。

どうせまた不機嫌に鼻を鳴らされるにきまっている。

白川夜船のうちに、事を済ませてしまおう。

「そこでしばらく休んでてください。すぐ戻ってきますから」

阿紗は小声でそう言うと、リビングのドアをそっと閉めた。

寝室に移動する。

別にたいしたことじゃない。ここが八階と思うから恐怖が先に来るのだ。じゅうぶんな幅の足場に一五八センチの身長でも容易にまたげる高さの鉄柵。窓から身を乗り出しさえすれば、一分とかからず、隣のベランダに移動できる。

腹を決めたはずだが、もうひとりの自分が問いかける。ほんとうにそこまでする必要があるだろうか。

ある。

厄介者を家に招き入れたのは自分だ。こうなることはわかっていたはずなのに、つい情にほだされて……。でも、嫌なものは嫌なのだ。あの途《と》轍《てつ》もなく性格の曲がった老婆に居座られるのは。もはや一分たりとも耐えがたい。

阿紗はカーテンを逆サイドにきっちり寄せ、スツールの上に乗った。大きく息を吐く。この先は真下を見ないようにしよう。

もう一度、深呼吸し、半身を乗り出した。風が頬を打つ。隣のベランダの鉄柵の手すりをしっかりと握る。右足を踏み出し、ブロック塀の上に乗せる。あとは左足を上げれば、部屋から脱出だ。

よしっ。

宙を飛んだ。

と思う間もなく、鉄柵を越え、隣のベランダへと着地した。

案ずるより産むが易し。だが、産んだ先には案じた以上の障壁があった。

ミイラ化した植物と段ボールが散乱するベランダ。その先のホコリにまみれた網戸を開けて、立ちつくした。

何の罰ゲーム？

うちと同じ間取りだとすれば、十畳はあるはず。なのに、足の踏み場がどこにもない。

この物が散乱し、なんとも言えぬ侘《わび》しいにおいが充満する部屋から、鍵を見つけなければいけないのか。

足の甲にカラカラに干からびた落葉がまとわりつく。靴下のままベランダを飛び越えてきたことに気がついた。隣の家に足を踏み入れる。わずかな隙間に立つ。

「悪いけど、あたしは記憶力だけはいいんだ。チェストの引き出しの真ん中にちゃんとしまってる」

チェストってどれ？

ビールの空き缶、マッサージ器、脱ぎ捨てた靴下、ペットボトル、紙袋にレジ袋、朽ち果てつつある観葉植物、雑誌、段ボール……。ローテーブルの上の灰皿には吸い殻がチョモランマのごとく詰まっている。とにかく物、物、物……。家具のレイアウトがわからない。

　胸の奥がざわざわしてくる。あの世界一、居心地の悪い廃墟にいた頃のことが思い出されてくる。

　母は愛人として我が身を飾ること以外、何もできない女だった。週に一、二度、男が訪ねてくる日はリビングと寝室に散らばっている物すべてを六畳の阿紗の部屋に押し込めた。夜九時頃、やってきた「パパ」に挨拶をし、近況を報告したあとは、阿紗は部屋に籠らざるをえなかった。小さな廊下を隔てて聞こえてくる母の嬌声が嫌で嫌で、いつもヘッドフォンで音楽を聴いていた。

「ＴＨＥ　ＥＮＤ　ＯＦ　ＴＨＥ　ＷＯＲＬＤ」

聴いていたのは英語の歌だった。小学校一、二年生の頃のことだ。歌詞の意味などわかるはずもない。母が子供部屋に押し込んだゴミの山の中からたまたま見つけた淋しげなジャケットのＣＤ。ゴミの海に浮かぶ小舟のようなベッドの上で膝を抱えて、繰り返し聴いた。

　使用済みのタオルやよれよれの部屋着、脱ぎ捨てたままのストッキング、汚れたスリッパ、髪の毛がついたままのカーラー、残量が少ない化粧水、使わなくなったダイエット器具……薄暗い部屋のドアが開いたかと思うと、次々と母が見捨てた物が放り込まれる。ドア付近には飽きられた流行の服たちが、洗濯もしてもらえないまま山となっていた。六畳の部屋に淀んでいた侘しく煤《すす》けた空気。愛されなくなった物たちが発する死のにおい。

ヘッドフォンの外のことは何も聴かない、何も見ない、何も感じない。何を言っているのかもわからない外国の女の歌声と物悲しい旋律に集中した。

どういうわけか。きょうは昔のことばかり思い出す。

阿紗は呼吸を整え、部屋を見回した。

ベランダから入って左の物置き場はダイニングテーブルだろうか。

正面の脱ぎ捨てられた服がキャベツのように折り重なった下にはソファがある。脇には麦わら帽子をふたつ重ねてかぶった薄汚れたスヌーピーのぬいぐるみ。その隣にエスニック調の布で覆われた物体がある。覆われたというより、放られたというほうが近い。だらりと垂れ下がった布を取ると、三段のチェストが顔を見せた。

真ん中を開けようとした。何かが挟まっていてびくともしない。もう一度強く引く。動かない。今度は引き出しを持ち上げるようにして引っ張り、少しだけ動いたので、左右にがたがたと揺らす。奥にはさまっていたペンが取れて、なんとか引き出せた。

黄色いリボン、ポケットティッシュ、絆創膏《ばんそうこう》、乾電池、チーク、サプリメント、割りばし、栓抜き、体温計……。深さ二十センチはある引き出し一杯に秩序なく物が詰まっている。地層でいうところのいちばん上、泥岩の部分の物をローテーブルのわずかに空いたスペースに置いていったが、いくら掘り起こしても鍵は見つからない。

というか今、何時なんだろう？

時計が見当たらない。物が溢れている部屋に限って、肝心な物が見つからない。あるとしたら、あの下……。ソファの上で折り重なっている服を横目で見た。急に鼻の奥がムズムズしてきた。

マズい。

そう思ったときは遅かった。唾が飛ぶような大きなくしゃみが出た。おさまる間もなく、たて続けに二回。何年かぶりのハウスダストアレルギー。鼻水が垂れてくる。

ティッシュ。さっき引き出しから発掘したばかりのポケットティッシュに手が伸びそうになったが、やめた。きっとホコリまみれだ。ローテーブルの上のティッシュボックスを取り、鼻をかんだ。

「あんた、そこで何してんの？」

低く刺すような声がした。

老婆がそこに立っている。

なんで？

雨上がりに虹を見て、家に戻ると奇妙な隣人がいて、鍵をなくしたと騒がれ、部屋に招き入れたが、後悔し、ベランダを越えて隣のゴミ箱のような部屋に入り、何年かぶりにハウスダストアレルギーが再発した……。これはすべて悪夢なのか。

「何って、お宅の合い鍵を捜しているんじゃないですか」

「いったいどっから入ったんだよ」

盗人《ぬすっと》でも見るような目がこちらを見る。

「玄関から入れないからベランダから」

「柵を越えたのかい？　驚いた。よくもまぁ――」

「そっちこそ、どこから？」

「どこからって玄関からに決まってんだろ」

「だって鍵なくしたって」

「それがさ――」

ワンピースの襟ぐりに手を入れると、ネックレスのようなものを引き出してこちらに鍵を見せた。

「ないないと思ってたら、首からぶら下げていたんだよ」

疲れがどっと押し寄せてきた。

老婆はニッと笑った。目が月みたいになった。

2

白い木目の家から鳩が飛び出してきて時刻を告げた。

だが、誰も振り向きはしない。リビングの中央に置かれたコーヒーテーブルを囲んだ六つの瞳は絵本に注がれている。阿紗はゆっくりと読む。七歳児の頭の中で絵が動きだすように。


重たいよぉ。

きいろちゃんのからだの上にはたくさんのものがのっています。

頭の上にのっかっているのはノートさんです。

その上にあるのは？

まっくらなので、なにもわかりません。

「この中にあるかな」

みるちゃんの声といっしょに急に頭の上から光がさしてきました。

「みるちゃん、さがしにきてくれたの？　わたしはここだよ」

きいろちゃんは大きな声で言いました。

「あれ、ないな。黄色いクレヨン、どこに行ったんだろう」

頭の上でガサゴソと音がします。

「みるちゃん、ここだってば」

「ここにはなーい」

がたっと音を立てて引き出しがしめられました。

また、きいろちゃんのまわりはまっくらになりました。


見開きのページを終えたところで子供たちを見る。

「きいろちゃん、かわいそすぎるよ」

阿紗の正面に座る咲良《さら》がカーディガンの下に着たカットソーのフリルネックを引っ張りながら言った。

「えー、でも」

右隣で青いスウェットシャツを着ている元輝《げんき》が引き出しの暗闇の中で涙を流すきいろちゃんを指さした。胸もとには毛布を持ったライナスが描かれている。元輝にとっての毛布はゲーム機だ。読み聞かせの時間は、ゲームを禁止しているので、手持ち無沙汰でラグマットの毛をいじっている。きょうはきいろちゃんの動向が気になるのか、小さな拳は握られたままだ。

「きいろちゃん、泣いてる顔もかわいい」

元輝の感想はいつ何時《なんどき》も「かわいい」。男の子なのにと思わないでもないが、今の時代、それを口にするのは憚《はばか》られる。

「ぴえん。この感じじゃ見つけてもらえないんだろうね」

咲良の言葉を聞き、左隣の流香《るか》が心持ち上向きの鼻で笑った。

「なはずないよ。絵本ってさぁ、ハッピーエンドって決まってんだから」

七歳児の言葉づかいは女子高生とさして変わらない。

「さぁ、それはどうかなぁ。どっちにしても先が気になるのはいいことだよね」

阿紗は次のページを開く。

前につきあっていた男にフラれて五年。もうすぐ四十になるというのに、出会いもない。出会いを生みそうな縁も伝手もない。恋愛に関しては、ないない尽くしの日々を送っている。万が一、今から誰かに出会ったとしても、年齢的に子供を産むのは難しい。複雑な家庭に育ったせいで、どうしても親になりたいという願望はない。だからといって子供とまったく触れ合わずに年をとっていくのも淋しい。そんな思いで半年前から読み聞かせの仕事を始めた。

幸い、阿紗には、不労所得がある。

政界でそれなりに名の知られていた母の愛人、つまり阿紗の生物学上の父は、生前、母にこの都心のマンション、三部屋分の所有権を譲った。

三年前に母がなくなり、それがそのまま一人娘の阿紗の物になった。あれほど嫌っていた男の持ち部屋を譲り受けるのは抵抗があった。だが、これは不幸な生い立ちに対する慰謝料なのだと思い直した。現金な人間だと思う。それでも女ひとり、贅沢しなければ、なんとかやっていけるくらいの保障がほしかった。そんな中で見つけた読み聞かせの仕事だった。業務委託先の会社にしっかりマージンを取られるのでスズメの涙にも満たないほどの収入だ。それでも週に二回、一時間半。近所の子供たちを集めて絵本を読むことに、それなりにやりがいを感じている。

母に絵本を読んでもらった記憶はない。だから、こんなふうに聞かせてほしかったと思うトーンで、大袈裟にならない程度に感情を込めている。


「おかあさん、きいろちゃん、どこをさがしてもいないよ。

これじゃおひさまがかけないよ。どこに行ったんだろう」

おかあさんの大きな目が——


次のページを読み始めたところでインターフォンが鳴った。エントランスじゃない。玄関のほうだ。

「誰？」

咲良が小首を傾げこちらを見る。

「初めてじゃね？　絵本の途中でインターフォンが鳴るの」

流香の言葉に元輝が頷いたところで、二度目が鳴った。

大変嫌な予感がする。

「ごめんね、ちょっと待ってて」

腰を上げ、玄関まで行く。

またせっかちな音が。早く開けろ！　と言わんばかりだ。

もしや……。

ドア穴をのぞく。

やっぱり。

チェーンをはずす手が重い。恐る恐るドアを開ける。

「おっそいねぇ、何してんだよ？」

隣の老婆が立っていた。

先ほど別れたときとは印象が違う。

「そちらこそ、どうしたんですか？　なんだか感じが……」

毛羽立ちが目立つネズミ色のワンピースは軽やかなグレーにかわり、リネンの黄色いカーディガンを羽織っている。髪もきれいにブラッシングされ、カーディガンと同色のリボンで束ねられている。おまけに化粧まで。

わずか一時間で五歳は若返っている。

「どうもしやしないよ。あんたが出て行ったあと、机の上にいろいろ置いてあったから」

そうだった。カオスと化したチェストの引き出しを塞いでいたガラクタをローテーブルに置いたまま、老婆の部屋を出てきたことを思い出した。

あのときはベランダを越えて興奮していた。冷静になって考えてみれば、玄関に直行し鍵を開ければよかったのだ。何もホコリにまみれて鍵を捜すことはなかった。まったく……。いったんはおさまった怒りが再燃してきた。

「一応、世話になった礼が言いたくてさ――」

老婆の目が玄関に並ぶ小さな靴をとらえた。

「なんだ？　お客かい？」

「はい。今、ちょっと仕事中で」

「仕事？」

「あの実は――」

「センセイ、どーしたの？　おきゃくさま？」

リビングから流香がやって来た。

「そう、大事なおきゃくさまだよ」

阿紗より先に老婆が答えた。

「へぇー、センセイっていろんなお友達がいるんだ」

流香は長いまつげで覆われた瞳で上から下まで老婆を眺めると、ニッと笑った。

「まあ、友達っていったら、友達だね。ちょっとばかり、センセイに用事があってね」

相変わらずのぶっきらぼうな喋り方だが、目もとから険しさは消えている。

「ふーん、だったらあがったら？」

老婆は首を横に振った。

「そうしたいのは山々だけど、センセイが『今、仕事中で』って言うし。悪いから出直すよ」

上目遣いが阿紗を見る。

「えー、せっかく来たのに。センセイ、たまにはゲストがいてもいいでしょ。今ね、絵本読んでもらってるんだ」

「へぇー、絵本かい？　いいね」

老婆の目が見開かれた。

「でしょ。せっかくだから一緒に聞こうよ」

「ちょっと、流香ちゃん」

大きな瞳がおもちゃでもおねだりするかのようにこちらを見上げる。

「センセイ、お願い〜。このおばちゃま、イケてるし、お友達になりたぁい」

どこがイケてるのか。七歳児の感性は阿紗の理解を超える。

「じゃあ、ちょっとだけお邪魔するかね」

言い終わらぬうちに靴を脱ぎ始めている。

「これ、一緒に食べようと思って、さっき駅ナカで買ってきたんだ。みんなでおやつに食べっか」

手土産を押しつけるように阿紗に渡した。紙袋は先週から駅ナカで期間限定で出店している老舗団子屋のものだった。

「イエーイ、おやついただきましたぁ」

小躍りする流香に手を引かれ、リビングに向かっていく。ピンクのスウェットシャツにグレーのチュールスカートをあわせた少女と同色のワンピースを着た老婆。後ろから見ると、孫と祖母のリンクコーデのように見える。

きょうはなんて一日なのか。

子供たちが家に居座る魔女のような女を見たら、怖がるに違いないと思っていた。だからこそ、自分はベランダの柵まで飛び越えた。思い出しただけでも足がすくむ。これじゃ、なんのための決断だったのか、わからない。

阿紗は頭を左右に振った。

「センセイ、早くぅ」

「続き、待ってるんですけどぉ」

元輝と咲良が呼んでいる。

リビングに戻ると、阿紗の定位置に老婆が座っていた。

「すみません、そこ。少しズレてくださぃ」

老婆はけだるそうに左にズレる。その目は絵本を眺めている。

「センセイは絵本を読むのうまいのかぃ？」

阿紗の顔は見ずに子供たちに聞いた。

「う～ん」

元輝は身体を左右に揺らし、明言を避けた。

「フツーにじょうず、かな。ママよりはマシ」

咲良の言葉に流香が頷く。

「それな。うちなんてママが忙しくって読んでもらったことないから、比べらんないけど」

子供たちの消極的評価に少し傷つく。

「そうだ、おばちゃま、読んでみてよ」

流香は老婆にすり寄る。母親とふたり暮らしのせいか、風変わりな年寄りにさっきから興味津々だ。

読んで！　読んで！　読んで！

残るふたりもせがむ。

老婆は顔色ひとつ変えない。

「ムリ」と拒否するでもなければ「仕方ないねぇ」ともったいぶるでもない。

読んで！　読んで！　読んで！

流香も加わり大合唱は続く。

「じゃ、読んでみっか。ちょっとあんた場所、変わって」

ここで抵抗しても無駄だ。阿紗は黙って腰を上げ、場所を移る。

老婆は咳払いすると、絵本を手にした。

その横顔を見守る。不意打ちの展開に苛立ちつつも、愛想のない、ぶっきらぼうな女がしわがれ声でどんな朗読をするのか。少しだけ興味があった。

「おかあさん、きいろちゃん、どこをさがしてもいないよ。
これじゃおひさまがかけないよ。どこに行ったんだろう」

おかあさんの大きな目がぎろりとこちらを見ました。

「みるちゃん、クレヨンはひとりじゃどこにも行かない。あなたがなくしたんでしょ」

「だってえ……」

きいろちゃんがどこにもいないのに、おかあさんにもおこられて、みるちゃんはますますかなしくなりました。

「みるちゃん、ここだよ、ここ」

きいろちゃんはくらやみの中でひっしにさけびます。

でも、みるちゃんには聞えないみたいです。


いったいどんな魔術を使ったのか。

あのしわがれ声がみるちゃんに、おかあさんに、そしてクレヨンに命を与える。言葉が白湯のように心に沁みてくる。

子供たちは一字一句聞き逃すまいと身を乗り出している。元輝の手もとを見た。両拳をぐっと握りしめ、物語の行方を見守っている。

負けた……と思った。自分とは格が違う。中学高校と裏方ながら演劇部に在籍し、大学では児童心理学を学んだ。ボランティアで絵本の読み聞かせをしたことだって何度もある。

何をどう読めば子供たちの心をつかめるか、わかっているつもりだった。そんなちっぽけな自負心も老婆の朗読の前では吹っ飛んでしまう。

みるちゃんは言いました。

「いままで、ほんとうにごめんね」

そうしてタンスのはしっこにはさまって、かけてしまったきいろちゃんの頭をやさしくなでてくれました。

「もうぜったいにまいごにしたりしないからね。

だって、きいろちゃんがいなきゃ、おひさまもひまわりもかけないもん」

みるちゃんは、あかくんとみどりちゃんのあいだ、なつかしいクレヨンのお部屋にきいろちゃんをもどしました。

「ありがとう」

きいろちゃんはお礼を言いました。

みるちゃんには聞こえない声。

でも、きょうはちゃんと届いている、そんな気がします。

「きいろちゃん、おかえり〜」

「みんな待ってたんだよ」

なかまたちがなつかしいお部屋でかん声をあげています。


老婆は六つの瞳をゆっくりと見まわして絵本を閉じた。

ひと呼吸おいて子供たちは手を叩いた。

これまで数十冊の絵本を読んできたが、阿紗は一度も拍手されたことがない。

「面白かったぁ」

「マジ引き込まれたぁ」

「おばちゃま、神すぎるぅ」

流香はうっとりとした目で言った。

「てか、もう一回はじめから読んでもらいたいんだけど」

神とまであがめられた老婆はけだるそうに首を振る。

「やだよ、一回でじゅうぶん」

魔法はとけた。しわがれ声に戻った老婆は、背後のソファにずりあがるようにして座った。

「はぁー、疲れた。絵本はおしまい。よし、みんなおやつ食べよう」

子供たちから歓声が起こった。

「きょうのおやつはみたらし団子。食べたことあるかい？」

老婆は阿紗がソファに置いておいた袋を取って、こちらに突き出した。

「ぼけっとしてんじゃないよ。これ皿に盛って」

しゃくれた顎でキッチンを指す。

「ちょっと待ってください。おやつの前にみんなに『迷子のきいろちゃん』の感想を聞かないと」

「は？」

老婆の眉間にシワが寄った。

「野暮なこと言ってんじゃないよ。あんた、あたしが絵本を読んでるとき何してた？　見てないのかい、この子らの顔を」

「もちろん見てました」

「だったら、わかるだろうに。大人が気に入るような感想を無理くり引き出す必要なんてない。そんなこと誰も求めちゃいない。この子らは絵本の中で遊びたいだけ。クレヨンたちの世界でたっぷり楽しんだ。それでじゅうぶんだろうが」

子供たちはニヤニヤしながらうなずいている。

「でも、この会は——」

「四の五の言わずに、ほら早く皿！」

抵抗する気も失せた。

キッチンに向かい、予定外のおやつの用意をした。

子供たちは自己紹介をしている。

「あたし、るか」

「へぇー、イケてる名前だね。大昔、同じ名前のえらい人がいたよ」

「そうなの？　誰？」

「だから、ルカ」

子供たちが受けている。

「僕はね、げんき」

「あたしは、さら」

「そうか、ふたりともいい名前だ」

「僕はね、月曜だけきてるの」

「あたしとさらちゃんは、月曜日と水曜日にここに来てる。水曜日はね、げんきくんとは別の子が来るんだよ」

「へぇー、下水の日に来てるんだ」

流香が笑い出した。

「げすい？　月と水だから？　ほんと受けるぅ。ねぇ、おばちゃま、なんて名前？」

「やえ」

「かわいいー」

元輝は持ちうるボキャブラリーで最大の誉め言葉を口にした。

「みんな、簡単な漢字だったらわかるね。数字の『八』に『重』いって書いて、やえってんだ」

「それってさ、今はやりのシワシワネームでしょ」

「それな」

咲良の言葉を引き取った流香が言った。

「ねぇねぇ、おばちゃまのこと、これからやえちゃんって呼んでいい？」

「ああ、もちのロンさ」

「それ、もちろんってこと？　ウケる～」

大皿に入れたみたらし団子と茶をテーブルに置きながら、まんざらでもないといった表情で鼻を鳴らす八重を見た。

　つい数時間前にこの部屋のソファで枯葉を煮詰めたようなにおいを振りまいていたのと同じ魔女鼻。だが、魔女は魔女でも、いまやよい魔女だ。シンデレラでかぼちゃを馬車に変えた魔女みたいに、平凡な絵本を声音ひとつで名作に変えてしまった。

「ところでおばちゃま、いくつ？　てか、おいしい、これ」

流香がみたらし団子をほおばりながら聞いた。

「いくつに見えるかい？」

「五十歳くらい？」

流香なりの気遣いかと思ったが、案外本音かもしれない。物心ついたとき母の愛人は五十を超えていた。ひどく年老いて、「おじいちゃん」に見えたことを思い出した。

「はずれ。二七二歳」

「ヤバい。若く見える！」

「だろっ」

八重も子供たちも、阿紗が見たこともない顔でケラケラ笑っている。


子供たちが帰っていった。

八重はソファに寝転がった。大の字になって手足を伸ばせるだけ伸ばしている。

ソファは座るものだ。寝るためのものではない。

「あー、疲れた」

他人の、しかも数時間前に初めて言葉をかわした人間の家でどうしてここまで寛げるのか。

「うまいんですね。絵本読むの」

「別にフツーさ」

八重は寝転んだまま答えた。

「いや、あれはフツーじゃないうまさです」

フツーというのは、自分の朗読をさすのだ。咲良が指摘していたように。

「どうだかね。大昔、ちょっとだけ子供相手の仕事をしてたからね」

子供相手の仕事？　幼稚園の先生だろうか？　まさか、このいけずな老婆が。

「そうなんですか」

「なんだよ、意外そうな顔して」

「そんなつもりはないんですけど。でも、たしかに言われてみれば、子供たちの扱いも慣れているみたいでしたものね」

「扱い？」

「ええ、子供たちがあっというまに懐いていていて――」

「だからダメなんだよ、あんたは」

八重は半身を起こして、声を尖らせた。

「ダメって何がですか」

「あんた、子供のこと、舐めてるだろ。ハナっから大人より欠けた人間だと思って、上から目線だから、扱いなんて言葉が出てくる。だいたい子供たちの前で、なんであんな猫なで声出すんだい？」

「そんな……。フツーに喋ってますけど」

「いいや、今のその低い声があんたの地声だ。そっちのほうがよっぽど自然なのに。心のどっかで『子供だから』って舐めてるんだ。だから、そんな人工甘味料みたいな声が出る。読み聞かせってのは、作り声で朗読をひけらかすことじゃない。からっぽな存在になって絵本の世界と子供たちをつなぐパイプになることなんだ。なのにあんたときたら――」

　延々と説教が続いている。

　自分はきょう八重と出会った。隣人として、できるだけのことはしたつもりだ。なぜこうも否定されるのか。怒りを通りこして不可解でしかない。

「ちょっと聞いてんの？」

「はい。ご指摘ごもっともです」

　ここで反論なんてしたら、説教はあと一時間続きそうだ。

「わかりゃいいんだよ、わかりゃ。……お茶」

「へ？」

　しゃくれた顎がコーヒーテーブルの上のカップを指した。

「察しが悪いね、お茶のおかわり」

人を顎で使うことは上から目線にならないのか。立ち上がり、キッチンに行く。冷蔵庫から麦茶を出し、だばだばと注いだ。

「どうぞ」

コースターも敷かず、トンと八重の前に置いた。

「ところで――」

八重はソファからずりおり、麦茶をごくごくと半分ほど飲むと、言った。

「あんた、なんて名前？」

「アサです」

「苗字は？」

それくらい表札を見ればわかるだろうに。

「ナツノです」

「夏の朝？　名は体《たい》を表すっていうが、あんたの場合は爽やかな感じしないねぇ」

「すいませんね、しけた顔してて」

指摘された通り、低い地声で言い返していた。

「あたしの名前は阿佐ヶ谷の阿に糸へんに少と書いて紗。モーニングの朝とは関係ありませんから」

八月一日の午前四時五十分、夏の早朝に生まれたから、あさと名付けられた。ほんとうは朝にしたかったが、画数が悪かったから、今の字になったと聞かされている。だが、そんなこといちいち説明する必要はない。

「まぁ、しかし。あんたにも長所はある。まぁ、この部屋を見る限り、掃除はうまい。うちと同じ間取りとは思えないね。絵本を読むより、掃除のほうがうまいんじゃないか」

褒められているのか、けなされているのか。

「それはどうも」

「その長所を見込んでだ、お願いがある」

「お願い？」

思わず身がまえる。

「実はね」

八重はワンピースの襟ぐりに手を突っ込み、首にかけていた鍵を取り出した。

「これ、預かってほしいんだ」

「あたしがですか？」

「そう、お隣さんのよしみで、頼むよ。あんたがこれ持っててくれたら、きょうみたいに鍵が見当たらないときも、助かる」

「でも、きょうだって首にかけてたじゃないですか」

「ああ、たまたまね。だけどさ、自慢じゃないが、あたしは過去に二度鍵をなくしてるんだ。二度あることは三度ある。しかも、この鍵は合い鍵じゃない本鍵ってやつだろ。なくすと大変だ」

鍵を首からはずし、こちらに差し出してくる。

この数時間で起きたことを頭の中で早回しした。きょうみたいなことは二度と御免だ。また鍵をなくしたと騒がれるくらいなら預かっておいたほうがまだマシかもしれない。

「わかりました。じゃあ、こちらで預かります」

鍵を受け取り、コーヒーテーブルの上に置いた。

「よかった。それと、これからが本題だ。実は昼間にあんたが出ていってから、チェストの中を見たけど、いくら捜しても、あるはずの鍵がないんだ。で、見つけるの、手伝ってほしいんだよ」

不気味な笑顔でこちらを見る。

「で、ついでに、部屋の片づけも、手伝ってほしい。さっき見ただろ、あのザマだからね。こっちもどっから手をつけたらいいかわからない」

ゴミ箱をひっくり返したような部屋が思い起こされる。

隣の部屋ではない。

子供時代を過ごした部屋だ。

ゴミの海に浮かぶイカダみたいなベッドの上でヘッドフォンで音楽を聴いている少女。あの頃、自分も、どうすれば部屋が片づくのかわからなかった。どうすればこの侘しいにおいがなくなるのか、どうすればベッド以外の自分の空間が作れるのか。なんとかしたいのに、なんともできなかった。

　母は人の部屋にゴミを押し込むばかりで片づけのかの字も教えてくれなかった。物だけじゃない、自分の心の中も片づけられない女で未整理のどろどろした感情をしょっちゅうぶつけてきた。物とホコリと罵声にまみれたゴミの海。

「鍵は預かります。でも、なんであたしが一緒に――」

　無遠慮に自分の感情をぶつけてくる八重と母の姿が重なる。

「言ったろ、あんたの長所を見込んでと。あんたなら、鍵を見つけ出せる。頼んだよ、かわりにまた絵本を読んでやるから。もちろん無償で。どう？」

「どうって言われても」

「嫌なのかい？」

「嫌っていうか、あたしがそこまでする理由が――」

　八重は大きなため息をついた。

「ったく薄情な女だね。あんたにはアガペーってもんがないのかい」

「アガ……？」

「薄情な上にもの知らずときた。アガペーってのはね、隣人愛のことだよ。よく言うだろ、『自分を愛するように隣人も愛せ』って」

「すいませんでしたね、もの知らずで」

「悪い癖だよ、すぐそうやって拗ねる」

「拗ねていませんよ、別に」

八重が身を乗り出してきた。

「そう、じゃ、お願いしていいんだね」

「ちょっと待ってください。どういう論法なんですか、あたしまだＯＫしたわけじゃ――」

「論法も文法もへったくれもない。きょう、この部屋に来て思ったんだよ、やっぱり、片づいてる部屋はいい。汚い部屋は汚いなりに味があるし、落ち着くなんて思っていたけど、とんだ間違いだった。やっぱり部屋はこうでなくちゃ。すっきり片づいて空気まで澄んでいる。この辺がすっとするんだよ」

八重は胸のあたりを撫でた。

「あたしの部屋だって昔はこんなだったんだ」

嘘だ、絶対に。

「だけど、どこでどう間違えたのか、気がつくとあのザマさ。明日こそ片づけよう明日こそって思ってるうちに気がついたら……。きょうあんたに会ったのは天の思し召しだ。そろそろおまえもいい年だ、万一のときに備えて、部屋の片づけを始めろってね。何度も言うが、あたしも見かけほど若くはない。残り少ない人生、きれいな部屋で過ごしたいじゃないか。流行りの終活ってやつだよ」

渡したはちみつミルクか、子供たちの大歓迎か。それともベランダを越えてしまったからか。何が災いしたのか。何かが八重の終活モードのスイッチを押してしまった。

「それでもあんたがノーと言うなら、『下水』の日のどっちかにここに押しかけてやる」

八重は自分の頭を人差し指でコツコツと軽く叩いた。

「しっかり記憶したよ。月曜日か水曜日、下水のどっちかに行けば、ルカがいる。あの子はあたしの大ファンだからね。子供の前では、あんたもあたしを無下にはできないだろう」

人の迷惑顧みず。どの口が「隣人愛」などと抜かすのか。

「わかりました。鍵を捜します。部屋の片づけもお手伝いします」

だから、こちらの生活はこれ以上、かきまわさないでくださいという言葉は心にしまっておく。終活だかなんだか知らないが、片づけの手伝いさえ終わったら、もう二度と関わらない。

「そうこなくっちゃ。よし、思い立ったが吉日。今からちょっとばかり頼むよ」

「今からですか」

「そう、きょうのところは鍵を見つけるだけでいいからさ」

白く小さな木目の小屋から鳩が出てきて時刻を告げた。

午後五時。いったい何時まで、この恐ろしく身勝手な女につきあわされるのだろう。

まったくなんという凶日。

3

鍵をなくしたと大騒ぎして、初対面の隣人にベランダを越えさせた八重は、なくしたはずの鍵をしっかり身につけていた。

〈ないないと思っていたら、首からぶら下げていたんだよ〉

想像を絶するオチ。湧き上がる怒りと舞い上がるホコリ。「でしたら、あたしはこれにて失礼します」。そう言い残し、阿紗は八重の部屋を出た。

あれから三時間以上経ち、日も暮れかけている。この呪われた空間に一日に二度も足を踏み入れるとは夢にも思わなかった。

阿紗は改めてカオスと化した部屋を見直した。

問題のチェストの二段目と三段目は引き出されたままになっている。その脇にはチェストの中身を無造作に積み上げたガラクタの山。

「ここをちょっとばかり捜してみたんだがねぇ。ないんだよ、鍵が」

新山を足で押しのけるようにして八重は床に腰を下ろした。

阿紗はホコリ対策用マスクをずり上げ、チェストに近づいた。「鍵が入っている」とあれほど言っていた二段目は、ほぼ空。一段目は手つかず。三段目には、半分以上ガラクタが残っている。

「鍵はたしかにこのチェストのどこかに入れたんですね？」

八重の眉間にシワが寄った。

「しつこいねぇ、あんたも。同じことを何回聞きゃあ、気がすむんだい？　あたしのこと、信用できないってのかい？」

子供たちといたときの八重はもういない。昼過ぎに玄関前でしゃがみ込んでいた不機嫌な老婆に戻っている。

「一応確認しただけです」

言いたいことは山ほどある。

でも、今はあえて抵抗しない。阿紗は一階にあるマンションのゴミ置き場から拝借してきた段ボール箱をふたつ八重の前に置いた。

「お言葉通り、その中に確実にあるんだったら、鍵捜しはあと。まず、そこに山と積まれた物を仕分けてください」

さらに眉間のシワが深くなった。

「仕分け？　なんでまた？」

「たとえ鍵を見つけ出したとしても、今のこの状態だとしまう場所がありませんよね。さっき部屋の片づけも手伝ってくれと言ったじゃないですか。せっかくの機会です。チェストの中から出した物を整理してから、鍵を捜しましょう」

八重は鼻を鳴らした。

「ったく、エラそうに」

すみません……。条件反射で謝りかけたが、やめた。

「少なくとも片づけにおいては、あたしのほうが慣れてますから」

片づけには順番がある。溢れる物をそのまま収納スペースに詰め込むのではダメ。まず仕分け。取捨選択をして自分の生活に何が必要かを見極めることから始めなさい――。そう教えてくれたのは、三十代半ばまで勤めていた会社の綾乃《あやの》先輩だ。

ゴミ箱のような部屋で育ったせいで、十八歳でひとり暮らしを始めるまで阿紗も片づけられない女だった。1K、家賃七万円。親のゴミ箱がわりにされない、自分だけの空間を手に入れたのに、なかなか理想の部屋を作れなかった。

なんとか部屋としての体裁を整えたと思っても、いつのまにか服が増え、小物が散乱し、すぐに元の汚い状態に戻り……。鍵や携帯がしょっちゅう迷子になり、捜し物は日常茶飯事。そんな生活が変わったのは、大学を卒業してからだ。「余白のある暮らし」がコンセプトで生活雑貨を扱う「ＹＵＴＯＲＩ」に入社後、商品企画部に配属され、ようやく片づけのなんたるかが見えてきた。

「快適に暮らしたいと本気で思っているのなら、あたしに従ってください」

綾乃先輩に教わったこと、それに加えて自分で体得したこと。片づけに関しては、それなりのノウハウを積み上げてきたと自負している。

「はいはい、わかりましたよ、片づけ大先生」

いちいちカチンときても前に進まない。この嫌味なもの言いに慣れるしかない。

「じゃあ、こっちの箱に必要な物を入れてください」

抵抗しても無駄と悟ったのか、八重は「温州みかん」と書かれた段ボールを引き寄せた。

阿紗はミネラルウォーターが入っていた段ボールをその隣に置いた。

「細かいゴミの分別はあとでこちらがしますから、要らない物はミネラルウォーターの箱のほうに。紙クズとか布きれはポリ袋に入れてください」

分類しすぎないのも、片づけの基本だ。最初から細かく分類しすぎると、「これはどっち？」「どうしたらいいかわからない」と仕分け自体が億劫になってしまう。

「いる、いらないを見極める基準はおまかせしますけど、取っておく物は、ひと目で把握できる数にしてください」

八重は「終活をしたい」と言っていた。人生を畳む準備をしたいのなら、物への執着は極力おさえたほうがいい。

「『これはいる』と思っても、もう一度自問してみてください。『はたしてほんとうにいるのか』と。そこまで大切な物なら、なぜチェストの底で眠っていたのかと考えてみるといいですよ」

「はいはい、言う通りにしますよ」

靴下の片割れやら、ひと昔前のガラケーやら、パッケージがはげたリップクリームやら。八重はガラクタの山の頂付近にあった小物をミネラルウォーターの箱に次々と放り込んでいる。思っていたよりも、迷いがない。引き出しの中で地層化したまま放置していたのだから思い入れもないのだろう。

阿紗はゴミとガラクタを避け掃き出し窓まで行った。まるでケモノ道だ。カーテンレールの桟《さん》にかかった針金ハンガーを取り除きながら、何から手をつけるか考える。

一日も早く動線を確保したい。そのために小物のじか置きをやめ、四隅をすっきりさせて……。この部屋を蘇らせるために、やるべきことは山とある。だが、時間は限られている。一度に多くのことをやろうとすると息切れを起こしてしまい、あとが続かない。

今の状態では、八重がくつろげる空間は一畳にも満たない。推定一五五センチの八重が両手を広げてもじゅうぶん快適に過ごせる、半径一メートルのスペース確保を本日の課題としよう。二畳分ほどのグレーのラグマットに置かれた黒革のソファとグリーンのローテーブル。この空間から、余分な物をすべて取り除く。

阿紗は家から持ってきたポリ袋の中に散らばっているゴミを入れ始めた。切れた輪ゴム、お菓子の包装紙、空のティッシュボックス、丸めたティッシュ、くしゃくしゃのレジ袋、HOPEの空き箱……。たまにリモコンや未使用のポケットティッシュがあるとローテーブルの上に置く。チョコレートの空き箱、割りばしの袋、期限切れのキャンペーンの台紙。ペットボトル、またペットボトル……。拾うたびにうんざりする。一本きちんと飲み干せばいいものをいずれも三~五センチくらい残っている。その処理とキャップとラベルはがしは、家に持って帰ってからすることにして、ひたすらポリ袋に詰め込む。黙々と作業を続けていると、チェストの前でガラクタの山と格闘していた八重が振り向いた。

「思ったより、ペンやマジックが多いね。三段目も捜してみたけど、出てくる、出てくる。どうしようか、これ」

両手の親指と中指で握った大量の筆記具をこちらに見せた。ざっと見た感じ、五十本はくだらない。

「まるで、『迷子のきいろちゃん』だね。色鉛筆も二本ばかり出てきた」

両手で作ったわっかに入りきらない筆記具は八重の膝の上にある。その中に黄色とグレーの色鉛筆が交じっていた。

「色鉛筆はとっておいたらいいかがですか」

十二色か二十四色か、あるいはもっと。色鉛筆のケースがこの家のどこかに埋まっているはずだ。

「ボールペンやサインペンは……。数本残して、処分したほうがいいと思いますけど」

自分が何をどれだけ持っているのかを把握しておかないと、次々に似たような物を買い足して、ますます散らかるという悪循環に陥る。

「こんなにあるのに？　どれもまだまだ書けそうだよ」

八重は一本のボールペンを取り出し、近くにあった紙の切れ端に試し書きを始めた。

「ほら、これもまだちゃんと書けるのに。勿体ない」

部屋が汚い人ほど「勿体ない」と口にする。ほんとうに勿体ないと思うなら、一本きちんと使いきってから買い足せばいいものを。

八重の膝の上には筆記具の山ができている。一日一本ボールペンを使いきるという勉強法を聞いたことがあるが、これから医学部めざして浪人でもしない限り、すべてを成仏させることはできない。

「ポストカード一枚にスマイルマーク６００個。それを四十九枚。２９２４９個書き終えてようやくボールペン一本の寿命が尽きるっていう実験結果を前になんかで読んだことあるんです。ボールペン一本のインクってそれぐらいたっぷりあるんですよ」

スマイルマークをひとつも書かないままボールペンを死蔵しているほうがよっぽど勿体

ない。

「八重さんが今後十年生きるとします。これだけの量を絶対に使いきれませんよね」

斜視気味の目がこちらを睨む。

「あんたって、冬の朝みたいに冷たい女だね。このあたしがあと十年しか生きないって？」

「誰もそんなこと言っていません。たとえばの仮の話をしただけです」

八重の眉間のシワはまだ深いままだ。

「わかりました。捨てるのが嫌なら、フリマサイトであたしが売ります」

「そう、それがいい」

「じゃあ、赤、青、黒。一本ずつだけ残して、他はこの袋に入れてください」

床から拾い上げたばかりのレジ袋を差し出した。

「三本……たったそれだけで足りるのかい？」

「大丈夫、さっきテレビの近くで四色ボールペンを一本見つけましたから。それと……」

ローテーブルの上のボールペンを手にして八重に見せた。

「ここに名前入りのボールペンも一本あるから、全部で五本です」

五百井八重の名の裏のあたりに国境なき医師団と印刷されている。

奇しくも阿紗も同じ物を持っている。母の遺産が入ったとき、いくばくかの寄付をした返礼に送ってきた。

「はいはい、わかりましたよ」

八重は、膝の上の山からボールペンを一本一本手に取り、この部屋に残す珠玉の三本を選び始めている。

阿紗はふたたび作業に戻った。

次なるはソファだ。横たわることもできる大きめの二シーターは洋服置き場と化している。ソファの右端のわずかなスペースで黄色いクッションがへしゃげている。八重はここに座るのか。それとも頭を乗せるだけだろうか。阿紗の家のソファで伸びをしたり、寝転がったりしていた姿がよぎった。

「八重さん、せっかくこんないいソファを持ってるんだから、正しく使いましょう。ソファは物じゃなくて身を置く場所です。きょうからここに服を脱ぎ捨てないでください。上に置くのはクッションとひざ掛け、あとは八重さんの身体だけです」

「はいはい」

聞いているのか、いないのか。八重はボールペン選びに夢中になっている。

阿紗は下がり気味になったマスクをもう一度、ずり上げた。

ソファの端っこでキャベツ化している服を一枚一枚はがす。ワンピースやカットソーやカーディガン。よく着る一軍選手が多いのだろう。部屋の隅で朽ち果てつつあるパキラの足もとにほどよいサイズの「ａｍａｚｏｎ」と書かれた空箱がいくつか転がっている。この年でネットショッピングをしているのか。いちばん大きな箱を脇に引き寄せ、畳んだ先から服を入れていく。

いったい八重という女はどういう金銭感覚をしているのか。ファッションにはそれほど詳しくない阿紗でもわかるハイブランドの服が多い。背中を丸めてチェストをのぞき込んでいる八重を横目で見た。あの黄色いカーディガンもいかにもモノがよさそうだ。ローテーブルに視線を移す。ほとんど減っていないディオールのオードゥ トワレが無造作に置かれている。すっかり艶を失っているものの、ソファは本革。テレビも無駄に大きい四十九インチ。八重が浪費家であることは間違いないが、資金力もかなりのものだ。

ソファのアームと服の山の間にらくらくフォンが挟まっている。救出してうっすらまとったホコリを取り去り、ローテーブルに置いた。身ごろがグレーで袖が黄色いバイカラーのカーディガンを引きはがして畳んでいると、八重が振り返って言った。

「ボールペンも選んだし、ゴミ山の仕分けも終わった。ついでに二段目と三段目の引き出しに残っていた物も仕分けたよ」

「早いですね。この勢いで一段目の引き出しの中から鍵を捜してください」

カーディガンをＡｍａｚｏｎの箱に入れながら答えた。

「根を詰めて、疲れたよ。手伝ってよ」

阿紗は、手にしていたニットを畳み、箱に入れると腰を上げた。八重のかわりにチェストの引き出しを開ける。覆いのようにかけられていたシワだらけのスカーフを取り除く。二段目の引き出しくらい、いやそれ以上に物が詰まっている。

まず大きな懐中電灯を温州みかんの箱へ。今はもう売っていないMDプレイヤーとMILDSEVENも1カートン出てきた。ひとまずこちらも取っておく。タータンチェックの折り畳み傘。これもいる。フクロウの貯金箱を取り出し、傍らに腰を下ろした八重の顔を見る。「いる」と即座に答えたので手渡す。ひしゃげたティッシュケースの下に紫色に輝く石が見えた。なんだろう、引っ張り出してみると、数珠のようなものの先に十字架がついている。

「これは？」

「見りゃわかるだろ、ロザリオだよ」

阿紗の手からロザリオを引き取り、左手にまきつけた。

「いいかい？　こうやって使うんだ」

父と子と聖霊のみなによりてアーメン

八重は額から胸の谷間あたり、左胸、右胸の順に十字をきる。

めでたし聖寵《せいちょう》 充ち満てるマリア
主御身と共にまします
御身は女のうちにて祝せられ
御胎内の御子《おんこ》イエズスも祝せられたもう
天主の御母聖マリア……

途中で祈りをやめて言った。

「こんな感じさ。アヴェマリアを繰り返し唱えるときに使うんだよ」

「アヴェマリアって今のお祈りのことですか」

八重はうなずいた。

「日本語で言うと、聖母マリアへの祈り。仏教でいうところの般若心経《はんにゃしんぎょう》みたいなもんだね。カトリックじゃメジャーな祈りさ。そういや、祈りの最後にアーメンっていうだろ。あれ自体は意味はない。今で言う『だよね』みたいな同意の言葉さ。こんなゴミ部屋にいてもね、祈りを唱えて『アーメン』と言えば、心が澄んでくる」

「心が……澄む？」

あまりにも八重のイメージとかけ離れた言葉だ。

「ああ。祈りを唱えていると、汚れちまった心が洗われるような気がする」

「あの、もしかしてカトリック信者だったりします？」

「洗礼は受けた。でも、こちとら破門された身だから」

「え？」

「昔シスターになりかけたんだよ」

「シスターって、あのシスター？　修道女のことですか」

　実家の近くにカトリック系の女子高があった。阿紗自身は仏教系の女子高に通っていたが、通学途中でたまに、グレーの修道服に身を包んだシスターを見かけた。

「ああ、キリスト教の尼だよ。あんた恵和《けいわ》女学院って知ってるかい？　あたしはあそこに通っていてね。短大を卒業したあとも、母校の幼稚園で保母をやっていたんだ」

　大昔、子供相手の仕事をしていた——そういえば、さっき八重が言っていた。

「どういうわけか、園長のシスターに気に入られてね。『あんたはシスターの資質がある。うちの修道院に入らないか』ってしつこく誘われて。もともとうちの親も信者だったし。何より若かったからね。人と違うことをやってみたいって思いもあって、しばらく修道院で見習いをしてたんだ。ま、いろいろあってつまずいて、結局、逃げ出してきちゃったけどね」

　そのいろいろを詳しく聞きたい。咄嗟にそう思った自分に戸惑う。

　八重は腰を上げ、一段目の引き出しの中をかきまわした。

「お、捜してたんだよ、これを」

ＳＯＮＹの小さなラジオを取り出すと、電源を入れた。だが音は聴こえない。

「なんだよ、電池が切れてる」

そう言って、温州みかんの箱に入れた。

「まあ、いいや。三段目の引き出しでＣＤラジカセを見つけたし。おっ、懐かしいのが出てきた」

手に取ったのは一枚のＣＤだった。

「ＢＯＴＨ　ＳＩＤＥＳ　ＮＯＷ」

ワイングラスを前にした女がタバコ片手に物憂げな顔でこちらを見つめている。

見覚えがあるジャケットだった。かつて暮らした部屋のガラクタの中にも同じ物があった。

「これ聴いてたんですか」

「ああ。あたしの人生のテーマ曲だからね」

八重は嬉しそうにケースを開けて、こちらに見せた。中に入っているのは、オアシスの「ＷＨＡＴＥＶＥＲ」だった。

「それケースと中身違いますよね」

「ＢＯＴＨ　ＳＩＤＥＳ　ＮＯＷ」と「ＷＨＡＴＥＶＥＲ」。はたして、どちらが人生の

テーマ曲なのか。わからない。ケースと中身が別々でも平気でいられる八重の神経はもっとわからない。

「さっき、オアシスのほうのケースを見つけたからあとで入れ替えなきゃ。おお、ここに隠れてたのか」

満足そうに頷く八重が取り出したのは、三十六色の色鉛筆だった。蓋を開けると、五本ばかり足りない。阿紗は箱の中から、さっきのグレーと黄色の色鉛筆を取り出して、定位置に戻した。

「おっ」

引き出しの中を探っていた八重がまた声をあげた。

「ついにあったよ、鍵が」

八重は年代ものの浅田飴の青い缶をこちらに見せた。

「その中に入っているんですか？」

八重は笑顔で頷いた。

だが、錆《さび》がついた蓋を開けた途端、眉根にシワを寄せた。

「あたしとしたことが、間違えた。道理で軽いと思った。ほら」

青い缶の中には、ペンダントチャームと茶色くしなびたキノコのような物が入っている。

「このチャーム、マリア像が彫られているんですね」

「チャームじゃなくてメダイユ。あたしたちはおメダイって呼んでた。お守りとはちょっと違う、神を信じる証みたいなもんだよ」

「そうなんですか。じゃあこっちはなんです？　その茶色いの。漢方かなんか？　アガリクスとかですか」

「あんたって、ほんともの知らずだね。これはヘソの緒。あたしのレーゾンデートル。でも、おかしいね。たしかに浅田飴の缶だったのに――」

八重はぶつぶつ言いながら、引き出しの中を探っている。

いろいろあったという八重だが、この年まで母との絆をとっておいているのだからそれなりに愛されてきたのだろう。

それに比べて自分は……。夏の早朝に生まれたこと以外、出生について何も知らない。実家のどこかにヘソの緒があったのかもしれないが、見せてもらったことも見たいと思ったこともなかった。母の死後、その持ち物の大半は業者にまかせて処分した。

「これだよ、これ。思い出した。鍵はこっちに入れておいたんだった」

八重は引き出しの中から、別の浅田飴の缶を取り出しカラカラと振って見せた。今度はチョコレート色。ニッキと書いてある。

「ほら、あった」

八重が蓋を開けると、綿ボコリと一緒に鍵が入っていた。

「よかったですね」

ようやく見つかった。

こちらも重荷をひとつ下ろしたような気分になってくる。

「ああ、ないないと思っていた物が見つかると、うれしいもんだねぇ」

阿紗は引き出しの中をのぞいた。五百円の旧札、源氏物語絵巻が描かれた二千円札。韓国の五万ウォン札。小さなサイコロ、ボロボロのがま口財布。銀行の名が入った手帳、これまた期限切れのキャンペーンの台紙……。まだ三分の一ほど物が詰まっている。

「あともう少しです。あたしはソファまわりを片づけますから、残った物を仕分けしてください」

「了解」

捜し物が次々と見つかるのが嬉しいのか。八重にしては珍しく素直にうなずいた。


「終わったよ、チェストの中はすべて仕分けた」

掃き出し窓を開けてクッションを叩いていると、八重が言った。

ありったけのホコリを内包しているであろうクッションに二度ほどパンチをくらわして、ソファに置き、チェストの前に行った。

引き出しは三段とも空になっている。温州みかんの箱は三分の二ほど埋まっている。ミネラルウォーターの箱は不用品で溢れかえっている。ポリ袋もほぼいっぱいだ。

阿紗は一段目の引き出しの底にへばりついている輪ゴムや髪の毛を取り去り、丁寧に拭いた。箱の中から浅田飴の缶——レーゾンデートルのヘソの緒とおメダイが入った青缶、預金通帳の類を取り出した。

「それから……っと」

片づけの途中で阿紗がローテーブルの上に置いておいた財布と老眼鏡とリモコンとらくらくフォンとＭＩＬＤＳＥＶＥＮ１カートンを八重の前に置いた。

「これを八重さんが取り出しやすい配置で一段目の引き出しに置いてください。絵でも描くつもりできれいに並べてください」

「これだけ？　他のものは？」

八重は訝《いぶか》し気にこちらを見る。

「そうだ、さっき言ってた人生のテーマ曲。あのＣＤもください」

八重は温州みかんの箱からＣＤを取り、こちらに差し出した。

草原の向こうに空が見えるシンプルなジャケット。オアシスの「ＷＨＡＴＥＶＥＲ」だ。

「入れ替えたんですか、中身」

「ああ、さっきね」

「じゃあ、これもチェストに入れましょう。その他の物はまた次回。部屋の半分はまだ手つかずだから、またここに入れるものも増えるはずだし。きょうのところは、ほんとに大事な物だけ入れておきましょう」

「肝心の鍵はここに入れないのかい」

「そうです」

阿紗はミネラルウォーターの箱に目をやる。山頂付近にマグネットつきフックがある。

「これ使っていいですか」

「捨てようと思ってそっちの箱に入れたんだ、いくらでもくれてやるよ」

「それと……」

ローテーブルの上の細い黄色いリボンを取った。温州みかんの箱から鍵が入った浅田飴の茶色い缶を取り蓋を開ける。鍵の穴にリボンを通す。

「ちょっとこっちに来てください」

八重と一緒に玄関に行った。鉄製のドアにマグネットフックを付け、黄色いリボンを通した鍵をかける。

「家に戻ってきたら、まずここに鍵をひっかけてください。こうしておけば、出かけるときも必ず視野に入りますから」

鍵は戻しやすい場所を定位置にする。

阿紗も引っ越してきた日にいちばんにフックをドアにつけ、キーホルダーをかけた。

「そういや、あんたも似たようなことしてたね」

人の家に上がってズケズケと文句ばっかり言っていたが、観察もしていたようだ。

「ええ。こうしておくと、家を出るときも鍵がないと慌てることもないし、絶対になくならない。万が一、なくしたと思ったら、まず自分の首にかかってないかチェックしてください。それでもないときは……うちにも鍵がありますから」

「はいはい」

八重は鼻を鳴らした。だが、今回の「ふんっ」はどこか軽やかだ。

ふたりでリビングに戻った。まだ動線ができていない。足もとには物とゴミが散らばっているし、ダイニングテーブルの上にはぎっしり物がのっかっている。それでもソファとラグマットの半径一メートルの空間はスポットを当てたかのように輝いて見える。

「なかなかだね」

「目に映るものが少し違ってくるだけで、気分も変わってくるでしょ」

「たしかに」

部屋の散らかり具合は頭の中と比例する。

「部屋が片づいてくると、もやもやって頭の中で渦巻いていたものが消えていくような気がしませんか」

「さぁ、どうだか」

八重は首をぐるりと回して左右に動かした。コキコキと骨が鳴る。

「でも、ま、悪くはない」

ほんの少しだけ、への字に曲がった口の端があがった。

「ソファのまわり半径一メートルは八重さんがこの部屋でいちばん長く時間を過ごす場所です。次にあたしが来るときまで――」

絶対に散らかさないでくださいと言おうとしたが、やめた。禁止事項を増やすと、プレッシャーになる。

「余計なことはしなくていいんです。ゴミが出たら、ゴミ袋へ捨てる。チェストから出した物は使い終わったら元に戻す。服を脱いだら、畳むか洗濯機へ入れる。ただそれだけ」

「はいはい。ところであんた、次はいつ来るんだい？」

「多分明日」

乗りかかった船とは、このことだ。幸か不幸か、時間はたっぷりある。何より、この不快極まる空間が片づいていくことに、自分も思った以上の喜びを感じ始めている。この風変わりな老婆に対する嫌悪感も心なしか薄らいでいる。

「遅くともあさってくらいには――」

腹がぐぅーとなった。

「さっきあんたの家へ持っていったみたらし団子、うちにもあるよ。二本ばかり食べた残りが冷蔵庫の中に入っている。あー、きょうはよく働いた。あんたもがんばったね。お礼にピザでもとってやろうか。ま、その前に休憩だ」

八重は、すっきりと片づいたローテーブルを見た。

「お茶。キッチンにストックがあるから取ってきて。あんたも飲んでいいよ」

物が散らかる中、わずかに見えるフローリング部分を敷石を踏むようにしてキッチンに向かった。

三畳ほどのキッチンスペースは食品のストックがじか置きされていた。御多分に漏れず、空のペットボトルやエプロン、片割れのスリッパなどが散らばっている。

茶色い冷蔵庫の手前に、上部がビリビリと破かれた段ボールが置かれている。中には500ミリリットルのペットボトルの烏龍茶が七本。干からびたニンジンときゅうり、白菜まで突っ込まれている。期待を裏切らない汚さにため息が漏れる。

キリスト教については詳しくないが、七つの大罪ぐらいは知っている。傲慢《ごうまん》、強欲、嫉妬、憤怒《ふんぬ》、色欲、暴食、そして怠惰。隣の部屋で待つ元シスター見習いは、片づけがまるでできない。そのあまりのだらしなさは怠惰の極み。それゆえ修道院をクビになったのではないか。そんな気がしてきた。

烏龍茶を二本、箱から取り出した。どこかに置きたい。だが、諦めた。シンクは鍋や食器、カップラーメンの空容器で埋まっている。小脇に二本抱え、冷蔵庫を開けた。

ひどい。いくらなんでも物が詰まりすぎ……そう思う間もなかった。

正面の棚にはみ出すようにのっけてあったみたらし団子が箱ごと落ちてきた。

〈落としたトーストがバターを塗った面を下にして落下する確率はカーペットの値段に比例する〉

マーフィの法則が頭をよぎった。

この家の冷蔵庫のいちばん手前のものは、ドアを開けた瞬間、１００％の確率で落下し、床に散らばる。

「あ～あ、勿体ない」

八重が無惨につぶれた団子と飛び散ったタレを見てため息をついた。

たった数秒扉を開けただけなのに、鼻の奥に異臭が残っている。

この家の片づけは、まだ始まったばかりだ。

4

八重はチャコールグレーのすとんとしたワンピースを着ている。昨日着ていたカーディガンとワンピースは畳んでソファ脇のＡｍａｚｏｎの箱に入れられている。ローテーブルにはリモコンと灰皿と湯飲みがふたつ。それ以外は何もない。

リビング全体を見れば、相変わらず物が散乱している。だが、八重がソファを背にして座る半径一メートルの空間はきれいに保たれている。昨夜、この家を出てから十七時間あまり。とりあえず、一晩はもった。ほっとしつつも、昔の記憶が「ＴＨＥ ＥＮＤ ＯＦ ＴＨＥ ＷＯＲＬＤ」のメロディと共に蘇ってくる。

英語の意味もわからないのにそのメロディが、哀しげな歌声が心に沁みた。失恋の歌だと知ったのは、大人になってからだ。おおいなる永遠の愛を求める歌……。

もしかして、八重はあの頃の自分と同じ悲しみを抱えているのか。

いや、考えすぎだ。

目の前にいるのは、ただの変わり者でしかない。

「きょうは、八重さんが今座っている以外の場所にある物を仕分けしてください。そこのダイニングテーブルの上に置かれた物。あとはテレビまわり、床……。目標は部屋の四隅をすっきりさせ、動線をつくることです」

「この部屋にある余計なものを全部片づけろってことかい？」

八重がため息まじりに、阿紗の淹れた茶を啜《すす》った。

「そうです。部屋の四隅がすっきりすると、見た目もきれいだし、掃除もぐんとしやすくなります。新しい箱とポリ袋は用意したので、昨日と同じ要領で」

ソファの脇に置いてある温州みかんの箱を指さした。

「まだ空きがあるので、昨日に引き続きそっちは必要なもの。で、こっちのパンパースの段ボールには不用品を入れてください」

「それ、あたしひとりでやるわけ？」

「時間はたっぷりあるので、ゆっくりご自分のペースでやってください。あたしは――」

　これから冷蔵庫の掃除だ。昨日、みたらし団子が落ちてきた。あまりの汚さと異臭に疲れがどっと押し寄せてきて、再度ドアを開けることなく引き上げた。

　でも、「食べ物一割、生ゴミ九割」。あの惨状を見てしまったら、あとには引けない。つくづく損な性格だなと思うが、乗りかかった船だ。きれいに片をつけようと思う。

「冷蔵庫の前の床をきれいにしたら、庫内の掃除をします。要領はチェストと同じ。まず中身の整理。最初は大変だから、あたしがやります。八重さん、今の状態じゃ、どこに何が入っているか、わからないでしょ」

「いや、そうでもない。少なくとも手前に何が入っているかは把握してるよ」

「でも、昨日みたいに食べ物が落ちてくる」

「まぁ、たまにはね」

　たまにではない。昨夜、床に飛び散ったみたらし団子のタレを拭きとっていると、コンテンポラリーアートよろしく素材不明の飛沫が無数にあった。

「冷蔵庫の中のものは多くても七割ぐらいにしないと。ぱんぱんにすると、冷気の循環が滞る。庫内の温度があがって細菌が増えるんです。それに余計に電気代がかかっちゃいますよ」

八重はテーブルに肘をついた。

「あんたって人は、若いけど随分、細かいこと言うんだね」

「若いことと細かいことって、別に相関関係がないと思うんですけど」

八重は肩を上げた。

「だから、そういうところが細かいんだよ。若い人間ってのは、もっとおおらかなもんだろう」

「別に若くも細かくもありません。わりとフツーのこと言っています」

ああ言えば、こう言う。八重に文句を言わせないように、早口で言葉を継いだ。

「冷蔵庫の使い方については、またあとで。さっきも言ったけど、八重さんはご自分のペースで、やりやすいところから片づけを始めてください」

「はいはい、わかりましたよ」

八重はズズッと音を立てて残った茶を啜った。

これはどうしたもんか。

あれ、こんなの持ってたかね？

いったいいつ買ったんだか。

しわがれ声の独り言が聞こえてくる。

服に帽子に食べかけの菓子にケースから出されたままの何枚ものＣＤ、本、雑誌、スポーツ新聞……。ダイニングテーブルの上に秩序なく積まれた物を前に、八重は仕分けを始めている。

リビングのすぐ脇のキッチンで冷蔵庫の前に散らばる物を片づけ終えた阿紗は深呼吸した。これから、きょうのメインイベントが始まる。スウェットパンツのポケットから個装されたマスクを取り出し、装着した。

ひとり暮らしにしては大きめの茶色い冷蔵庫。

昨日、みたらし団子の襲撃を受けてから一晩が経った。八重のことだ。また新たな刺客を詰め込んでいるかもしれない。

八重がいつからこのマンションに住んでいるのか知らない。五年でも十年でも、とにかくここに来てから冷蔵庫の掃除を一度もしたことがなさそうだ。

ぐにゃりとラップをかけた茶碗、缶詰、ぐちゃぐちゃに丸められたレジ袋に入った何か、飲みかけのペットボトル、しなびた白菜の残骸、さらにしなびたミカン、ご飯の友の瓶の山、すだれのようにビニールパッケージが垂れ下がった納豆……。時間にすれば、ほんの数秒だったが、あの混沌が目に焼き付いて離れない。

重曹スプレーで庫内の掃除をする前に、まずはここに詰め込まれている食品とそのなれの果てを外に取り出し、仕分けする。

おそらく大半は賞味期限切れだろう。ドアを開けた瞬間の異臭が蘇ってくる。奥には液状化した野菜、カビが生えた肉や乳製品も詰まっているに違いない。これらはすべて廃棄。食品ロスになるのは心苦しいが、この家の冷蔵庫を再生させるためには、大量の廃棄は避けては通れない。

家から持ってきた大容量の保冷バッグとポリ袋を冷蔵庫の前で広げた。細かい仕分けはあとだ。食べられる物と食べられない物をまず分ける。

何が落ちてきてもキャッチできるようにゆっくりとドアを開けた。

だが、間に合わなかった。

案の定、パサッとフリーザーバッグに入った肉が落ちてきた。

八重の朝ごはんの残りか。

足もとを見た。

ひっ……。

ひぇっ……。

叫びたいのに、しゃっくりの始まりみたいな音しか出ない。

フリーザーバッグの中の肉がピンク色すぎる。

ホルモンか何か？

違う。

小さな頭としっぽがある。

全身に鳥肌が立つ。

ネズミ。まだ毛も生えていない。

もう一度、視線を落とす。

生まれたばかりのネズミがそのまま。五センチくらいのがいっぱい……。

これが八重の朝食か。

その場にへたりこんだ。尻のあたりにベチャリと正体不明の液体がつき、慌てて腰を上げた。

「八重さん……ちょっと」

かすれた声しか出ない。八重は段ボールの前に座り、鼻歌まじりで仕分けをしている。

「八重さん！」

マスクを取り、腹に力を入れて、魔女の名を叫んだ。

「どうしたんだい？　でかい声出して」

「これ、なんですか？」

震える手でフリーザーバッグを指さした。

「は？」

「これ……。冷蔵庫のいちばん手前にあった。落ちてきました」

よっこいしょと声に出し、腰を上げた八重がこちらに来た。

「ああ。見ての通り、ネズミだよ。ピンクマウス」

けろりと言う。

「これ食べるんですか」

「当たり前だろ、食べるからわざわざ解凍したんだ」

やはりこの女は魔女だった。

「どうやって？」

唇まで震えてくる。

「そのまま」

「そのまま……って」

「なんだい、その顔？　文句あるかい？　ネズミってのはね、ナマがいちばん美味いんだよ。特にこういうちっちゃいのは。コリコリっとした食感が最高でね」

八重は落ちていたネズミ入りフリーザーバッグを拾って、床に置いてある保冷バッグとポリ袋を見た。

「これはもちろんこっち」

　保冷バッグの中に入れながら言った。

「ヨハネの生きる糧だからね。これがなくちゃ、飢えちまう」

「ヨハネ？」

　あの聖人の？　このネズミはヨハネへのお供えなのか？　だけど、ヨハネはどこに？　寝室に祭壇でもあるのか。それとも見えないものが見えるのか。認知症による幻視なのか。

「隠れキリシタンみたいにね、当て字もあるんだ。世の中の羽根と書いて世羽根。いい名だろ」

「その聖人がネズミを食べるんですか」

「は？」

　八重が小首を傾げてこちらをのぞき込む。

「何言ってんの、あんた？　ヨハネは鳥だよ、鳥」

「鳥ってどこに？」

「あれ、言わなかったかい？　飼ってるって」

「言わないも何も、あたしたち昨日初めて喋ったんですよ。この家の中に鳥がいるなんて――」

八重は横目でこちらを見た。

「そんな興奮することないだろ。ここはペットＯＫの物件だ。鳥ぐらいいるわな」

腕をだらりと下げたまま、やる気のない手招きをした。

「そんなにギャーギャー騒ぐなら、紹介してやるよ。こっち」

短い廊下の先——寝室と思われる部屋に移動した。

八重がドアを開ける。

リビングや冷蔵庫内を上回る混沌が待っている。そう思って、話題にするのも避けてきた場所だ。

だが、部屋はきれいに片づいている、とは言い難いが、少なくとも散らかってはいない。長方形の辺が長いほうの壁にそって置かれたシングルベッド、壁側に置かれたチェスト以外は備え付けのクローゼットがあるだけ。

鳥かごが見当たらない。

「ヨハネは？」

八重は部屋の隅を指さした。指は天井を向いている。

「あそこ」

窓の脇の止まり木スタンドにフクロウがつながれている。

これがヨハネ。

フクロウカフェなるものがあるとは聞いたことがあるが、行ったことはない。大昔、動物園で白フクロウを見たような気もするが、柵の向こうでびくともしないので前を素通りした。こんな間近で見るのは初めてだ。

イメージしていたフクロウと違って、随分と小さい。体長二十センチくらいか。置物のように動かない。こんな小さな身体で思い出すだにおぞましいあのピンクのネズミを食べるのか。

「コノハズクって種類なんだ。ほら、羽根が木の葉みたいな模様だろう」

フクロウの話をしているときの八重の声は子供たちといるときと似ている。

「ヨハネ、隣に住んでいるアサさんだよ。これからちょくちょくこの家に来る。無愛想だが、悪い人間じゃない。怖がるこたぁないよ」

虚空を見つめていたヨハネがゆっくりと首を傾けた。黒真珠みたいな目がこちらを見つめる。

「あ、あの……よろしく」

はからずも挨拶してしまった。ヨハネはまた顔を上げ置物と化した。

「鳴かないんですね」

「雉《きじ》も鳴かずば撃たれまい……てね。ヨハネは雉よりも、下手すると人間よりも数段賢い。たまーに、ホホホホホホホっ て小声で笑うみたいに鳴くだけ。無駄口は叩かない。そこが気にいってる。たまに、あたしが寝つけなくて寝返りをうっていると、ホーホーホーホーって子守唄みたいに歌ってくれる。夜行性だから、夜通し見守ってくれるんだ」

　ヨハネを仰ぎ見た。もう目を合わせようともしない。

「あんたはもの知らずだから、知らないだろうけど、フクロウは不苦労とか福来ろうっていうくらいで、幸せのシンボルなんだ。アイヌ民族の間じゃ太陽の次にエラい神だって崇められてたんだよ」

　八重はベッドに腰を下ろした。

「ここだけの話、あたしもイエズス・キリストより、このヨハネを崇めている。あたしの大事な相棒にして、この家の守り神さ」

「一日中ここにいるんですか」

「ああ、たまに夜の散歩に出かける以外はね。ヒナの頃からここで育てた。別にイエズスにあやかったわけじゃないけど、三年前のクリスマスから飼い始めた。それからずっとここがヨハネの世界だ。な、ヨハネ」

　八重は止まり木の上のヨハネを見上げ、相槌を求める。

　それに応えてヨハネは「ホホホホー」と鳴く……わけではない。首ひとつ動かさない。

「この部屋だけ散らかさないようにしている。ひと様のテリトリーは侵さない。昔からそういう主義でね——」

今の今まで、八重は母と同じ、片づけられない人間なのだと思っていた。

たしかに、片づけは得意ではない。だらっとシワがよったままになっている布団カバー。チェストの上に乱雑に置かれた本、クローゼットの扉の隙間からは衣類が少しはみ出ている。それでも、自分以外の誰か——ヨハネのためなら、八重なりに居心地のいい空間を作ろうとしていることは伝わってくる。

母は違った。何よりも、自分と愛人が過ごす空間が大事だった。片づけかたがわからず、阿紗のテリトリーである子供部屋に次々と不用品を投げ込んだ。気持ちの整理も苦手で、何かままならないことがあると、阿紗に当たり散らした。

「何ボケーッとしてんのさ。人の話、聞いてる？」

「あ、はい」

「フクロウの寿命は十五年なんだよ。ヨハネは生まれて三年だからね。あと十二年。干支ひとまわりぐらいは元気なはずだ。死期が近づいてきたら、森にでも返してやりたいって思うが、自然界を知らないヨハネはこの部屋で天寿を全うするほうがいいのかもしれない。迷いどころだね。ま、どっちにしろ、ヨハネが天に召される頃、あたしもちょうどこの世とオサラバだ」

八重にとってヨハネは終活のパートナーなのだろう。

「あんたもフクロウを飼うといい。相棒が家にいるのはいいもんだ」

「そうですね、そのうち。余裕ができたら……」

止まり木の上のヨハネを見た。大きな黒い瞳はなかなかかわいい。だが、鋭く尖った嘴と爪は、紛れもない猛禽《もうきん》類のものだ。

「いや、無理ですね、あたしには。だって餌が——」

スウェットパンツのポケットの中でスマホが震えた。

なんだろう。

取り出して画面を見た。

「あっ、売れました、八重さんのボールペンが」

「売れたってどこで？」

「『フリフェス』っていうフリマアプリです」

昨日の夜、八重の家から持ち帰った大量のボールペンを小分けにして、出品しておいた。同じ種類のボールペンが六本あったので、６００円。中古品と明記していたが、すぐに「いいね」がふたつついた。

「あんなもんがそんなに簡単に売れるのかい？」

「ええ、あのボールペン、書きやすくてクセになるっていう人気の品でコアなファンが多いんです。正確にはまだ売れたわけじゃないんです。あたしが発送して、向こうから受け取り通知が来てお互いの評価が終わったところで取引完了。事務局からの入金はその後です。他にも似たボールペンを集めて、いくつか出品していますから。また売れるかもしれませんよ」

「ふーん、捨てる神あれば拾う神ありだねぇ」

「そうなんですよ。いらないと思った物でも、どこかで誰かが必要としている。そうしてその人がちゃんと使ってくれる。そうやって物のいのちをつないでいくほうが、捨てるより気持ちが楽ですよね。だから、家で死蔵しているくらいなら売ったほうが――」

「はいはい、わかりましたよ」

よっこいしょと言って、八重はベッドからゆっくり腰を上げた。

「じゃ、また仕分けでもして金目の物見つけるか。ヨハネ、またあとで」

八重と一緒にヨハネの部屋を後にした。

「そういやさ」

短い廊下を歩きながら八重が言った。

「冷凍庫の中は見たかい？」

「いえ、まだです。なんたって冷蔵庫を開けたらすぐ、ネズミが落ちてきたんで」

「ヨハネのいちばんの好物はピンクマウスだけどさ、ウズラのヒナも好きなんだ。で、その次がヒヨコ」

八重はにやりと笑った。

「鳥肌が立ったかい？　どれも冷凍庫でカチンカチンに凍らせてあるよ。だけど、ヨハネの大事な餌なんだ。見つけてもギャーギャー騒がないように」

「わかりました」

もう何が落ちてきても、出てきても驚かない。ウズラもヒヨコも……聞いただけで気が滅入るが。

リビングに戻った。

さっきは動転して気づかなかった。ダイニングテーブルとそのまわりが少しだけ、片づいている。テーブルクロスのように覆いかぶさっていたストールやコートはざっくりではあるが、畳まれ、Ａｍａｚｏｎの箱の中に入っている。

「あれ、この脚」

よく見ると、ダイニングテーブルの鉄脚に意匠がこらされている。

「このペダルと横の車みたいのは……」

「もとはミシンだったんだよ」

さして思い入れもなさそうに八重は言う。

「ミシン？　あーあ、言われてみれば、そうか、なんか見覚えあると思ったら、この脚、ミシンのだ」

のぞき込むと、両脚を結ぶ中央に『ＳＩＮＧＥＲ』というロゴが入っている。

「シンガーミシンって聞いたことあります。あれをリメイクしたんですか」

「リメイク？　ふんっ、そんな洒落たもんでもないが」

「洒落てますよ。でも」

「でも、なんだい？」

「この脚が見えないくらい物を置いていたってことは、これまでテーブルとしてほとんど使ってなかったってことですよね」

　八重は首を横に振った。

「使ってたよ、物置きとして」

「それじゃ役割が違います。ダイニングテーブルは食べるときに使うもの。物置きじゃありません。あの、よければこれも売ったらどうですか」

　洒落たテーブルではあるが、この部屋にはローテーブルもある。独り暮らしのリビングにテーブルはふたついらない。

「こんな大きな物が売れるのかい」

「ええ、こんなに洒落たテーブルなら欲しい人、たくさんいると思います。ボールペンよりも売れる確率は高いんじゃないかな。これだと送料が高くなるから、直接車で取りに来てくれる人限定で。あたしもここに引っ越してくる前、ダイニングテーブルを売ったことがあるんですよ」

八重は薄い唇をへの字に曲げた。

「なんでもかんでも売らなくても、あたしは金に困ってるわけじゃない」

「お金欲しさで売るんじゃなくて。さっき、寝室はヨハネのテリトリーだって言ってたでしょ。だったら、この部屋は八重さんの大事なテリトリーです。もっと広く使えるように空間を作っていくほうがいいと思って」

　八重は魔女鼻の先を掻きながら言った。

「まぁ、手狭ではあるが。ちょっと片づけただけじゃ、あんたの家と同じ広さとは思えない」

「ほんとは狭くないんです。十畳ありますから。ただ使い方で狭く感じるだけ。大きな家具がひとつなくなると、すごく広がりを感じますよ」

「うーん、どうしたもんか、考えるよ」

　仕分けの続きをするのかと思ったが、八重は半径一メートルの聖域に行き、ソファに腰を下ろした。

「お茶」

「え？」

「ペットボトルじゃない茶が飲みたい。あんたが淹れた茶がいい。やっぱり茶は他人に淹れてもらうに限るね。飲みながら、売るべきか売らざるべきか。考えてみるよ」

「わかりました」

キッチンに足を踏み入れた。

あのネズミが入っている保冷バッグに目がいく。これはヨハネの生きる糧……。阿紗は首を横に振った。

冷蔵庫に背を向け、まだ物が散乱するシンクで湯を沸かした。

冷蔵庫の上段の奥にジャムの瓶がふたつある。片手で両方とも取り出す。イチゴジャムとマーマレード。蓋を取り外すまでもなく、上部にミント色のカビが生えている。ラベルを見ると、どちらも四年前の十月が賞味期限だった。きょう、数十回目の食品ロス。阿紗は二瓶ともポリ袋の中に入れた。これで二枚目のポリ袋が満杯になった。

一時間かけて、ようやく冷蔵庫の中は空になった。上段、中段、下段。いずれの棚もシミや食べかすがこびりついている。ジャムや肉汁、タレ、液状化した野菜にフルーツジュース……。その他、もはや何由来なのかわからない汚れをすべて洗い落とし、重曹スプレーで拭かなければならない。

だが、その前に。

キッチンの先にいる八重を呼んだ。

「なんだい？」

だるそうに腰を上げ、八重がこちらに来た。

「冷蔵庫を空にしました。このあと、庫内の掃除をしますけど、一段落ついたところで、扉の掃除をしようかと思って」

阿紗は冷蔵庫の扉に重曹スプレーをかけながら言った。

「冷蔵庫の扉は開け閉めするときに手垢や指紋がたくさんつくからすごく汚れるんです。だから気がついたときにこうやって磨くんです」

固く絞ったふきんで扉を拭いていく。

「ワイパーみたいに左右に拭くんじゃなくて、こんな感じで一定方向に拭くほうが汚れが落ちやすいんですよ」

八重は黙って、阿紗の手もとを見つめている。

「大事なのはから拭き。スプレーをかけてざっと汚れを拭き取っただけだと、重曹が乾いて白浮きしたり、水滴が残ったりするんで、しっかりと。きっちりとから拭きすれば、ピカピカになります。ほら、こんな感じで」

扉の上半分をから拭き用のマイクロファイバーで磨いた。どんよりと淀んでいた冷蔵庫の扉に輝きが戻ってきた。

「へえー。きれいになるもんだね」

「八重さんもやってみます？」

右手を差し出されたので、マイクロファイバーを渡した。

八重はゆっくりと腕を動かした。端っこに拭きムラが薄く残っている。もう一度同じところを拭く。汚れがとれ、扉が光る。

横顔がかすかに笑っている。

「冷蔵庫って磨けばピッカピカになるんだね」

八重は腕を動かし続ける。手垢と指紋と素材不明の汚れでおおわれていた扉に、ふたりのシルエットが映し出された。

「おお、ますます光ってきた。鏡みたいだ。顔まで光って見える」

冷蔵庫に映る八重の口もとが緩んでいる。

「こういうふうに一ヶ所でも輝きだすと、掃除が楽しくなりませんか？」

「ああ、悪くはないね。仕分けより楽しい」

「あとでシンクも一緒に磨きませんか。キッチンに光が戻ると気持ちいいですよ。ところで八重さん、おなか空きません？　夕ご飯、作りましょうか」

「どういう風の吹きまわしだい？」

「別に何も吹きまわしたりしていませんよ。ただこれが冷蔵庫の中にあったから」

仕分けの途中でシンクの上に出しておいた塩鮭のパックをかかげて見せた。

「ああ、それ。そろそろ食べなきゃだね」

賞味期限はすでに二日過ぎている。だが、その程度なら問題はない。塩昆布に米、料理酒、醤油。冷蔵庫に入っていた材料を使って鮭の炊き込みご飯ができる。切り口に無造作にラップをかけられていたジャガイモとフリーズドライかと見まごう状態まで干からびた長ネギを使いきれば味噌汁もできる。

「食べられる物は、さっさと食べちゃわないと。夕ご飯のあと、食べられる物を元に戻します。今後数日は買い物に行かず、それを食べきってください。なくなったら買う。そして食べきる。それを繰り返していれば、冷蔵庫の中もずっときれいな状態です」

必要な物だけをその都度、買い足すことを八重が習慣化してくれれば、週に一度の簡単な拭き掃除で庫内は清潔に保てる。

「はいはい、わかりましたよ」

八重は鼻を鳴らした。

「『はい』は一回。あ、それから開けてない缶詰は冷蔵庫にいれないで。常温保存で大丈夫ですから」

「はいはい」

だから、「はい」は一回と繰り返そうとしたが、やめた。

八重は冷蔵庫に顔をくっつけ、ドアを磨き続けている。

食器が山積みになった水切りかごの中からボウルを見つけ、米を洗う。シャカシャカと研いで、きれいな水に浸す。自分以外の誰かのためにご飯を作るのなんて、何年ぶりだろう。ふたりで食べる食事は悪くない。相手が口やかましい八重だとしても。そう思ってしまう自分に阿紗は少し驚いている。

5

雲間から一筋の澄んだ光が射してきた。

この街は国道15号に沿って、三〜五メートルおきにイチョウの木が植えられている。十月の声を聞いて久しいが多くの木の葉はまだ青々としている。

そんな中、やたらとせっかちな木もある。阿紗は歩を進めながら、目の前の半分以上、黄葉している木を眺めた。縦にひび割れたような木肌を見ていると、ヨハネが浮かんでくる。コノハズク。羽根は木の葉のようで胸のあたりにはイチョウの木肌のように毛が生えていた。今頃、またネズミの朝食を食べているのだろうか。

大きく息を吐いた。ネズミが頭をよぎったからではない。両手がしびれるように重いからだ。そろそろ限界に近づいてきた。阿紗は立ち止まった。すぐ脇を車が通り過ぎていく。

右手に抱えていた２×４《ツーバイフォー》材の底をそっと地面につける。百八十センチのものが二本。九十センチが三本。それぞれ梱包用ラップで巻かれている。左手に持ったふたつの紙袋もいったん地面に置いた。持ち手の紐が食い込んで指が赤くなっている。

八重と知り合い、二週間が過ぎようとしている。部屋がまるごとゴミ箱状態だったリビングの片づけも第一段階が終わりつつある。そこで収納棚をＤＩＹで作ろうと思い立った。２×４の木材二本の上下にネジ付きアジャスターを取りつけ、床と天井に突っ張らせる。二本の木材の間に板をはしご状につければ、壁を傷つけず棚ができる。昨晩、ＤＩＹで棚を作る動画を何本も見て、設計図と買い物リストを作った。朝イチで隣駅にあるホームセンター、Ｔマートまで行き、品選びをしたまではよかった。これぐらいなら楽勝で持ち帰れるはずだった。

だが、甘かった。店を出て五十歩も歩かないうちに地面に引っ張られるような重さを感じ始めた。ＪＲの改札に入り、エスカレーターを上がり電車に乗り、駅に着き、またエスカレーターを……繰り返すうちに手がとてつもなくだるくなってきた。もはや右手の感覚がなくなりつつある。駅から家まで徒歩七分の道のりが果てしなく遠い。

なぜ自分はこんな辛い思いをしているのだろう。

肩で大きく息を吐き、前を見つめる。

マンションまでイチョウの木、あと四本。もう少しだ。そう言い聞かせて、踏み出した。

「あの……」

背中で男の声がした。

「すみません」

くたびれたダッフルコートを着た四十女にナンパ……なはずはない。人がこんなに辛い思いをしているときに道でも聞くつもりなのか。この両手の荷物が見えないのだろうか。不快感を頬に漂わせて振り向いた。

「それ、持ちましょうか」

背が高い男だった。年の頃は三十代半ば。自分よりは確実に若い。

「え？」

一重の大きな瞳が阿紗の右手に抱きかかえられている2×4材を見る。

「あのよければ、その荷物、運ぶの、お手伝いしますよ」

高身長、涼しげな目もと。クルーネックのニットにジーパン、アディダスのスタンスミス。はっきり言って、好みの外見だった。

だが、喜びよりも疑念が先に立つ。こんないい男が自分に親切なはずがない。きっと宗教の勧誘か何か。裏があるはずだ。

「いえ、結構です。ひとりで運べます」

「あの、ロイヤルグレースの方ですよね」

男は阿紗の住むマンション名を口にした。

「僕も同じマンションなんです。７０１号室の佐々木と申します。前に何度かお見かけしたことがあるんで」

知らなかった。こんな人が下に住んでいたなんて。

「ご親切に、どうも。でも、ひとりで持てますから」

一礼して歩き出した。

「待ってください。お手伝いしますよ。いくらなんでも、そんな華奢《きゃしゃ》な身体でその荷物は重すぎる。捨て置けません」

阿紗は足を止めた。

「ほんとうにいいんですか」

佐々木と名乗る男は右手を差し出した。

自分でも驚くほど素直に長いほうの２×４材を渡した。

腕よりも心が軽くなる。

「そっちも大変でしょう。ひとつ貸してください」

佐々木の目が阿紗の左手を見る。

「ありが、とうございます」

持ち手が指に食い込んでいた紙袋をひとつだけ渡す。

「じゃあ、行きましょう」

心地よい風が吹いてくる。イチョウの葉が揺れる。ふわりと舞ってきた黄金色の葉が一枚、足もとで踊っている。この秋、初めて見る落ち葉。

「Ｔマートに行ってきたんですか」

佐々木は受け取った紙袋を横目で見た。

「あ、はい。ついあれこれ買いこんじゃって」

「ＤＩＹやるんですか」

「初心者ですけど、なんか面白そうだなと思って」

「好きなんですよ……」

突然の言葉に息が詰まりそうになった。

「僕もＤＩＹが」

そうだ。ＤＩＹの話をしていたのだ。ただの世間話だ。だが、胸の鼓動がおさまらない。

「Ｔマートによく行くんですよ。あそこは都心のホームセンターにしては品揃えがいいし。先週も有孔《ゆうこう》ボードを買いに行ったばかりです」

「有孔ボードって？」

「細かい穴が等間隔でたくさんあいた合板です。穴にフックをかければ、いろんなものが吊るせて。玄関まわりにつけようかと思って」

あの板のことを言っているのだ。頭の中で昨日見たＤＩＹの動画を再生した。便利そうだなと思ったが、まずはシンプルな棚を作ろうと思い、今回は買うのを見送った。

「そうなんですか」

こういうときに、可愛らしく相槌が打てたら、と思う。口をついて出てくるのはあまりにそっけない言葉だ。

〈それ、すっごく便利そうですね。あたしも欲しいです。今度、買いに行くとき、つきあってくれませんか〉

心の中で呟いてみる。

マンションまでのイチョウの木はあと一本になった。

何か話したい。でも、何を話したらいいのかわからない。少し煤けたスニーカーの足もとばかり見ている。

こんな出会い、多分、この先、自分の人生で二度と起こらない。逃したくないのに、会話ひとつ膨らませることもできない。

佐々木も口をつぐんだままだ。

「着きましたね」

ようやく喋ってくれた。

「はい」

また途切れた。

頭の中が白くなっていく。

ふたりでエントランスをくぐり、エレベータホールを抜けた。こんなときに限って、エレベーターは一階で人待ち状態だ。佐々木は△のボタンを押し、阿紗に先に入るように促した。2×4材を胸に抱くようにして、中に入り、「開」ボタンを押した。「ありがとう」とほほ笑んで、佐々木が入ってくる。

阿紗はすばやく7と8を押した。エレベーターが動きだしたところで、佐々木は7を二度押す。点灯したランプが消えた。

「ひとりでエレベーターを降りて、また運ぶのも大変でしょう。お部屋の前まで持っていきますよ」

やけに馴れ馴れしい。

「いえ、大丈夫です」

もう一度、7を押そうとしたが、佐々木は首を横に振った。

「そんなに警戒しないでください。家に入ったりしませんから」

佐々木はくすりと笑った。指で押したみたいなえくぼができた。

「ありがとうございます、ほんとうに」

これは馴れ馴れしさでなく優しさだ。

エレベーターが上がっていく。いつもは狭いと思うこの箱が今は少しありがたい。息もかかるほどの空間にふたりきり。胸の高鳴りが聞こえなければいいが。

４、５、６……。次に話す言葉が見つからないまま、数字は増えていき、８で止まった。

ドアが開く。佐々木に促され、阿紗が先に出た。

「右？　左？」

佐々木が首を傾げる。

「右に曲がった突き当たりです」

「じゃあ、部屋の前まで」

「はい」

会話する間もなく部屋の前に着いた。内廊下がもっと長ければよいのに。心底そう思った。佐々木は持っていた２×４材をドアの横に立てかけ、袋を置いた。

阿紗もいったん荷物を置いた。

「ありがとうございました」

深く頭を下げると、佐々木は手を横に振った。

「いや、たいしたことは何も」

「あの、８０５号室の夏野と申します」

言いながら、表札を見ればわかることだと気がついた。

「ほんとうに助かりました」

佐々木は笑顔で頷いた。えくぼができるのは右の頬だけだとわかった。

「じゃあ、また」

軽く手を上げると、踵を返した。

大きな背中が瞬く間に遠ざかっていく。

阿紗はドアの前に立って、後ろ姿を見送った。

何年も心の奥底に沈めていた、もう二度と浮かび上がることがないと思っていた感情が、重い蓋を押しのけ溢れ出す。苦いけど甘い、あの感じ……。

捨て置けない
イチョウの木の前で佐々木が言った言葉を舌の上でキャンディでも転がすかのように反芻する。

捨て置けない
なんて優しい言葉だろう。

「あんたって子はホントにかわいげがない。そんなんじゃ誰も護《まも》ってくれない。母親のあたしですらうんざりするもの」

母はいつも毒づき、育児も投げやりだった。

「おまえは強い。大丈夫、だから俺なんかいなくてもひとりでちゃんとやっていけるよ」

前につきあっていた男はそう言って他の女のもとへ逃げた。

「阿紗ってさ、どんだけ仲良くなっても最後のところで心を開いてくんない。一緒にいても虚しいんだよね」

母が亡くなったことも、会社を辞めることも黙っていたのがバレたとき、親友は去っていった。

自分の人生はこれまで見捨てられることの連続だった。

かわいげがない、強い、心を開かない……。自分ではそんなつもりはなかった。どのように振る舞えば、相手が満足してくれるのかわからなかった。わからないまま人は去っていく。仕方ないと思った。追ったところでまた捨てられる。だったらひとりでいい。そのほうが傷つかなくていい。

でも。

捨て置けない
佐々木はそう言ってくれた。このひと言だけで、きっと五年は生きていける。

捨て置け……

もう一度心の中で再生しようとしたら、突然ドアが開いた。

「何してんのさ、そんなとこで？」

斜視気味の目がこちらの顔をのぞき込む。

「ちょっと荷物が重たくて、休んでたところです。……八重さんこそどうしたんですか?」

「どうしたもこうしたも」

八重の肩にはちょこんとヨハネが乗っていた。

魔女とフクロウ。もはやハリーポッターの世界だ。

「あんた十時半には来るって言ってたろ、もう十分も遅れてる。ずっと待ってたんだよ」

そうだった。

舞い上がりすぎて八重との約束をすっかり忘れていた。

「遅いなあと思ってたら、ヨハネがホホホって鳴くんだ。この人は耳もいいうえに勘もいい。異変を感じたときは教えてくれるんだよ。何かがあったのかと思ってドアを開けたら、あんたが魂抜けたみたいにぼーっと突っ立ってて。ったく、驚くじゃないか」

半月前、阿紗の部屋の前で蹲《うずくま》っていたことなど、忘れたかのように八重はこちらを睨みつける。

「すみません、待たせちゃって。思っていたより荷物が多くなって……」

八重はドアに立てかけてある2×4材を見た。

「またデカい木買ってきたねぇ。まあ、いいや。ほら、ドア押さえといてやるから、早くお入り」

「どうも……」

ここにも自分のことを少し気にかけてくれる人とその相棒がいる。

玄関の壁に買ってきた木材を立てかけてから、阿紗はリビングに向かった。

八重はヨハネをテリトリーである寝室に戻しにいった。

ドアの前に立って、改めて思う。

ベランダからこの部屋に侵入した半月前とはまるで違う。掃除をするときもマスクはいらなくなった。

ダイニングテーブルとローテーブル。ふたつのテーブルの上はすっきりと片づいている。床を埋め尽くしていたガラクタもペットボトルも消え、部屋の四隅はすっきり空いている。

ソファの上でキャベツの葉のように幾重にも重なっていた服はすべて洗濯され、仮置き場の段ボールの箱に収められている。籐のチェストに入りきらない小物や雑貨の類も同様に仕分けられている。

そこかしこに散らばっていた物は収まるべきところに収まり、けもの道は消えた。

四、五日前から、八重は仕分けした物を入れるための新しい収納庫を欲しがっていた。

だが、阿紗は反対した。

扉で隠せる空間に次々と物をしまっていたら、早晩カオス化する。それよりも見せる収納にして、必要な物をいつでも取り出せるようにしたほうがいい。そう思って、２×４材の棚を作ることにした。

そういえば……。さっき、佐々木が言っていた有孔ボード。細かな穴が開いたあのボードをこれから作る板に取りつけると、帽子やエコバッグ、ドライフラワーなど小物の収納に便利だ。近々、Ｔマートに買いに行ってもいいかもしれない。せっかくなら一週間後の同じ時間帯にしよう。また佐々木に会えそうな気がする。

「気味悪いねぇ、何、ニヤついてるんだい？」

八重が音もたてずに後ろからやって来た。

「別にニヤついてなんかいませんよ。この梁《はり》の下に棚を作れば、視覚的にすっきりするなと思って」

「ふーん。そういうもんかね」

八重はダイニングテーブルの前に腰を下ろした。

「どうだい、昨日ヒマだったから、また少し整理したんだよ」

「ええ、段ボールの中の不用品がまた増えてますね。あっ、そうだ」

阿紗は斜めがけにしていたバッグから封筒を取り出した。中には１３００円入っている。

「この前、『フリフェス』で売れたボールペンの売り上げ金をおろしてきました」

「そうかい。売れ行き好調だね。そこに入れといて」

籐のチェストの上に置いてあるフクロウの貯金箱に売り上げ金を入れた。

「そういえば、ゆうべ遅くにスヌーピーも売れましたよ」

「へぇ、あの小汚いのが？　世の中にはもの好きもいるもんだね」

八重は顎を撫でながら、さも感心したように頷いた。

ここ数日、このリビングから発掘されたいくつかの品をフリマサイト「フリフェス」に出品した。だが、不用品か否かをわける八重の選別の基準がいまひとつつかめない。部屋の隅で帽子かけの役割を果たしていた一メートル近いスヌーピーのぬいぐるみも、思い入れがあるのかと思いきや、あっさり「いらないから、売って」と言われた。ソファの上でキャベツの葉と化していたハイブランドのニットやカーディガンもすべて「いらない」。

そうかと思えば、ダイニングテーブルの下で長らくとぐろを巻いていたユニクロの暖パンは「死んでも捨てるな」。訳がわからない。

「蓼《たで》食う虫も好き好きっていうじゃないですか。スヌーピーの、二度洗いしてもとれなかったあの煤けた風合いを『小汚い』ととるか、『味がある』ととるか。人それぞれなんですよね」

自分は蓼みたいな女だと阿紗は思う。見た目は地味。いいことなんて何もない人生を送ってきたせいで口に出る言葉も苦くてしょっぱい。それでもそんな蓼を「捨て置けない」と思ってくれる人がいる。

「３５００円も出して買ってくれたんだから、スヌーピーもきっと大切にしてもらえます」

「どうでもいいよ。一度手放したものがどうなろうと、知ったこっちゃない」

八重はグレーのワンピースのポケットからＨＯＰＥとライターを取り出した。こうやって、ときどき思い出したかのようにタバコを吸う。

阿紗は八重の向かいに腰を下ろした。

「そういえば、このテーブル。ほんとに手放しても大丈夫ですか？」

「いくらで売るつもりかい？」

黄色い百円ライターでタバコに火をつけながら八重が逆に聞いてきた。

「ちょっと調べてみたんですけど、足踏みミシンをリメイクしたテーブルって意外と出品されているんです。相場は2万円くらいかな。状態がいいものだと5万円なんてのもありますけど、このテーブルは……」

天板のところどころに輪ジミがある。右端の煤けた青いペンキの跡を指でこすった。取れるわけないが。

「1万９０００円で売ろうかと思ってるんですけど」

「ああ、それでじゅうぶん」

八重はタバコを薄い唇の間にくわえたまま頷いた。

「じゃあ、部屋もきれいになったことだから、このテーブルの写真とっていいですか」

フリフェスに出品する物は、一時預かりにして阿紗の部屋で撮影するようにしているが、さすがにこのテーブルは重くて持ち運べない。この部屋で、自然光が入る時間帯に全体の写真と天板、傷や汚れのアップを撮っておきたかった。

ジーパンのポケットからスマホを取り出した。タバコを吸い終えたら、八重にソファへ移動してもらおうと思った。

だが、阿紗の視線はその口もとで止まった。

「八重さん、せっかくだから、このテーブルとの記念写真を撮りましょうよ」

「は？」

人さし指と中指の間にタバコをはさんだ八重がこちらを見た。

シャッターボタンを押す。

八重の無防備な表情をなぜか残したかった。

「なんだよ、いきなり。あんた、テーブルと一緒にあたしまで出品する気か？　いったいいくらで売る気なんだ？　あたしはね、写真は撮るのも撮られるのも大嫌いなんだよ。ったく、無作法な女だね」

眉根にシワを寄せて煙を吐く。

ヘビースモーカーだった母も眉根にシワを寄せタバコの煙を吐き出し、阿紗を罵倒した。

「まったくかわいげがない」

「あっち行って。あんた見てると、イライラする」

苦い煙を吹きかけられるたび、吐きそうになった。その顔もにおいも言葉も何もかもが嫌だった。

だが、八重は違う。目の前でタバコを吸われても嫌じゃない。むしろ好ましい。その表情も苦いにおいもしょっぱい言葉さえも。

自分は蓼のような女だと思っていた。

でも、今、蓼食う虫の気持ちもわかりはじめてきた。

6

白い木目の家から鳩が飛び出してきて、チャイムがわりに午後二時を告げた。

韓国のアイドルグループのダンスを踊っていた子供たちは動きを止め、それぞれの定位置に座る。

阿紗もソファを背にしたいつもの場所に腰を下ろした。

「よろしくおねがいしますっ」

子供たちがいっせいに頭を下げる。

「はい。よろしくお願いします」

「センセイ、きょうの絵本は？」

阿紗が手帳しか持っていないことを目ざとく見つけた流香が聞いてきた。

「それが――」

まだない。

「今度の月曜日は特別ゲストとして朗読するよ」と言った八重がまだ来ていない。

いったい何をやっているのか。昨日、別れ際に「仕分けをしている途中で見つけた本を子供たちに読むんだ」と張り切っていたくせに。こんなことなら、今朝、嫌がられても時刻の確認をしておくべきだった。

「実は――」

言いかけたところで玄関のドアが開き、カチャッと内鍵を閉める音がした。

なんとか間にあった。

「きょうはセンセイのかわりに特別ゲストが絵本を読んでくれます！」

リビングのドアが開き、小脇にスケッチブックと色鉛筆を抱えた八重が入ってきた。

「うわっ」

流香がはじけるように笑った。

「チョー久しぶりぃ」

咲良は立ち上がって出迎え、元輝は手を叩いた。

「久しぶりってこたぁないだろ。この前会ったばっかだよ。みんな元気にしてたかい？」

「元輝は元気ぃ」

「元気で何より。そういや、ルカとサラ、きょうは双子みたいな恰好だね」

「そうなんだよ。思い切りかぶっちゃった」

咲良が紺と白のボーダーのレギンスを引っ張りながら言った。

「ふたりともかわいいよね」

元輝も笑顔で頷いた。

阿紗が左にずれ、八重は腰を下ろした。チャコールグレーのワンピースを着てイチョウの葉の形をした黄色いブローチをしている。子供たちに会うとき、八重はいつもより少しだけ華やいでいる。

「それがきょうの絵本？」

テーブルの上に置かれたスケッチブックと色鉛筆を見ながら、流香が首を傾げた。

「そう、絵を描く絵本」

八重は頷いた。

「ま、ライブ配信みたいなもんさ」

チョー面白そう！　子供たちが手を叩いて喜ぶ。

まったく……。阿紗は八重を横目で見た。

ここにきて、風変わりな言動を受け入れはじめた自分がいる。だが、この身勝手さは許しがたい。絵本を読みたいと言うから特別ゲストとして迎えたのに、抱えてきたのはスケッチブックと色鉛筆。いったい何を企んでいるのか。その魔女鼻を軽く睨む。八重はこちらを見ようともしない。

「いいかい？　じゃあ、ライブ絵本の始まり始まりぃ」

ほどよく苦いカフェオレみたいな声が子供たちを包み込む。

むかーし　むかしのおおむかし
一羽のフクロウ、リアムが
神さまからの伝言をあずかり
大きな山々に囲まれた小さなヨハネス村にやってきました

子供たちの視線は八重の手もとに注がれる。

スケッチブックには大空を舞うフクロウのリアムの背中が描かれている。眼下には山や川、森、小さな畑の中の家。その線は柔らかく、ほどよい抜け感がある。そして見る者を安心させる。

知らなかった。

つい先日までゴミ箱をひっくり返したような部屋に住んでいた八重が、何かと言えば、べらんめえ調で悪態をつく八重が、こんな優しい絵を描くなんて。

リアムはヨハネス村でいちばん高いイチョウの木にとまりました
ノエルという青年を捜すためです
でも、ノエルはなかなか見つかりません
いくら待ってもやって来ません
かわりにリアムが見たものは
仲がよかったはずの友達が言い争いをしたり
隣同士に住むものがとっくみあいの喧嘩をしたり
親が小さな子供を叩いたりするすがたです
リアムの目にうつるのは、くらく、かなしい世界です

八重はスケッチブックのページをゆっくりとめくる。リアムがとまるイチョウの木の下に村の人々の諍《いさか》いや衝突の様子が暗い色合いで描かれている。

「下界の人間たちはみんな、自分勝手で優しさもいたわりの気持ちもない」
雲のうえで神さまがなげいていたとおりのことが
リアムの前で行われていました

長いひげをたくわえた神さまが雲の上でため息をついている。八重はその頭上の吹き出しの中に美しい青年を描き加えた。

「これがノエル？」

元輝が聞いた。

八重は頷き、また語り始める。

そんなある日、リアムはついにノエルを見つけました
湖のように澄んだ瞳
やさしいほほえみ
間違いありません
神さまがいった
「澄んだ心」のノエルです
でも、どうしたことでしょう

村人たちはノエルを見つけるとツバを吐きかけます
「おまえを見ているとイライラする」
石を投げつける人もいます
それでも、ノエルは前を見つめて歩きます
リアムはノエルの肩にとまりました
「誰だい、きみは？」
「僕はリアム。神さまからの伝言があるんだ」
「僕に？」
「そう。神さまは、この世の人間のみにくさに怒ってもうすぐ大洪水を起こす。だから、急いで四角い舟をつくって。そして、いちばん大事なものをひとつだけ持って逃げて」

ようやくわかった。

そこかしこにアレンジを加えながら八重はノアの方舟を下敷きにした物語を紡いでいる。

「僕には親も友達もいない。だから、大事なものは初めて友達になってくれたきみだ」とリアムに伝え、ノエルは四角い小さな方舟を作り始める。出来上がった翌日、大雨が降り始める。

八重はスケッチブックをめくりリアムが下界を見下ろすページに戻り、棒状に降りしきる雨を描き加えていく。

おひさまが消え、空は灰色の雲におおわれました
雨はいくら降ってもやみません
昼も夜も何日たってもやみません
雨、雨、雨……
雨、雨、雨……
そうして世界はあっという間に水びたし

淡い線で描かれていた山や川、畑、家が太い水色の雨で塗りつぶされていく。

「え〜、みんな溺れちゃうよ」

咲良が叫んだ。

「怖っ。神さま、怖すぎ」

流香がスケッチブックをのぞき込む。

次のページではノエルとリアムが乗った方舟が流されている。

八重は濃い水色で雨と波を描き加えながら、物語を続ける。

あてどもなく方舟は流されていく。そうして三十日目の朝、リアムはノエルに言う。

「神さまが僕を呼んでいる。そろそろ洪水をおさめるおつもりだ。ノエルはここで待っていて。用事をすませて必ず帰ってくるから。ちょっとだけさよなら」

リアムは旅立った。でも、なかなか帰ってこない。方舟にひとり残されたノエルは思う。昔はひとりでも平気だった。でも、今は違う。リアムといる楽しさを知ったら、もうひとりには戻れない。

スケッチブックの中でノエルは肩を落とし、淋しげに佇む。

阿紗はその姿に自分を重ねていた。昔はひとりで平気だった。淋しくなんかない。そのほうが楽だとすら思っていた。でも、今は違う。

そんなある日のことです

薄暗い雲が割れ、おひさまが姿をあらわしました

光のはしごをリアムが下りてきます

「リアム！」

「ノエル！　待たせてごめんね。帰ってきたよ」

「僕は信じていたよ。きみはかならず戻ってくるって」

「そうさ。僕はずっとずっときみといる」

リアムは胸の毛の中から一枚の紙をとりだしました

「開いてごらん、ここに神さまからの伝言が書かれているよ」
ノエルは渡された紙を開きました
そこには黄金色で神さまからのメッセージが書かれていました

八重はスケッチブックのページをめくり、金色の枠の右下に神さまの顔を書き足す。

「ねぇ、その手紙にはなんて書いてあったの？」

元輝が痺《しび》れを切らして聞いてきた。

「まぁまぁ、慌てなさんな」

八重は金色の色鉛筆を走らせる。

きみは　きみのままで　いいんだよ

「どういう意味？　神さまは何を伝えたかったの？」

咲良が聞いた。

「意味なんてないさ。そのままさ」

いつものしわがれ声で八重は言った。

「あたしはあたしのままでいいってこと？」

「すごいね、ルカは。当たり」

「じゃあ僕も僕のままでいいの？　でも、お母さんはいつも怒るよ。もっと男の子らしくしなさいって」

　八重は元輝の頭を撫でた。

「そんなの『はいはい』って頷いときゃいい。何も変えることない。ゲンキはゲンキらしくしてればいい。サラもルカも同じだよ。今は深く考えなくていい。ただ、この神さまからのメッセージは覚えておきな。みんなありのままでいいんだよ。もっと大きくなって、親や先生から叱られたり、友達と喧嘩したりしてしんどくなったら、思い出してごらん。きっと楽になる」

「♪きみはきみのままでいい～」

　流香が節をつけて歌った。

「お、いいセンスしてるね」

　流香はもう一度、口ずさみ、言った。

「きょうもサイコーだった。ねぇ、もしも大洪水が起こったら、やえちゃんはどうする？舟に一緒に乗せるいちばん大事なものって何？」

「そりゃ、あんたたちだ」

「うそだぁ」

咲良が言った。

「やえちゃん、ソンタクしすぎぃ」

流香の言葉にみんな笑った。

「バレたか。ほんとはね……」

子供たちが身を乗り出す。

「ヒ・ミ・ツ」

ずるーいと子供たちからブーイングが起こる。

「ずるいさ、あたしは」

八重はけろりと言う。

「じゃあ、センセイは？」

咲良がこちらに矛先を向ける。

壁にかかった白い鳩時計を見た。

いつも独りぼっちの孫を不憫《ふびん》に思ったのか、亡くなった祖母がクリスマスに買ってくれた。実家から持ってきた子供の頃からの宝物。

母が愛人といちゃついている間、汚部屋に籠っていると、鳩が三十分おきに小屋から飛び出してきてポッポと時間の経過を教えてくれた。

あんな奴、早く帰れ。

早く時間が経って。

ヘッドフォンで音楽を聴きながら、そろそろだと思って薄暗い部屋で目を凝らす。

小窓があいて鳩が飛び出してくる。

ポッポ（もうちょっとの我慢）

四回鳴く頃、迎えの車が来て父は自分の家へと帰っていく。

いつも正確で絶対に裏切らない。楽しいことなんてひとつもなかったあの頃の唯一の友達……。

でも、今、自分は過去よりも未来を見ている。鳩には悪いが、もっと心を占めていて、一緒に方舟に乗りたい人がいる。

「う～ん。センセイも秘密」

大きな背中の後ろ姿が頭をよぎるだけで、頬が緩む。

「なんだよ、その顔、ニヤけちゃって。あんた最近、気味が悪いね」

八重が横目でこちらを見た。

「え～、教えてよ～」

子供たちが騒いでいる。

「ダメ。センセイも八重さんと一緒。ずるいんだ」

ほんとうに大事なものは人には言えない。言いたくない。

7

国道15号の先に見える線路を緑色の電車が通っていった。

八重の家のベランダから見える風景は、自分の家とほとんど変わらない。

澄んだ青色の中でいわし雲が気持ちよさそうに浮かんでいる。一昨日、昨日と降り続けていた雨が嘘みたいだ。この数日で季節が一歩前に進んだのか。イチョウの木が黄金色に輝いている。

阿紗はサンドペーパーで研磨して滑らかにした2×4材をベランダの柵に立てかけた。

作業台の上に置いた丸い缶から黒蜜のようなワックスをスポンジに取る。ネットを見るかぎりは「シンナーを吸っているような感じ」「頭が痛くなる」といったユーザーの声が多かったが、それほどでもない。冷蔵庫からネズミが落ちてきたあの日、棚の奥で液状化していた野菜のにおいが鼻孔に蘇る。あれよりはずっとましだ。

三日ほど前にベランダのゴミを片づけるときも大変だった。色褪せた段ボールの残骸と枝が朽ちかけた観葉植物の間に置いてあった蓋つきポリバケツ。青カビでコーティングされた正体不明の中身は、鼻の粘膜が破れるのではと不安になるほどの悪臭だった。冷蔵庫に続きポリバケツの洗礼を受けたおかげで、ちょっとやそっとのことでは動じなくなったのかもしれない。

　２×４材の木目に沿ってワックスを塗り込んでいく。サンドペーパーで研磨しておいた甲斐あって、するすると塗れる。白っぽい木がダークチョコレート色に変わり、木目が際立っていく。柱に使う木に続き、棚板も同じ要領で塗っていく。

　ワックスを乾かしている間、掃除をすることにした。排水溝の溝にたまった木の葉やゴミ屑を手でとりのぞき、残りをホウキで掃いていく。三畳ほどあるこの空間を八重はずっとゴミ置き場にしていた。不用品で埋め尽くしておくのはあまりにもったいない。ふと隅っこにある空の植木鉢が目に入った。近いうちに色を塗って、チューリップの球根を植えてみるのもいいかもしれない。

　掃き終えたゴミをポリ袋に入れていると、柔らかな風が頬を撫でる。ゴトゴトと聞こえてくる電車の音はＢＧＭとしては悪くない。

　フェンスに立てかけている２×４材に触れると、おおかた乾いていた。着古したＴシャツを刻んだ端切れで磨く。次第に艶が出てくる。これを組み立てれば……そう思うと楽しくなってくる。便利な時代になったなぁと思う。ネットを見ればブログで、動画で、女ひとりでもだいたいのことはできる。

　棚が出来上がったら、今度はテーブルでも作ってみようか。昨日見た、「ＤＩＹでガーデンテーブルを作ってみた！」という動画を頭の中で再生してみる。天板となる板をサンドペーパーで磨き塗装して、アイアンの脚を取りつければ簡単にできる。晴れた日にお手製のテーブルで八重とお茶を飲みながら、イチョウ並木を見下ろす……のどかなティータイムを思い描いていると、八重の顔が佐々木にすげ替わった。

まったく。どうかしている。佐々木に会ってから、五日が過ぎた。もう何十時間もあの人のことを考えている。今みたいに作業に没頭していても、何かの拍子にカットインしてくる。

落ち着け。自分に言い聞かせてみたが、佐々木はひとたび頭を占領すると、なかなか消えてくれない。放っておくと、頭がショートしそうになる。ひたすら手を動かす。今は塗装に集中して……。ほどよい艶と使い込んだ家具のような深みが出てきた。

ビニール手袋をはずしながら、深呼吸した。

「八重さん」

ベランダから声をかけた。

ソファの前に腰を下ろしていた八重がこちらを見た。温州みかんの箱に入れた「必要な物」の再仕分けをしている最中だった。このところフリフェスに出品した不要品の売れ行きがいいので、さらに「売れそうな物」を物色したいらしい。

「塗装が終わったんで、しばらくベランダに置いて乾かします。その間にちょっと散歩しませんか」

「散歩？」

自分でも不思議だった。なぜ散歩なのか。

多分、この春のような陽気を誰かとわかちあいたいのだと思う。

「ヨハネも一緒にどうですか」

夜行性のフクロウも、たまには陽の光を浴びたほうがいい。

八重は阿紗の背後に見える空を見上げた。

「たしかにいい天気だね。小春日和《インディアンサマー》ってやつだ。そりゃそうと、これ売れると思うかい？」

窓越しにシノワズリのボンボニエールを掲げて見せた。蓋の持ち手に唐子《からこ》がついている。阿紗でも知っているハンガリーの高級ブランドのものだった。鍵が入っていた浅田飴の缶が頭をよぎる。あの古びた缶は必要で、この新品同様の小物入れは不必要。いまだに八重の仕分けの基準がわからない。

「そこそこ、いい値段で売れるとは思いますけど、きれいな小箱ですよね。せっかくだから棚に飾ったらどうですか。中に大事な物を入れて——」

「棚って？」

「今から作る棚ですよ。塗装が終わったんで、きょう一日乾かせば、明日にはできます」

「そりゃ、愉しみだ。じゃあ、ま、とりあえず散歩でも行くか」

八重は温州みかんの箱の中から黄色いマフラーを取り出し、無造作に首に巻いた。

「そこで待ってな。ヨハネの準備をしてくるから」

よっこいしょと言って腰を上げた。


ようやくイチョウの季節がやって来た。

ここ数日の朝晩の寒暖差のおかげで、並び立つ木々は鮮やかに色づいている。空の青さと輝く葉の黄金色。阿紗がいちばん好きなコーディネートだ。

「きょうは散歩日和ですね」

「まあね。でも、難を言えば、空が青すぎる。晴れすぎだよ」

「それがいいのに」

八重は横目でこちらを見て、鼻を軽く鳴らした。

「単純だね、あんたは。青空がいいのは当たり前。曇り空のよさがわからないなら、まだまだ人間が青い。イチョウの葉だって灰色の空のほうがずっと映える」

片手でマフラーをまき直しながら言った。室内では黄色と思ったが、こうして陽の下で見るとイチョウの葉と同じ色。グレーのワンピースとよく合っている。

「そういえば八重さん、小物はイチョウ色、服は灰色が多いですね」

「ああ、灰色は落ち着く。昔、毎日同じ灰色の修道服を着てたときは、滅入ったけど、あんたくらいの年齢になった頃から、この色のよさがわかるようになった。ひと口に灰色っていってもいろんな表情がある。ライトグレーにダークグレー。少し青みがかったブルーグレー……そういや、あんた百鼠《ひゃくねずみ》って知ってるかい？」

「百匹のねずみ？」

冷蔵庫から落ちてきたピンクマウスが頭をよぎる。

「相変わらずもの知らずだね。昔々、贅沢を禁止された江戸の町人たちが使えた色は、茶色と青とねずみ色だった。中でもねずみ色は、微妙に染め分けて利休鼠、深川鼠、銀鼠ってな具合にいろんなバリエーションを作ったんだ。さすがに百パターンはなかっただろうけど」

「そうなんですか。知らなかった。八重さん、もの知りなんですね」

アスファルトグレーのふたつの影法師がついてくる。考えてみれば、八重とこうして肩を並べて歩くのは初めてだった。

家を出たときは八重の足取りにあわせ、ゆっくりと石畳の感触を味わうように歩こうと思っていた。だが、すぐに早歩きになった。八重は姿勢よくさっさと風を切るように歩いていく。推定七十五歳のわりには軽やかな足取りだ。家の前にずぶ濡れになってしゃがみ込んでいたあの第一印象と独特の喋り方で、八重を「老婆」と決めつけていたが、よくよく見てみると、肌艶もいい。

「そういえば、あんたイチョウの花を見たことあるかい」

黄金色に輝く葉を見つめながら八重が言った。

イチョウの花。いつも葉ばかり注目して、考えてみたこともなかった。

「……ないです」

「そう言うと思った。春にちゃんと咲くんだよ。咲くっていっても花びらはない。ブドウの蕾みたいな形で、色も葉っぱと同じなんだ。なんとなく、あんたに似てる」

花びらもない、色もない、華のない花……。

「それって地味ってことですか」

八重の横顔がニヤリとした。

「まぁ、地味といえば地味だが、よーく見ると味がある」

「褒めてるんですか、それとも」

風に誘われてイチョウの葉が舞ってくる。陽ざしを浴びてきらきらと黄金色に輝く。イチョウの主役は花ではなく、やはりこのハート形の葉だ。

「褒めてもけなしてもない。思ったまんま、言ってるだけさ。な、ヨハネ」

ファルコングローブをはめた八重の腕に乗るヨハネは身じろぎもしない。

「なんで街路樹にイチョウが多いか知っているかい？」

「東京都の木だからですか」

「タフだからだよ。イチョウはね、ジュラ紀からその姿をほとんど変えてないんだ。隕石が落ちてこようが、火山が爆発しようが、耐えて、生きながらえてきた。火にも逆境にも強いんだ。自動車の排気ガスぐらいじゃへこたれないんだよ」

「そのタフな木の花があたしに似てるんですか」

「なんとなくね。そういや、そこの道を入ってちょっと曲がったところにいい喫茶店があるんだ。『ギンコォ』って店。あとで寄ってみようか」

「喫茶店なのに銀行？　変わった名前ですね」

八重は鼻を鳴らした。最近、わかってきたが、八重の鼻鳴らしは五種類くらいパターンがある。今みたいにフーンと長めに鳴らすときは、呆れたときだ。

「まったく、もの知らずにもほどがあるよ。ギンコォって、あんたイチョウって意味だよ」

「そうなんですか。知らなかった」

「あそこのばあさんは寡黙でいい。コーヒーは可もなく不可もなくだけど、タバコを吸っても、ヨハネを連れていっても文句を言わないからいいやね」

八重から「婆さん」と呼ばれる女主人はどのくらいの年齢なのだろうか。

歩道橋が見えてきた。大きなイチョウの木で両サイドを支えられているようだ。

交差点を左に折れ、西に向かってゆるやかに上がっていく。

通りすがりのサラリーマンがこちらを見た。視線の先にいるのは、八重の腕に止まるヨハネだ。本物か？　と凝視したあと、ファルコングローブに視線を落とし、やはり生きていたと納得してすれ違っていく。

「ヨハネのこと、みんなガン見しちゃいますよね」

「いつも日が暮れてから散歩するからね。それに駅前に比べると、ここを歩く人間は少ないからねぇ。目につきやすいんだろ」

ヨハネは見られることに慣れているのか、それとも、そもそも道行く人など眼中にないのか、相変わらず身じろぎひとつしない。

「ま、じろじろ見られたところで、ヨハネは動じないがね」

通りの向こうには、日本庭園で有名なホテルのレストラン棟が続いている。宿泊客だろうか。熟年の外国人カップルが通りすぎていく。

「今の外国人見たかい？」

何歩か進んだところで八重が言った。

「ふたりともＴシャツ着ていましたね」

「十月になったっていうのに、半袖とはね。上着も持ってなかったろ」

八重はマフラーを緩めながら言った。

「きょうは半袖でもいいくらいの陽気だね。昔はこの時期になると、もっとずっと寒かった。みんな分厚いコートを着ていたのに。日本もいつのまにか東南アジアみたいな気候になったねぇ。夏は湿度が高くて冬はポカポカ」

「東南アジアには、行ったことないけど、それって亜熱帯気候ってことですよね。たしかにここ数年で気候が変わった。温暖化でこれからもっと暖かくなるのかな」

「まぁ、寒いよりは暖かいほうがいいやね。暖かい冬はいい。ソ連なんかに生まれなくてほんとによかった」

「八重さん、ソ連じゃなくてロシア」

「何言ってんだ、昔はソ連だったんだ」

でも、今はロシアでしょと言おうとしたときだった。

向こうから夫婦連れがやって来た。

色白で背の高い妻はベビーカーを押している。赤ん坊がきゃきゃっと笑って手足をバタバタさせた。持っていたクマのぬいぐるみが落ちた。すかさず傍らの夫が拾う。立ち止まってホコリを払い、赤ん坊に抱かせる。その大きな一重瞼は我が子だけを見ている。阿紗はもちろん八重にもヨハネにさえも気づきもしない。

息が止まりそうになった。

この五日間、佐々木との再会をどれだけ待ち望んでいたことか。

なのに、こんな形になるなんて。

「八重さん……」

「どうしたんだい」

「喉が渇きました。先に『ギンコォ』に行きませんか」

それだけ言うので精一杯だった。前を向けない。もうこれ以上、見たくない。八重の返事も聞かず、左に曲がった。

「気まぐれな女だね」

八重はこちらに引きずられるように曲がった。

「そりゃそうと――」

何か喋っている。何か言わなければ。

言葉が浮かばない。

佐々木……。下の名前すら知らない。７０１号室に住んでいるということ以外、年齢も職業も出身地も、何も知らない。それでもあの人の優しさだけは知っているつもりだった。捨て置けない。あの声音がまだ耳に残っている。イチョウ並木から家の前まで。ほんの十数分話しただけなのに、自分に向けられるその視線が、単なる好意を越えたものだと勝手に思い込んでいた。いい年して滑稽すぎるひとり相撲。

佐々木は何も悪くない。

いや、悪い。かわいい奥さんと子供がいるのに、あんな目で見つめてくるなんて。眩しいくらいの笑顔を向けてくるなんて。

　なんとか一歩を踏み出す。地面に足がついているような気がしない。そのくせ動悸だけが激しくなっていく。

「……ちょっと、あんた、人の話、聞いてんの？」

　八重はこちらのかすかな変化を見落とさない。

「大丈夫です」

「何が？」

　言葉が続かなくて俯く。

　表通りから風に乗ってやってきたのか、足もとにはイチョウの葉が落ちていた。黄金色のハートの真ん中に割けそうなくらい大きな切れ目が入っている。

8

　残り少なくなった納豆とごはんに茶碗のヘリについた生卵を塗りつけ口に運んだ。ゆっくりと咀《そ》嚼《しゃく》する。卵ってどうしてこうも優しい味がするのだろう。納豆ご飯はこの先、何百回、何千回と食べても絶対に飽きない。

　母は朝食を作る人ではなかった。ごくたまに菓子パンが出るだけで、阿紗が学校に行く時間はほとんどベッドから出てこなかった。

ずっと食卓のにおいに憧れていた。独り暮らしを始めたときから、朝は味噌汁と納豆ご飯と決めている。

半分開けた窓から電車の音が滑り込んでくる。

きょうも外は穏やかに晴れている。

「ごちそう様でした」

立ち上がり食器をシンクに運んだ。日本茶を淹れ、ソファに腰を下ろす。

鳩時計がついさっき午前八時を告げた。

一昨日、佐々木にフラれた。正確に言えば、フラれるまで仲は進展していなかった。それでも、心に空いた穴は大きい。静かすぎる時間は心に毒だ。テレビのリモコンを押した。ワイドショーでは子供を虐待死させた母親の裁判の様子を伝えている。発見されたとき三歳の女の子は痩せ細り、アザだらけだったという。

よりによって、こんなニュースと出くわすとは。

この子に比べたら、自分はまだマシだったのだろうか。

母から殴られたり、蹴られたりしたことはない。

でも、何度も言われた。

「あんたなんて産まなきゃよかった。子はカスガイっていうけど、あんたみたいに可愛げのない子はカスガイ以下」
カスガイってなんだろうと思って辞書で調べたことがある。ふたつの材木をつなげるために使うコの字形の釘と書いてあった。カスガイであるべき自分は父と母、どちらの心にも引っ掛かりもしなかった。出来損ないのカスガイ。深く心がえぐられた。身体に傷はなくても、心の中はアザだらけだった。

佐々木にフラれた悲しみよりずっと深く暗い場所に埋めた感情が湧き上がってくる。

虐待のニュースは終わり、おむつのＣＭが流れている。柔軟剤、歯磨き、消臭剤……阿紗が経験したことのない幸せな家庭の日常の中で商品が紹介されていく。

ＣＭが終わり、画面はワイドショーのスタジオに変わった。

「次はニュースの時間です。報道スタジオの細野さーん」

三十分間のニュースが始まった。現職大臣の汚職事件、内閣支持率の急低下、アメリカ大統領の大失言……。女性キャスターは淡々とニュースを読み上げていく。

「次は訃報です」

画面に映ったのは秘書へのパワハラや不倫スキャンダルで知られた日下《くさか》部《べ》亜沙子《あさこ》衆議院議員だった。すでに故人となった父は大臣を歴任した日下部直人《なおと》――母の愛人でもあった男だ。その死から五年、四十一歳での急死。クモ膜下出血だという。

死んじゃったんだ、あの人。

たまたまつけたテレビで、その死を知る。

これも血のつながりのなせる業なのか。

阿紗はテレビに映る生前の「姉」を見つめる。少し垂れた目と耳の形が父親によく似ている。そういえば、自分を「カスガイ」にしようとしていた母は父によく言っていた。「この子の鼻から口にかけてのラインはパパにそっくり」

自分とこの女にも外見上の共通点があるのだろうか。

日下部亜沙子はマスコミには「別れた」と公言していた愛人の家で倒れ病院に運ばれ、そのまま息を引き取ったという。

悲しくはない。無論、ざまあみろとも思わない。

何年も前の記憶が蘇る。

中学一年のときだった。家の前に立つ見知らぬ少女がこちらを睨んでいた。都内でいちばんかわいいと言われる私立中学のセーラー服を着ていた。

誰、この人？　いきなり近づいてきて頬をぶたれた。

「あんたが、アサね」

頷く間もなく、またぶたれた。

「ママがね、あんたのこと興信所で調べたの。あんたの母親、相当なやり手で何人も男がいるんでしょ。パパだって、あんたがほんとうに自分の娘かどうかわかんないって言ってる。ただ、泣きついてきたから仕方なく認めてやったんだって。調子乗るんじゃないわよ、毎月、パパからたくさんお金せしめて。あたしはあんたのことなんてゼッタイに妹だと認めないんだから」

金切り声で叫ぶと少女は踵を返した。

後ろ姿が怒っていた。

自分は少しも調子に乗っていない。こっちこそあんな男、父親だなんて認めていない。それなのに、いきなりぶたれて……。痛いとか、悔しいとか、辛いとか、憎いとか。もっといろいろな感情が湧いてきてもよさそうなものだけど、何も感じなかった。それとも無意識のうちに感じないようにしていたのか。こんな自分の人生にも、ドラマのような一コマがあるのだな、そう思った。

あれきり異母姉とは会っていない。母の葬式のときも、何の連絡もなかった。

テレビでは次のニュースを伝えている。

日下部亜沙子。この期に及んで気がついた。自分が阿紗という名なのは、夏の朝に生まれたからという理由だけじゃない。母の愛人が娘を呼び間違えないように、と安全策でつけたに違いない。今となってはどうでもいいことだが。

これでこの世に自分と血のつながった人間はいなくなった。天涯孤独。そう言うと、ずいぶん淋しい人生に聞こえる。だが、心の奥底でどこかせいせいとしている自分がいる。

日本茶を飲んだ。すっかり冷めてしまった。苦くて甘い。

毛玉だらけのセーターやとぐろをまいたタイツが段ボール箱に放り込まれていく。ヨハネがいる寝室の片づけを始めて、まだ三十分も経っていないが、クローゼットの中の物が次々と選別されていく。

ここ数日で八重は仕分けのコツをつかんだようで、その手に迷いがない。

「きょうは一段と手際がいいですね」

「ここはヨハネの部屋だからね。あたしは荷物を置かせてもらっている。貸倉庫みたいなもんだよ。めったにこの物入れを開けることもないんだ。そう考えると、ここに入っている大半は処分しても問題ない」

阿紗は振り返った。この部屋の主であるヨハネは窓際の止まり木スタンドの上でじっとしている。「フクロウは人に懐くことはないが、慣れる」と前に八重が言っていたが、この家に出入りするうちに阿紗の存在にも慣れてきたようだ。

手持ち無沙汰の阿紗は温州みかんの箱の中から、チャコールグレーのセーターを取り出した。

「八重さん、ちょっと手を休めて、こっちを見てください」

「なんだよ」

「仕分けた服をクローゼットにしまうときの畳み方を知っておくといいかなと思って」

「あたしのやり方じゃダメだっていうのかい」

しわがれ声が少し尖る。

「ダメじゃないけど、八重さん、その時々で畳み方が違うから。せっかくだったら、同じ方法で畳んだほうが収納もしやすいんじゃないですか」

「ふーん、そういうもんかね」

「そういうもんですよ。まずニットはこうやって背中側を上にして、袖先をクロスさせながら折り込むんです」

阿紗は膝の上でニットを畳み始めた。

「次は首元から下に長方形を作るイメージで肩部分を内側に折り込む。そうして裾部分を持って二つ折りにすればできあがり。ね、簡単でしょ」

「たしかに」

八重は八重にしては珍しい青いセーターを取り出し、膝の上に置いた。

「こうやって背中を上にして……。よし、できた」

長方形になったセーターをこちらに向けた。

「そう、いい感じです。せっかくだからタイツの畳み方も教えます」

今度は段ボールから黒いタイツを取り出し、左右の足を重ねあわせた。

「こうやってつま先から巻きます。筒状になったらウエストのゴム部分をひっくり返して巻いた部分がおさまるように形を整えたらできあがり」

「なるへそ。これも場所をとらなくていいやね」

八重もとぐろを巻いていたタイツを取り出し、くるくると巻きゴムで覆うとヨハネに見せた。

「ヨハネ、これでクローゼットがすっきり片づくよ」

阿紗も微笑みかけてみた。なんの反応もない。このそっけなさがなぜか落ち着く。

と、突然、ヨハネが顔をしかめた。

俯き口を大きく開いたかと思うと、顔を左右に激しく振っている。

「大変！　ヨハネが」

八重はちらりとヨハネを見た。ヨハネがあんなに苦しそうなのに少しも動じない。

「ああ、あれ。前兆さ」

「前兆って？」

「人間だって吐きそうなときオェーって顔するだろ。それと同じ。単なる生理現象。まぁ、見ててごらん」

たしかに人が吐く体勢に似ている。だが、吐くなら吐くで……。止まり木スタンドの下に目がいった。新聞紙が敷かれている。これだけで大丈夫なのか。ヨハネの吐《と》瀉物《しゃぶつ》が飛び散ったりしないのか。

　ヨハネが口から石ころのようなものを吐き出した。

「出たね、あれがペリットだよ」

　グレーのタイツを畳み終えた八重が顔を上げて言った。

「ペリット?」

「フクロウはまるごとネズミやウズラを飲み込むからね。一日に一回、消化しきれない骨や毛の塊を今みたいに吐き出すんだよ。ペリットというより、コロッとね。だけど、うんこみたいに臭くはない」

　新聞紙の上にペリットが転がっている。

　何回かこの部屋に足を踏み入れたが、今までこれが落ちているのを見たことがない。考えてみれば、糞も。キッチンもリビングも片づけられない八重だが、ヨハネの部屋は特別で、その都度、掃除していたのだろう。

「そういや、それ」

　八重はみかん箱の中にあるスケッチブックを顎で指した。三十分ほど前クローゼットを開けたと同時に、真っ先に落ちてきたものだ。

「開いてごらん」

「いいんですか」

八重はこくりと頷いた。

「ヨハネのアルバムだよ」

ページをめくると、ぽわぽわとした毛に包まれたヒナ鳥が色鉛筆で描かれていた。

「これがヨハネ？　かわいい」

「天使みたいにかわいいってのは、人間の子供に使う言葉だと思ってたが、ヨハネが小さい頃は天使そのものだった。そういや、その中にチビヨハネの『オエッ』の顔があるよ」

スケッチブックをめくっていく。ペリットを吐く前に顔をしかめるヨハネの姿があった。

「身体は小さいのに、吐き出すペリットはいっちょ前に大きくてね――」

八重は絵本を読むようにヨハネのヒナ鳥時代を話す。仕分けしていた手が止まっている。

片づけをしていると、途中で懐かしい物が出てきてしばし作業が中断する。いつまでも思い出に浸っていてはダメだと思い直して再開するが、すぐにまた別の物を見つけ記憶を手繰る。その繰り返しで片づけがなかなか進まないという話をよく聞く。

そんな時間が少し羨ましい。

十八で独り暮らしを始めたとき、荷造りは簡単だった。最低限必要な身のまわりの品と祖母からもらった鳩時計だけを段ボールに詰めた。その他の私物は家具以外、すべて捨てた。母と暮らした家には、手にして心が温かくなる物も、振り返りたくなるような思い出も何ひとつなかった。新居は、実家から電車で一時間近くかかる下町に決めた。よんどころない理由で敷居をまたぐことはあっても、二度とゴミ部屋には入らない。そう決めて家を出た。

「元気にしてる？」

　四年半ぐらい前から母が亡くなる直前まで、時おり電話がかかってくるようになった。娘に愛情を注いでこなかったことを悔いたからではない。愛人に先立たれ、ヒマを持て余していたからだ。

「たまには顔が見たいから、帰ってきなさいよ」

「今、仕事が忙しいんで無理」

　顔を見たくない理由をあげだしたら、何時間あっても足りない。話したところで通じる相手でもない。いつも仕事を理由に断った。

「あんたってほんとに冷たい子ね」

　電話口で母は諦めたように言った。

　冷たいといえば冷たいのだろう。

　だが、心を凍らせたのは母だ。

　もっと構ってほしいという期待も、母の望む娘でありたいという願いも、一度も抱きしめられたことがない渇きも、無神経で暴力的な言葉を浴びせられた痛みも、何もかも捨てた。そうしなければやってこれなかった。すべて抱えていくのは、あまりに重すぎた。

荒療治の結果、心に大きな穴が開いた。

つきあっている男がいても、気のおけない友達がいても、その穴は埋まらない。埋めなくてもいい。どこかでそう思っているから、ひととき親しくした人もやがては去っていく。

「そんなにヨハネの『オエッ』が気にいったのかい？」

ペリットの前のヨハネのページで手が止まっていた。

「ええ、まあ」

ふたたびスケッチブックをめくっていった。どのページのヨハネも止まり木スタンドに乗っている。だが、ふたつとして同じ表情はない。

「アルバムっていうから、てっきり写真だと思っていたけど、すべて絵に残しているんですね」

八重はクローゼットの中から古いボストンバッグを取り出しながら頷いた。

「そりゃそうさ。ヨハネは見世物じゃないんだ。あんた、自分の部屋でくつろいでいるときにいきなり他人が入ってきて、パシャパシャ、シャッター押されたらどんな気分？　あたしはやだね。ヨハネも嫌に決まってる。だから、ヨハネがいい顔を見せたときは目でシャッターを押す。しかと瞼に映像を焼き付けて、急いであっちの部屋に行ってデッサンをする」

スケッチブックの中の若きヨハネは今にも動きだしそうだ。一瞬の動きをここまで繊細に再現できる画力は素人の域をはるかに超えている。いったいどこでこんな技術を学んだのだろう。

「すごく高度な描き方をしてたんですね。あたしはてっきり、日がな一日、ヨハネを写生してたんだと思いました」

「そりゃ写生したほうが、うまくは描ける。だけど、ここはヨハネのテリトリーだ。野山や森で暮らすはずの猛禽類をこっちのエゴでこんな狭い場所に閉じ込めている。飼わせていただいているんだ。せめて、ヨハネの邪魔をしないようにしたいやね」

テリトリー。冷蔵庫からネズミが落ちてきて、ヨハネの存在を知ったあの日も、八重はこの言葉を使っていた。

今までずっと不思議だった。自分はなぜこうも八重の面倒を見てしまうのか。べらんめぇ調でののしられながら、悪態をつかれながら、それでも八重のために立ち働いてしまう。だが、働かされているという気がしない。むしろ率先してやっている。その理由が今、わかった。

八重は無駄口こそ叩くが、無駄なことは聞いてこない。過去のことも、家族のことも。佐々木にときめきすぎて情緒不安定になっていれば、「なにニヤニヤしてるんだ」とは言う。だが、それ以上、深入りしない。そこから先は放っておいてくれる。

散歩の途中で佐々木の妻子を目撃してから、自分はずっと暗い顔をしているはずだ。だが「何があったんだい？」と聞いてこない。意識しているのかいないのか、境界線の手前でとどまり、阿紗のささやかな人生を尊重してくれている。

この距離感が心地いい。

自分はきょう天涯孤独の身になった。

血のつながりなんていらない。

心の中の空白も埋まらなくていい。

それでも、自分ではない誰かと地でつながっていたい。

隣の魔女鼻を見る。ふたりの間に細くしなやかな透明の糸が日々紡がれているような気がする。

「八重さん、いつかあたしのポートレートも描いてくれますか」

八重はこちらも見ずに首を横に振った。

「やだよ、そんなの」

「そう言うと思いました」

「だったら聞くな」

ニヤつきながら、ボストンバッグの中を探っている。

「おやおや、懐かしい物が出てきた」

そう言って灰色の修道服を引っ張り出した。

「いろいろあって逃げ出した修道院だったけど、なぜかこれは捨てられないんだよねぇ」

「捨てられない思い出があるのはいいことですよ」

「でも、あたしも太ったからね。もう入らない。そうだ、あんた着てみる？　似合うよ、きっと」

「似合ったところでどうだっていうんですか。それに、そのホコリ。まず洗濯しなきゃ。こんなの着たら――」

言いかけたところで、スウェットパンツのポケットの中でスマホが震えた。取り出して見る。

フリフェスから通知が届いた。

「八重さん、ついにミシンのテーブルが売れました！」

「ほんとに？」

笑顔だった八重はなぜか少しだけ眉をひそめた。

9

鳩時計が午後一時を告げた。

そろそろインターフォンが鳴る頃だ。

阿紗は念のため、スマホでフリフェスのアプリを開いた。

「予定通り車で受け取りに行きますので、場所を指定してください」

八重のダイニングテーブルを購入した男からの取引メッセージだ。

ミシンをリメイクしたテーブルは恐ろしく重い。マンションの下まで運ぶ体力はさすがにないので、部屋の前まで取りにきてもらうことにした。

「商品説明の欄にも記載しましたが、こちらは知人からの委託品です。まず家に来ていただいて、そこから一緒にテーブルを取りにいくという形でよろしいでしょうか」

昨日、この返信メールを打ちながら、佐々木のことが頭をよぎった。テーブルを出品した当初、売れたときはマンションの下まで運ぶのを佐々木に手伝ってもらうつもりだった。それくらいの理由があれば、７０１号室まで行ってインターフォンを押しても、図々しい女だとは思われないから。

妻子と歩く佐々木を見なかったら、危うく実行に移すところだった。そう考えると、あのとき目撃して結果的によかったのかもしれない。

インターフォンが鳴った。約束の時間を三分ばかり過ぎている。

「遅くなってスミマセン。山根です」

モニターに映るのは想像していたよりずっと若い男だった。

「お待ちしていました。804号室の前まで来てください」

オートロックの解除ボタンを押した。

山根と名乗る男がエレベーターで上がってくるまであと数分。阿紗は玄関前に置いている姿見に自分を映した。チャコールグレーのスウェットシャツに黒いパンツ。若い男に会うには無彩色すぎる。足ばやに寝室に行き、黄色いソックスに履きかえた。コーラルオレンジの色つきリップを塗り、ドアの外に出る。

内廊下の向こうでエレベーターの到着音が鳴った。カチャッと音がする。持ってきた台車をセットしているのだろう。

ほどなくして山根が台車を引きながらこちらに向かって来た。青い髪。色白で背が高い。佐々木と同じくらいか。少し猫背気味に歩いてくる。

「お世話になりまーす」

整った目鼻がくしゃっと崩れた。

「どうも」

初対面の相手を前にすると表情が硬くなるのが常だが、山根の人懐っこさに誘われ、こちらも笑顔になる。

テーブルを引き渡したら、山根が受け取り通知を押し、取引完了。これから八重の家に行ってダイニングテーブルを台車にのせ、エレベーターを降りるまでの十数分のつきあいだ。

「こちらが知人の家です」

山根は「五百井」と書かれた表札をじっと見つめた。

「いおいさんという方です。玄関前まで運べたらよかったんですけど、テーブルの脚がすごく重くて。申し訳ありませんが、部屋まであがっていただけますか。あたしも手伝いますので」

「全然オッケーです。ひとりで余裕で運べますよ」

山根はニッと笑った。

「ほんとすみません」

阿紗はインターフォンを押した。

返事がない。

もう一度、押す。

またも応答なし。

ドアノブを引いた。

開かない。

八重は阿紗が自由に行き来できるように日中は内鍵をかけない。

さっき「一時間後にテーブルを取りに来ますからね」と念を押しに行ったときも鍵はか

かってなかった。「何度も言わなくてもわかっている」と返事したくせに、どうしてわざわざ内鍵をかけたのか。

「いざ売るとなると、惜しくなってきてね」

こちらを見た浮かない顔が頭をよぎる。

まさか、この期に及んで居留守を決め込むつもりか。

「すみません。中にいるはずなんですけど」

少し距離を置いて立つ山根に頭を下げた。

久々に八重に対して怒りを覚えていた。

もう一度、インターフォンを押す。

出ない。心の中でカウントダウンを始める。

……8、7、6……5、4……

ようやくドアが少しだけ開き、仏頂面の八重が顔を出す。

「なんですぐ開けてくれないんですか。テーブル買ってくれた方が上まで取りに来て下さるって何度も伝えましたよね」

つい語気が強くなる。

「ああ、でも、売るか、売らないか、迷ってた」

悪びれもせずに八重は言う。

「何を言ってんですか、今さら。売るんじゃなくて、もう売ったんです。お金も支払ってくれています。テーブル渡したあとに、受け取り通知をしてもらったら、取引成立なんですってば」

「わかった、わかった。うるさいねぇ」

八重はチェーンをはずし、ドアを全開にした。

「どうもすみませんでしたね。わざわざ――」

ドアの後ろに隠れていた山根が顔を出した。

「ばあちゃん？」

八重の仏頂面が凍りついた。

「なんだよ、いきなり」

眉間にこれまで見たこともないくらい深いシワが寄った。

いったい何が起こったというのか。

阿紗は山根を見上げた。

「八重ばあちゃんだろ。ぼくだよ、青《はる》」

「知らないよ、そんな人間」

八重は視線をそらした。頬が強ばっている。

「んなはずねぇだろ。光一郎《こういちろう》の息子だよ」

いつの間にか山根は玄関に押し入っていた。

「あの、ここで立ち話もなんなんで、とりあえずあがってください」

玄関先でかわせるような単純な話ではなさそうだ。

「何言ってんだ、ここはあたしの家だよ。こんな青鬼みたいな男、玄関先でじゅうぶんだ。さっさとテーブル渡して、帰ってもらいな」

八重は玄関の前で仁王立ちになった。

「ひでぇな。誰が青鬼だよ。孫に向かって言う言葉かよ」

「ひでぇのはそっちだろ、あたしに孫なんていないよ」

「八重さん、とにかくあがってもらいましょう。ここは、たしかに八重さんの家だけど、あたしもこの家の片づけとテーブルの出品には少なからずかかわっています。何がなんだか、わからないけど、ちゃんと話さなきゃ。それに、あのテーブルをここまで運ぶなんて、女ひとりじゃ無理です」

八重は鼻を鳴らした。

「ったく、都合のいいときだけ、か弱い女ぶりやがって」

八重はぶつぶつ文句を言いながら、リビングに入っていく。

阿紗は山根と共にあとに続いた。

八重はソファに腰を下ろし、コーヒーテーブルの向こうを顎で指した。ふつう、お客さんをソファに座らせるだろうと思いつつ、阿紗はラグマットに座った。山根も隣に腰を下ろさず、吸いよせられるようにダイニングテーブルの前に行った。

「これだよ、このテーブル。昔、ばあちゃんの家にあった」

天板の右端にある青いペンキ跡を撫でた。

「一緒に青いペンキを塗ろうとしたら、じいちゃんに止められて。『やめろ、俺は青いテーブルなんかで食事したくない』って、すげぇ、キレられた。怖かったよなぁ、じいちゃん、何が気にくわなかったんだか——」

よっぽど思い入れがあるのだろう。山根はテーブルに関する思い出を問わず語りに話している。

購入する前、山根が「天板の右端に青いシミのようなものが見えますが、可能でしたら、その部分が見える写真をアップしてもらえますか」と聞いてきたのを思い出した。一万九千円と決して安くはない買い物だ。商品の傷や汚れは当然気になる。そのための確認とばかり思ってアップしたが……。

「覚えてるか、ばあちゃん。『おまえが大きくなったら、このテーブルを譲ってやるよ』って約束したろ。なのに、ある日、突然、何の前触れもなくじいちゃんと別れて。このテーブルと一緒に消えやがって……。あんとき、俺がどんな思いをしたかわかるか？　親父に聞いてもじいちゃんに聞いても、行先は教えてくれなかった。ったく、どれだけ捜したことか。フリフェス知ってからは、ヒマさえありゃ、ミシン脚のテーブルを捜し続けたよ。マジで、スマホ首になるくらい検索しまくったんだから」

山根はもう一度、青いペンキ跡を撫で、阿紗の隣に腰を下ろした。

「八重さん、いったい、どういうことですか」

詰問口調になっていた。八重と山根の問題だ。自分が口をはさむ筋合いはない。だが、なぜか裏切られた気持ちになってしまう。

誰に？　家族がいることを黙っていた八重に？　それとも祖母のものだと半ば確信しながら、素知らぬふりで取引メッセージを送ってきた山根に？　おそらく両方に。

「どうもこうもないさ」

八重は大きく息を吐き、腕組みすると、山根を正視した。

「ハル、あんた昔とちっとも変わってないね。わがままでネチネチして」

山根は身を乗り出した。

「お、やっと認めたね。ばあちゃんこそ変わってない、その口の悪さ」

「皮肉なもんだね。過去をひとつ捨てたつもりが、よりによって、あんたに拾われちまうなんて。あんたストーカーかい？　なんで今さら捜しにきたんだ」

「今さら？　俺の中でばあちゃんが『過去の人』になったことなんてないよ。もちろん365日×十八年、ばあちゃんのことだけ考え続けたわけじゃないが、ときどき胸の奥あたりがきゅーっとなるんだ。ばあちゃん、どこ行ったんだ？って」

「何きれいごと言ってんだ。あたしの中では、あの家のことは過去。過去も過去の大過去。過去すぎて前世の話みたいだよ」

山根はふんっと鼻を鳴らした。恐ろしいほど八重に似ている。

「俺、ばあちゃんのそういう口の悪いとこ、気に入ってんだ」

山根はあぐらをかいた靴下の先を見ながら言った。

「あのあたし、何か飲み物を淹れます」

「いいよ、構わなくて、こんな青鬼」

八重は腕組みしたまま言った。

「いえ、淹れさせてください」

シンクの前に立って横目で探る。

八重も山根も向かいあったまま、何も喋らない。

だが、気まずい沈黙ではない。長い空白のときを取り戻すかのような静けさ。

今しばらく、そこに立ち入ってはいけないような気がした。

阿紗は薬缶にゆっくりと水を注ぎ、火にかけた。

八重がライターを鳴らしている。

「ばあちゃん、親ガチャって言葉知ってるか」

山根が沈黙を破った。

「知らないよ、そんなもん」

「ゲーセンとかにあるだろ、カネ入れて回すとカプセルが出てくるやつ。あのガチャガチャみたいにさ親は自分で選べないってこと。俺は親ガチャでハズレを引いた。がちがちにまじめなオヤジと世間体ばっか気にする母親。物心ついたころから、あの家がイヤだった。何かにつけて『だらしない』だの『出来損ない』だの『教師の息子なんだから、他人様のお手本になれ』だの。いつもいつも怒られてばっかで、ばあちゃんちに行くのだけが楽しみだった」

薬缶がカタカタ鳴り始めた。

「まぁ、あの人らから見れば、子ガチャでハズレを引いたんだろうけど。頭悪くて、結局あの人らが望む大学にも入れなかったし、公務員にもなれなかった」

阿紗は湯気を見つめる。

自分も親ガチャでハズレを引いた。その理由は両親が揃ってないからだと思っていた。「普通」の家庭じゃないぶん、自分が劣っているとすら思っていた。

だが、きちんとした両親が揃っていても、おそらく彼らなりの愛情を注がれたとしても、「親ガチャ」と嘆く若者がここにいる。それが贅沢なわけではない。山根の中では、大きな問題だ。だから、こうして消えた祖母を捜し当てた。

結局のところ、人はどんな家庭に育っても少なからず不満と不足と不具合を感じるものなのかもしれない。

「覚えてるか、ばあちゃん。親に殴られて凹んでると、ばあちゃんは言ってくれた。『殴られたからって、ののしられたからって、あんたの価値が下がるわけじゃない。逆も同じ。褒められたからって、あんたが立派になるわけじゃない。あんたはあんたのままでいい。自由気ままにおやり』って」

「そんなこと言ったけ？」

急須に茶葉を淹れ、湯を注いだ。ほうじ茶の香ばしい香りがキッチンに流れる。

「言ったさ、何度も。わかるか、あの頃の俺にとって、どんだけあの言葉が救いになったか。口も悪いし意地も悪りぃが、ばあちゃんは誰よりも俺に優しかった。なのに、なんでだよ？　消えるなら消えるで、せめてひと言くらい声かけてくれてもいいだろうが」

「はいはい。悪かったよ」

淹れた茶を盆にのせ、阿紗はリビングに戻った。

「こっちはこっちで必死だったんだ。あんたは生まれた家が嫌だったっていうけど、あたしにはそうは見えなかった。それと同じ。傍目にはわからなくても、あたしもあの家が、じいさんが嫌で嫌でしょうがなくて、逃げ出した。預金通帳を腹にまいてボストンバッグひとつ持って家を出た。このテーブルだけは新居に届くように手配してね、ハイ、サヨナラさ」

　八重はテーブルの脚をじっと見ている。

「これはあたしの嫁入り道具をじいさんがリメイクしてくれた。やけに愛着があってね。じいさんの手が入っているからじゃないよ。あたしの母さんがくれたもんだからさ」

「じいちゃんを悪者にすんなって。もっとわかるように話せよ」

　今度は山根が大きく息を吐いた。いつのまにか腕組みしている。ローテーブルをはさんで同じポーズをとる祖母と孫。

　このふたりはよく似ている。

「じいさんとは三十年以上も一緒にいたんだ。その間にいろんなことが起きて、積もり積もって決めたこと。ちゃんと話せば、三年くらいはかかるよ」

「そんなんじゃ納得できねぇよ」

「納得しようがしまいが、あんたの勝手さ。どうしても納得できなかったら、また聞きにくりゃいい」

　八重は組んでいた腕をほどき、阿紗が淹れた茶を啜った。

「ほんとか。ホントに来ていいんだな」

「ああ、降参さ、あんたの執念で見つかってしまった。もう逃げも隠れもしない。ここにいるおばさんのおかげで――」

おばさん？　一瞬、自分のことだとわからなかった。

たしかに山根から見れば、自分も立派なおばさんだ。

「物を減らすことに目覚めてね。終活ってやつさ。この家も終《つい》の住処《すみか》に相応しくなった」

「ここにずっとひとりで暮らすつもりなのか」

「これまでそうしてきたように、この先もそうする。まぁ、いろんな意味でひとりじゃないがね」

きょうのところは、ヨハネのことは言わないつもりらしい。

「ところであんた、そのテーブル、どうするつもりだい？」

「どうするって使うさ。今度こそ青く塗ってね。俺、去年から家を出てひとり暮らしをしてる。狭い家だけど、このテーブルを置くスペースは確保した」

「青鬼みたいな面して、テーブルまで青に塗るとはね。ところで、あんた、たまに家に帰るのか」

「めったに帰らない。たまーにオヤジとＬＩＮＥするくらい。あ、そういや、じいちゃんはずっと前に再婚した」

八重はタバコに火をつけた。

「そりゃよかった。あいつはひとりじゃ暮らせない男だ。まだ絵を描いてるのかい」

「多分描いてるんじゃないか。何年か前にも個展を開いたって。てかさ、俺も自己流だけどイラストを描いてる」

「へぇー、あんたがね。そういや子供んときから、センスはあったね。光一郎よりずっと……。そうだ、これ」

八重はくわえタバコのまま立ち上がり、ソファの脇のチェストから浅田飴の青缶を取り出した。

「いつでもいい。光一郎に会ったら、渡しといて」

缶をコーヒーテーブルに置いた。

「何これ?」

「ビンテージの中国茶みたいになってるけど、間違えて飲むんじゃないよ。ヘソの緒だから。あんたのかあさんが大事にしていたって伝えといて」

前に八重がこのヘソの緒を自分の存在証明だと言っていたのを思い出した。あのときこのヘソの緒は八重が母から愛された証なのだと思った。だが、自分の子供のものだったのだ。

「言っとくけど、この家のことは、じいさんにも光一郎にも教えるんじゃないよ」

祖母から孫に手渡された浅田飴の缶。

昨日、八重に「山根青」という名前は伝えていた。

読み方がわからず「やまねあおとかいう変わった名前の人がテーブルを買ってくれたん

ですよ」と言ったが、八重は孫だとわかったはずだ。一度は会うと覚悟を固めたのにテーブルを引き渡す段になって何がその決意を揺るがしたのか。八重の心が見えない。他人が見るべきものではないのかもしれない。

　山根は缶をしばらく見つめたあと、パンツの後ろポケットに入れた。

「じゃあ、きょうのところは帰る。ミシンのテーブル持って帰るからな」

「欲しいんなら、やるよ」

　八重はタバコを灰皿に押しつけた。

「貰うっていうより、俺、ちゃんと金払ったんだけどね」

　ふんっと鼻を鳴らし、山根は腰を上げた。

　玄関先まで見送りにきた八重に山根は言った。

「また近いうちに来るからな」

「はいはい。じゃ」

　それだけ言うと、八重はドアを閉めた。

「行きましょうか」

　テーブルをのせた台車を押す山根と内廊下を歩く。

「捜しものが見つかってよかったですね」

「捜しもの？」

山根がこちらを見た。

振り向くときの角度が八重とよく似ている。

「そのテーブルを出品する前に、値段の相場が知りたくて、フリフェスで検索してみたんです。『アンティーク　テーブル　ミシン　リメイク』って入力して。そしたら１５０件くらいヒットして。それに、出品者によって商品名はいろいろだから、検索ワードを変えたら、また別のが引っ掛かったりして。その中から、八重さんのテーブルを見つけ出す……。すごいなと思いました。それって、やっぱり血のつながりのなせる業なんでしょうかね？」

頭の片隅で、日下部亜沙子のことを考えていた。あの日、自分もたまたまつけたテレビで異母姉の死を知った。細い細いつながりのはずなのに。

「ないっスね」

エレベーターのボタンを押しながら山根は言った。

「え？」

「このテーブルはひたすら執念で見つけた。それだけ。俺とばあちゃん、血はつながってないんです。まぁ、自分としては、家族の誰よりも、家族だと思ってるけど」

「あの、つながってないって、どういうことですか？」

「どういうもこういうも――」

上がってきたエレベーターが開いた。

「すみません、〈開〉ボタン押しといてください」

「あ、はい」

山根は定員４名の箱の中に台車を押し入れる。話の続きを聞く状況ではない。阿紗はボタンを押し続けた。

台車は無事おさまった。エレベーターに入った山根がこちらに向き直った。

「じゃあ、続きは今度」

「今度って――」

「また、来ます」

阿紗の指は〈開〉ボタンから離れた。

エレベーターが閉じていく。

山根の笑顔が消えた。

いったいどういうことなのか。元シスター見習い。当然、独身だと思っていたら孫がいた。でも、血はつながっていないと言う。では、さっきのヘソの緒はなんなのか。八重の過去は一筋縄ではいかない。

阿紗は８０４号室に戻った。

八重はソファに腰を下ろしたまま、タバコをくゆらせている。阿紗を横目で見ただけで、「おかえり」とも言わない。

テーブルがあった場所には椅子が一脚だけ残っている。そこに腰を下ろし、広くなったリビングを見まわした。梁の下に作った棚には棚板が三段。フクロウの貯金箱、ボンボニエール、CDラジカセ、オアシスのCDなどが飾られている。その他、八重が仕分けた「必要な」物たちはソファ脇のチェストにすべておさまった。片づけを始めた頃は、物が散乱し座る場所を確保するのも困難だったが、いまや部屋全体がくつろぎの場だ。

これでリビングの片づけはほぼ終わった。

八重の終活も終わりに近づきつつある。

でも、終活の完成ってなんだろう。

何をどこまで処分すれば、どこまで整理すればいいんだろう。

ほろ苦いタバコのにおいが漂ってくる。

十八年ぶりに、孫と言葉を交わし、母の思い出の品を引き渡した八重は何を思っているのだろう。

捨ててきたものの大きさを今さらのように感じているのか。それとも胸の底に沈めていた未整理な感情が湧き上がってきて混乱しているのか。伏し目がちに煙を吐き出す姿はどこか哀しげだ。

いつだったか、八重は言った。「いろいろあって修道院を逃げ出した」と。自分はまだ八重の人生のひと色かふた色しか知らない。

どのような暮らしを経て、どのような思いをして、ここに辿りついたのか。なぜすべてを捨ててしまったのか。血のつながらない孫とはどういう関わりだったのか。八重と山根の話を傍で聞いてみても、真相はわからなかった。

もっと八重のことを知りたいと思う。

だが、訊ねるのは憚られる。

人は誰でも何かしら話したくない、思い出したくない過去を抱えて生きている。その過去を強引に聞き出し、共有することが、親密であることの証とはいえない。

容易には明かせない過去と向きあっている八重に、なんと言葉をかけるべきなのか。

言葉が見つからない。

今できることは多分……。

「八重さん、拭き掃除しませんか」

八重がこちらを見た。

「今から？　やだよ」

顔をしかめている。

「やる気おきませんか？　だったら、そこで休んでてください。これまで物を減らすことばかりに集中して気づかなかったけど、こうして広くなって改めて見ると、壁、かなり汚れています。きょうは時間があるから、あたし、少しだけやります。あ、ちょっとだけ待っててくださいね」

自分の家に戻り、マスクをつけ、掃除用ワイパーと古いTシャツを刻んで作ったふきんの束、小さなバケツを手にした。トンボ返りで八重のもとへと戻っていく。

ひとり暮らしを始めた頃よく見ていた「奥さまは魔女」を思い出した。主人公のサマンサの隣に住むグラディスさんは、魔女であるサマンサの正体が知りたくて、塩やこしょうをよく借りに行っていた。借りるのと貸すのが逆なだけで、自分もグラディスさんみたいなものだ。

自分の部屋の続きのように八重のいるリビングへ行った。八重は相変わらず、ソファでタバコをふかしている。

「とりあえず、ソファに座っているときに見えるこの面を掃除しますね」

「好きにすりゃいい」

阿紗はベランダに続く掃き出し窓を開けながら言った。

「前に働いていた職場の先輩がすごくきれい好きで。聞きもしないのに、掃除の仕方をいろいろ教えてくれたんです」

商品企画部の綾乃先輩は「生活雑貨を扱う仕事をしているんだから、箱となる部屋はきれいにしないと」というのが口癖だった。うちに来て、キッチンやバスルームで実演をしてくれたことも何度かある。親から掃除の仕方もろくに教えてもらっていない後輩を哀れに思ったのか。それとも純粋な好意だったのか。気がつけば、あんなによくしてくれた先輩とも疎遠になっていた。今となっては聞く術もない。

　阿紗は八重に背を向け、掃除用ワイパーのシート設置面を掃き出し窓に近い壁の高い位置に向けた。

「壁って、高さによって汚れが違うんですよ。目線より高いところにあるのは舞ったホコリ。だからこうやって取るのがいちばんいいんです。ふつうはさっと拭き取ればいいんだけど、ここは……。ずっと掃除してなかったから念入りに」

　何度か往復させた。裏返してみると、案の定、シートには綿ボコリがびっしりついている。マスクをつけてきて正解だった。

　阿紗はキッチンに行き、小さなバケツに水を汲んだ。濡らして絞ったふきんに洗剤を数滴たらし馴染ませた。

「目線と同じ高さのところの汚れの正体は、触ったときにつく手あか。目線より下は食べこぼしやゴミがぶつかってできた汚れ。特にこの辺はベランダに出入りするところだから、汚れてますよね。こんな感じで最初はさっと――」

　阿紗は、掃除のポイントを問わず語りに話しながら、壁を拭き始めた。

入居して以来、一度も拭いたことのない壁は黒ずみ、タバコのヤニがついている。一度ではダメだ。同じところを何度か往復する。二度よりは三度、三度よりは四度。繰り返し拭いていると、確実にきれいになっていく。

ふきんを裏返して見た。

「ほら、こんなに」

振り向いて真っ黒になった面を見せた。八重は腕組みしたままだ。

「見たかないよ、そんなもん」

まっとうな感想かもしれない。だが、掃除をしている当人は、ふきんが汚れれば汚れるほど、嬉しい。もっときれいにしてやれとやる気が出る。

視線を落とすと、床に何かこぼしたときに飛び散ったものか、茶色いシミがいくつもある。周辺を何度か拭いたあとに、シミを集中的にこすり始めた。

「シミの部分はつい強くこすりがちだけど、力をいれすぎると、壁紙が傷つきます。だから力まず優しくこすっていくほうがいいんです」

そう。力ずくでやってもダメだ。

シミが濃ければ濃いほど、大きければ大きいほど、ゆっくり辛抱強くこすっていく。

落ちない。なかなか手ごわい。それでもこする。優しく何度も。

まだ落ちない。このシミは厄介だ。だからこそ落とす。健やかに暮らすために。

いつのまにか八重がいることすら忘れていた。

大きなシミとだけ向き合っていた。何度も何度もこする。飽きるほどこする。そして、なんの前触れもなく、しかし確実にシミ全体が薄くなっていることに気づく。

ふきんの面を変え、力まず続けていく。シミの茶色い部分が薄れてゆく。もう少し。消えてなくなれ。

「楽しいのかい？」

「え？」

気づくと八重が後ろに立っていた。

「背中が微笑んでる」

「楽しい……かな。よくわかんないけど、心は軽くなります」

八重はふんっと鼻を鳴らした。

「ならやってみるか」

そう言って、阿紗の足もとにあるふきんを手にした。

10

黄色い木製のドアを押すと、カランカランとベルが鳴った。

「お先にどうぞ」

阿紗は八重のあとから、「ギンコォ」に入った。ブラウンベースの店内は薄暗く、ジャズが流れている。コーヒーとタバコが混ざり合った苦いにおいが、どこか懐かしい。

いちばん奥の窓際では年配の男が座り、黄ばんだレースのカーテンの隣で本を読んでいる。八重は、反対側の席へと向かう。阿紗もついていく。ベンジャミンの鉢植えの近く、毛羽立ちが目立つ深緑の椅子に腰を下ろした。

白髪のおかっぱ頭の女主人がゆったりとした足取りでこちらに来る。黒いタートルにロングスカート。阿紗が来店するのは二度目だが、前回も同じ服装だった。

「ヨハネは？」

愛想がない低い声だ。女主人はテーブルに水を置く。右手の中指にはめたシルバーのスクエアリング。八重は「ばあさん」と呼んでいるが、手の甲を見る限り、同じくらいの年齢か、あるいは少し下か。

「きょうは家で留守番さ」

「そう」

女主人はこちらを見てわずかに首を傾げた。「ご注文は？」という意味だ。

「えーっと……」

何にしようか。〈お食事〉と角ばった文字で書かれた卓上メニューを横目で見る。カッライス、ハンバーグライス、生姜焼きにはマジックで二重線が引かれている。

「ナポリタンお願いします」

「あたしはいつもの。ふたりとも飲み物はコーヒー」

女主人は軽くうなずいて、カウンターの奥へ消えた。

壁には女主人のポートレートがかかっている。頬杖をつき、うまそうにタバコを吸っている。その下の棚に「ゴルゴ13」がずらりと並ぶ。ところどころ抜けていたり、カバーがないものがあったり、巻数が前後していたりするが、87巻まではある。

「そういえば、あんた」

八重が色褪せた背表紙を見ながら言った。

「ゴルゴ13の主人公の名前、知ってるかい？」

単行本を読んだことはないが、ずいぶん前に別れた男が「ゴルゴ13」のファンだった。

「デューク……。デューク東郷《とうごう》でしたっけ」

「それは通称。本名は東郷きょうすけ。『狂』うに、紹介の『介』と書く……って言っても、これもホントかどうかわからない。東郷平八郎《へいはちろう》の妾の孫だとか、父親が２２６事件の首謀者のひとりだったとか、戦争孤児で毛沢東に拾われたとか、諸説あってね――」

「もしかして、ここにあるの、全部読んだんですか」

「読んださ。それにゴルゴ13は昔、うちにもあったからね」

八重の言う「うち」とはどの家のことだろう。今のマンションか、それとも捨ててきた家か。

「だけど、どれだけ読んでも、正体はわからない。過去を調べようとした人間はみんなゴルゴに殺されちまうからね」

八重が注文した「いつもの」が運ばれてきた。バターロールにウインナーがはさまった「ミニホットドッグ」がテーブルに置かれる。コーヒーをひと口飲んで、八重は言った。

「あたしもゴルゴみたいに自分の正体を誰にも明かしたくなかった。だけど、あんな形で中途半端にハルに見つかってしまったからね。ったく、誰に似たんだか、執念深くて嫌んなるよ」

テーブルを引き渡したあの日以来、初めて孫の名を口にした。

「あんたも中途半端に見聞きして、消化不良なんだろ」

八重はホットドッグをがぶりと嚙んだ。「うまい」と言うわりに淡々と咀嚼する。

「なんの話ですか？」

「とぼけなさんな。知りたいんだろ」

図星だった。この三日間、八重の過去がずっと気になっていた。それを聞き出すことは暴力的に思えた。一方で、自分が見聞きしたことに関していっさい触れないのも不自然な気がしていた。

「あんたって人は愛想もない、たいして気もきかない。でも、正直な人間ではあるね。すぐ顔に出る。いろいろと聞きたくてしょうがないんだろ」

「そんな……別に」

「そうやって自分の気持ちをごまかすとき、必ず唇を噛むんだ」

そんな癖があるなんて知らなかった。

カウンターの奥から、ケチャップが焦げる香ばしいにおいが漂ってくる。腹がぐうっと鳴った。

「この先、誰にも話すことなんてないから、知りたきゃ教えてやるよ」

八重は半分残ったホットドッグにつけ合わせのキャベツを詰めながら言った。

「前にいろいろあってシスターをやめたって言ったろ。まあ、そのいろいろのひとつがハルのじいちゃん、山根一馬《かずま》との出会いさ。知っての通り、あたしは、シスターになるための修練期に、修道院が経営する幼稚園で働いていた――」

ハルの父親、光一郎はそこの園児だったが、年長になった年に母親を亡くしたと話したところで、阿紗の注文の品が運ばれてきた。

銀色のプレートにのった野菜たっぷりのナポリタンを見ながら、ハルの言葉を思い出した。

〈俺とばあちゃん、血はつながってないんです。まぁ、自分としては、家族の誰よりも、家

族だと思ってるけど〉

「そういえば、ハルさんが来たとき渡していたあの浅田飴の缶の――」

「ああ、あのヘソの緒。あれは光一郎の亡くなった母親のもんだ。ふつうは桐箱かなんかに入ってるもんだろうが、ざっくりした女だったのか、最初からあの缶に入っていた。ほんとはあたしが家を出るときに光一郎に渡してやればよかったんだけど、当時は別々に暮らしていたからね」

　八重はコーヒーを流し込むように飲み、話を続ける。

「死因は知らない。病死だったのか事故だったのか自殺だったのか、とにかく唐突に母親が亡くなって、男ヤモメになった父親、一馬が幼稚園に送り迎えに来るようになった。絵描きでね。かなりの男前。いまで言うイケメンさ。ここだけの話、この前、ハルを見たときはゾッとしたね。若い頃の一馬そっくりで。笑った顔なんてもう生き写し。まぁ、とにかく青いセーターなんか着て光一郎の手を引き、トボトボ歩いていく後ろ姿を見送っていると、きゅーっと胸が締め付けられる。なんとか助けになれないかと思うようになってさ」

　阿紗もコーヒーを口にした。苦みが広がる。

「今にして思えば、愛情よりも同情のほうが勝っていた。向こうも、あたしじゃなくて、修道服姿のシスター見習いに魅かれたんじゃないかね。禁忌は、これ以上はない恋のスパイスだから。そういや、あんたシスターの手を見たことがあるか」

シスターは昔、通学路で何度か見かけたが、手にまで注目したことはなかった。

「ないです」

「お試し期間が終わって、生涯シスターとして生きていくって終生誓願《せいがん》をたてたシスターはみんな左手の薬指に銀の指輪をしている。イエズス・キリストと結婚したって意味だね。だけど、若かったあたしは、キリストよりも、一馬に夢中になっちまった。一生、この人に尽くしたいと思った。『毎日、きみを描きたい。ずっとそばにいてくれ』なんて言われて舞い上がっちゃった。自分の人生はこの人がいて光一郎がいて初めて完成するとすら思ったね。で、つまずいて修道女の生活から逃げ出した。若気の至りもここに極めりってとこだね」

　残ったパンで皿のケチャップやキャベツをさらえながら話を続ける。

「一度決めたことを途中で投げ出したんだ。親も親戚も、いい顔はしなかったね。あっちは二度目で子連れだし、こっちはドロップアウト。嫁入り道具といえば、母のお古のミシンだけ。それでもいい、自分は今がいちばん幸せだと思えた。一馬に絵を習ったりしてさ、『きみはセンスがある』なんておだてられて、お互いの顔を描いたりして。実際、あたしは絵がうまかった。だから、余計に一馬に会って新しい世界が開けたと思ったね。でも、そんな生活は長くは続かなかった。別にあたしが発見した真理でもなんでもないが、結婚はゴールじゃない。蜜月期間の終わりの始まり。すぐに果てしなく続く現実の暮らしにうんざりし始めた」

八重は腕を組んだ。女主人がコーヒーポット片手にやってきて、空になった八重のカップにおかわりのコーヒーを注ぐ。

「とにかく金がなかった。一馬は芸術家気どりで生活のための絵は描かない。『降りてきた』ときだけ、キャンバスに向かう。最大のパトロンは前妻の両親だったが、あたしと籍を入れてからは疎遠になって、家計は火の車。働かない亭主の尻を叩いて主夫に仕立て、こっちはがむしゃらに働いたよ。夫婦だからそれが当たり前だと思ってね」

「なんの仕事をしたんですか」

「保険の外交。これが儲かってね。あたしの前世は日本にキリスト教を広めた宣教師じゃないかってくらい」

「……宣教師ですか」

八重は頷いた。

「保険なんて安心教みたいなもんだ。ホントのところ、安心は金じゃ買えない。ビジネスと割り切って、この保険に入ったらどれだけ安定した暮らしができるか、健やかな老後が送れるか、この無愛想なあたしが滔々《とうとう》と語る。そのギャップが受けたのかね。面白いほど契約がとれて、あっという間にトップセールスレディになった。本社から表彰されたこともある。そうそう、あんたが作ってくれた棚。あそこに唐子の取っ手のついた小物入れを飾ってあるだろう」

八重が処分しようか迷っていたボンボニエールだ。

「ええ」

「あんたに『大事な物を入れたら？』って言われて、あの中に指輪を入れた。小指の爪くらいのアメジスト。本社から表彰されたときに貰ったんだ。結婚指輪なんて捨てちまったけど、チェストの底で見つけたとき、これは取っておいてもいいと思ってね。過去を懐かしむ趣味なんてないが、あたしが歯を食いしばって生きてきた時代の証。身を粉にして、とにかく稼いだ。稼げるだけ稼いだ。だけど――」

タバコに火をつけた。

「金っていうのは曲者で、あったらあったで厄介だ。安心も買えないし、幸せの担保にはならない。あたしが稼げば稼ぐほど、一馬は、どうせ俺はごくつぶしだ、髪結いの亭主だとイジけはじめた。機嫌をとればとったでつけあがって、人が稼いだ金で遊びまくる。そのうち、芸術には恋愛が必要だとかなんとか言って、公然と女遊びもするようになった。あたしらのいびつな関係を見ながら育った光一郎は、あいつなりに思うところがあったんだろう。暗い目をした青年になっちまったね。食いっぱぐれのない公務員になって、ハルをひと一倍厳しく育てたのは、父親への面当てか、あたしへの反発か。今となってはわからない」

　八重は行き詰まった結婚生活を早口で振り返る。早送りにしなければ、語れないほどしんどい期間だったのかもしれない。

「まぁ、そんなわけで、いろいろあって、あたしは思った。芸術家の妻だから、継母だから、一家の稼ぎ頭だから……って自分を縛るのはもうやめよう。これからは自分の人生を生きてやるって。これ以上、耐え忍ぶとぶっ壊れるってとこまで我慢したから、自分の思いのままに生きてみたかったんだよ」

「だから、だんなさんと別れたんですか」

「ああ。昔は嫁に行くことを永久就職といった。でも、永久に山根の家に縛られるのなんてまっぴらだと思った。五十五歳の早期退職を勝手に設定して、縁を切った。当時、一馬には小金をもった彼女がいた。だから、そっちでうまくやってくれと思った。金はたっぷりある。残りの人生は、誰にも邪魔されず、自由に生きようと思ってこの街に来た」

　八重はタバコをひと口吸った。たちのぼる煙の行方を目で追っている。

「とにかく何にもしたくなかった。働かず、掃除もせず、我慢もせずで、好きなもん買って好き放題に過ごしていた。最初のうちは悪くはない、と思った。だけど、そういう生活も慣れてくると、ありがたみは感じなくなる。気がつけば、部屋はあの有り様。どっから手をつけていいのかわからない。あんたのおかげで、ずいぶんと暮らしやすい部屋になったがね」

八重の視線が阿紗のナポリタンの皿に注がれた。

「なんだよ、全然食べてないじゃないか。さっさと食べな」

「そうですね。食べるの、忘れてました」

ナポリタンをフォークにまきつける。固くなった麺はなかなかほぐれない。

八重は阿紗の不器用な手もとから視線を離さない。


ドアを引くと、ベルがカランと鳴った。

昨日、木枯らし一号が吹いたと天気予報で言っていた。舗道には黄金色の絨毯が敷き詰められている。

「ようやく寒くなりましたね」

阿紗はダウンジャケットのポケットに手を入れた。

「そうかね」

八重はイチョウ色のマフラーをまきながら言った。

「たしかに朝晩は冷える。昼間も寒いときは寒い。でも、風がやむと、そうでもない。きょうだって、こうして歩いていると、コートもいらないくらいだ。昔の冬はこんなもんじゃなかった。十二月ともなれば——」

また、十八番の話が始まった。

「ほんと、ソ連に生まれなくてよかったよ」

「そうですね、日本に生まれてきてよかった。……でも、できるなら別の家に生まれたかったかな」

黄金色の絨毯をしゃりしゃりと踏みながら言った。

「八重さん……。もしかして、あたしのこと知りたいですか」

「別に」

「……ですよね」

不自由な人生を送ってきた人間は、他人の領域にむやみに踏み込まない。自分の過去を明かしたのだから、こちらのことも教えろなどと要求してこない。

「だけど」

「だけど？」

「もしも、ひとりで抱えているのがしんどいんなら、話しな」

「別に」

「……だろうな」

「だけど」

「なんだよ？」

「うまく言えないんだけど、あたしは大きなものを捨てたんです。後悔はしていません。でも、捨てたあとの穴からときどき隙間風が入ってくるんです」

同じ歩幅で角を曲がる。

「だから、なんだってことでもないんですけどね」

「穴は穴さ。小手先のもんで埋めないほうがいい。いつかピタッとした穴塞ぎが見つかるかもしれないし」

風が吹いてきた。舗道に散ったイチョウがくるくる渦を巻き舞い上がる。ダンスに促されるように木々が揺れ、ハート形の葉がきらきらと降ってくる。

初冬のフィナーレ。

一瞬、足が止まりそうになった。

黄金色の葉が舞う中、男が歩いていく。

広い肩、スタンスミス。見覚えのある後ろ姿。

佐々木が大股で前を歩いていく。

同じ町の同じマンションに住んでいるのだ。ありふれた偶然だ。だが、自分には代えがたい機会だ。

自分の思いのままに生きてみたかったんだよ。

八重の言葉が頭の中で繰り返される。

もう胸の高まりをおさえない。一歩でも近づきたい、少しでも長くその姿を見ていたい。

一方通行だとわかっていても。

大きく踏み出した。足の裏に違和感を覚える。スニーカーの下で硬い殻がつぶれた。歩みを止める。

「なんだい？」

八重がこちらを見た。

「銀杏の実、踏んじゃったみたいです」

「気をつけな。大事な贈り物だよ」

佐々木の後ろ姿が遠ざかっていく。

「誰からの？」

「天からの」

八重は空を仰いだ。

黄金色の葉がはらはらと舞ってくる。

洗剤をつけたスポンジで洗面ボウルの内側をくるくると円を描くようにこすっていく。

かれこれ三十分ばかり、八重の家のバスルームの掃除をしている。

この家に出入りするようになってから、気がついたときに軽く洗面台を拭くようにはしてきたが、うろこ状になった水垢や黒カビがところどころにこびりついている。

浮き出てきた汚れで黒ずんだ細かな泡が排水口へとしたたり落ちる。蛇口のステンレス部分も同じ要領で洗っていく。根元付近にこびりついた白っぽいカルキ汚れがなかなか落ちない。めげずにこする。無香料の洗剤に混ぜておいたハッカの香りがバスルームに満ちていく。

母からこのマンションの三部屋を譲り受けたとき、空室だった８０４号室に住むべきかどうか迷った。

もとは心を許せぬ父の持ち部屋に平気で移り住むという図太さが我ながら嫌だったし、ひとり暮らしで45平米は分不相応な気もした。

一方でゴミだらけの六畳間に籠らされていたせいで、広い場所への憧れがあった。何より、この洗面台と浴槽とトイレが一体となった白タイルの空間が気に入った。大きく縦長のバスタブではのびのびと身体を伸ばすことができる、同じ長さの棚と鏡がついた洗面台は、脱衣所も兼ねている。バスとトイレは別であることを希望する人は多いが、ここならゆとりがあるので一緒でも気にならない。内見のとき、湯も入っていないバスタブの中で身体を伸ばした。求めていたのはこの感じ。やはりここに住もうと決めた。

スポンジを水ですすぎ、洗面ボウルの内側をなで洗いし、水を流す。しつこく残っていた水垢が洗い落とされる。汚れ固まってしまった日々の疲れも哀しみも一緒に流されていくような気がしてくる。

掃除も入浴も新しい自分になれるから好きだ。光を取り戻した洗面ボウルをから拭きしながら、手つかずになっている吊り戸棚を見上げた。阿紗の家ではここには予備のタオルが数枚入っている。だが、八重は、扉があればとりあえずなんでもぎゅうぎゅう詰めに押し込む。この期に及んでネズミが落ちてくることはないだろうが。

取っ手をつかみかけて、今さらのように気がついた。

この吊り戸棚は位置が高すぎる。阿紗が手を伸ばしてやっと届く。数センチ低い身長の八重は背伸びしないと届かない。中の物もすべて見渡すことはできない。その不安定な状態でドライヤーやら手鏡やらを詰め込んでいるとしたら、扉を開けた途端、落下してくる。それが頭や肩を直撃したら……。

ただでさえバスルームは危険な場所だ。

独り暮らしだった祖母は、濡れた床で転倒し、腰の骨を折った。それが原因で寝たきりになり、認知能力が著しく低下した。母からその事実を聞いたとき、祖母はすでに介護施設に入っていた。面会に行っても阿紗が誰なのかさえわからなかった。

「風呂場のさ、トイレと浴槽の間に空間があるだろ。あそこにもうひとつドアがあればいいのに」

数日前に八重が言った。

どうしてドアが必要なのかと聞くと八重はニッと笑った。

「決まってんだろ。ドアの向こうはあんたの家。風呂から出たらあんたのリビングに直行するんだよ。そこで茶を淹れてもらう。夏は麦茶。冬はほうじ茶。風呂上がりの一杯はうまいからね」

一ヶ月前なら冗談でも笑えなかった。だが、今は八重に同感だ。

阿紗は八重の言っていた場所を見つめた。ここにドアがあって、ふたりの家を行き来できたらどんなに安心か。

とにかく、このバスルームには踏み台が必要だ。

一週間ほど前に駅前のビルの二階にオープンした百円ショップが頭をよぎった。阿紗が家で使っている踏み台も隣町の同系列の店で見つけたものだ。百円ショップの中では高額の４００円。折り畳み式で収納も楽だ。

バスルームから出て、リビングにいる八重に声をかけた。

「八重さん、ちょっと出かけてきます。すぐに戻ってきますから」

「ああ、いっといで」

ここ数日、拭き掃除にハマっている八重は、キッチンとの境にある壁と格闘している。横顔のまま阿紗を見送った。

平日だというのにオープンしたての百円ショップは混んでいる。元は書店があったところで間口は狭いが奥行きは広く、ウナギの寝床のような造りになっている。

初めて来た店なので勝手がわからない。どこに何があるのか。キッチン雑貨、衛生用品、化粧品……天井からぶら下がった商品カテゴリーのピンクの札と棚を見比べながら、進んでいく。

隣町の店で、踏み台はどのカテゴリーに置かれていたか、随分昔に買ったので思い出せない。とりあえず一番奥の「インテリア」と書かれた札の下をのぞいてみたがない。隣の「掃除」の棚にもない。

じゃあ「収納」のところか。左奥の棚を上から下まで見る。案の定、ない。念のため、下から上に視線を走らせる。あった。一番上の棚の端っこに水色のがひとつ、茶色いのがふたつ、折りたたんだ状態で立てかけてある。

これでは見落とす人も多いだろうに。手を伸ばした。棚にはかろうじて届くが、踏み台までは届かない。背伸びした。もう少しなのに、届かない。踏み台を必要とする人の多くは、背がそれほど高くないはずなのに、この配置は明らかにおかしい。店員に言ってみようか。

その前にもう一度だけ。爪先立ちになった。手を伸ばせるだけ伸ばす。なんとか届きそうと思ったとき、背後から手が伸びてきて、阿紗が手にしようとしていた水色の踏み台をつかんだ。

「どうぞ。これが欲しかったんでしょ」

隣に来た佐々木が踏み台を差し出してきた。よくもそんな笑顔で。

首を横に振り、踵を返した。

顔が熱い。怒りと戸惑いと、認めたくないかすかな喜びがないまぜになって湧き上がってくる。

「ちょっと待って」

早足で出入口に向かう。

こちらが笑顔で踏み台を受け取れば、また「捨て置けなかった」とでも言うつもりだろうか。

ふざけるな。人の心をどこまで弄ぶ気か。

「夏野さん」

佐々木が追ってくる。

阿紗はエスカレーターを駆け下りる。

ギンコォの帰り、後ろ姿を見たときは追いかけたかった。でも、今は違う。妻子がいるのに、あんな眩しい笑顔で寄ってくる男はロクなものではない。絶対にこれ以上、かかわってはいけない。

佐々木がエスカレーターを下りてくる。

逃げなければ。

エスカレーターが地面につくまで待てない。三段飛ばしして着地し、その勢いのまま自動ドアをくぐる。

ちらりと後ろを振り返る。まだ追いかけてくる。家とは反対方向に向かって走った。パリパリとイチョウの葉がちぎれていく。

「夏野さん」

佐々木の声がする。

「待ってください」

後ろから腕をつかまれた。

逃げきれなかった。

やはり男の足の速さにはかなわない。二の腕から伝わってくるこの骨ばった長い指の感触にも。

阿紗は立ち止まった。

「どうして僕を避けるんですか」

好きだからだ。

「そっちこそ、どうしてあたしに近寄ってくるんですか。お願いです。手を離してください。痛いんです」

気づけば、駅の最寄りのコンビニの近くまで走っていた。この男は五十メートル以上も自分を追いかけてきた。

「すみません、つい」

佐々木が慌てて手を離した。

「走るの、速いんですね」

呼吸を整えながら佐々木は言葉を継いだ。

何度も頭で思い返していたのと同じ顔がそこにある。

「中学のとき陸上部にスカウトされました。入らなかったけど——」

いったい何の話をしているのか。

「道理で足取りが軽やかだと思った。あの……」

佐々木は阿紗と肩を並べた。

「よければ少し一緒に歩きませんか」

「少しなら……」

阿紗は佐々木を見ずに頷いた。

どうして、こうも簡単に佐々木を受け入れてしまうのだろう。どうして、ちゃんと逃げきれないのだろう。

イチョウ並木はあと十数メートル続く。途切れたら、そこで別れよう。黄金色のカーペットの上に映る淡い影法師を見ながら自分に言い聞かせる。もう二度とこの影を追わない。

ゆっくりと一歩を踏み出す。右の頬に視線を感じる。

そういえば……。

今さらのように気がついた。掃除の途中に思いつきで買い物にきたので、すっぴんだった。眉毛もロクに描いていない。

空には雲ひとつなく、わずかに灰色がかった青が広がっている。八重だったら「日本も東南アジアみたいな気候になったねぇ」と言う暖かさだ。

ずっと思い描いていた。ほどよく青い空の下、黄金色のカーペットを佐々木と一緒に歩く自分を。だが、いざその瞬間を迎えたと思ったら……。髪は乱れ、眉毛はボサボサ、頬のシミもほうれい線も唇のカサつきも目立つ。毛玉のついたボアのアウターによれよれのスウェットパンツ。

いや、しかし。

一方通行の想いに終止符を打つにはぴったりの惨めさかもしれない。

「きょうは会えてよかった」

「え？」

思わず隣を見た。佐々木は足もとのイチョウの葉を踏みつぶさないように用心深く歩を進めている。

「できれば、イチョウがきれいなうちに一緒に散歩したいなぁと思っていたんです」

照れたように下を向く。

伏せた瞼を縁取るまつげが長い。

「やめてください」

思わず声を荒らげていた。

「何を？」

黒目がちの一重瞼が阿紗の顔をのぞき込む。

「その気もないくせに。そんな思わせぶりなこと言わないでください」

佐々木が立ち止まった。

「思わせぶりなんて……。ひどいな」

阿紗も歩みを止める。

「ひどいのはそっちです。こんな薄汚いおばさんをからかって。何が楽しいんですか」

佐々木は肩で大きく息をした。

「誰が薄汚いおばさんなんですか。僕が何かしましたか？　僕を見るなり逃げ出したり、突然つっかかってきたり。いったい何があったんですか？」

答えを見つけるかのように阿紗の目の奥をのぞき込む。

騙されてはいけない、この澄んだ光に。

「あたし見たんです。佐々木さんがベビーカーを押す奥さんと一緒に歩いているところ――」

「奥さん？」

佐々木は一瞬、首を傾げた。

わずかな間のあと、「あーあ」と言った。

「それって三週間くらい前のことでしょう」

阿紗は頷いた。そして見届けようと思った。このあと、この男がどんな申し開きをするつもりか。

「奥さんじゃありませんよ。あれ、妹と姪っ子です」

嘘だ……。嘘に決まっている。

佐々木の唇がへの字に曲がった。

「やだな。そんな目で見ないでください。僕、そんなに信用されてないんですか。ユキミは正真正銘の妹ですよ。名古屋に住んでいたんだけど、九月にダンナの異動で横浜に来たんです。で、近くの水族館まで来たついでに久しぶりに顔をあわせたんです」

佐々木の妻と思い込んでいた女の姿が蘇る。すらりとした姿態や涼しげな目もとは言われてみれば佐々木に似ている。

「ごめんなさい。あたしったら早合点して……」

せっかく拾った恋を諦めかけていた。

「正直ちょっと驚きましたけどね――」

ため息をひとつついて佐々木は笑った。

「でも、勘違いして不機嫌になってくれたのはちょっと嬉しい」

「そんな……」

思わず俯いた。

12

シャワーからしたたり落ちる水滴が背中を濡らした。阿紗は湯船の中で思い切り脚を伸ばした。

ラベンダーが香る湯が揺れる。

脇に置いたボディソープのポンプを繰り返し押す。左の掌で作った皿にホイップクリームのような泡が盛られていく。その半分を右手に移し、顔につける。そのまましばらく目を閉じる。

入浴剤とボディソープが入り混じった青い香りがバスルームを満たす。

ほんの三十分前に佐々木との食事を終えて戻ってきたばかりだった。

阿紗は両手で湯を掬《すく》う。

掬ったまま考える。

自分は今、何を洗い流したいのだろうか。

右の頬あたりにかすかに残る甘苦い移り香か。シミ隠しのために塗り込んだファンデーションの残滓《ざんし》か。何がひっかかっているのか、わからない。でも、今の自分に違和感を覚えている。なにもかも洗い流して、新しい自分になりたい。

掬った湯が指の間から湯船に落ちていく。

百円ショップで佐々木と再会してから二週間が経った。

字こそ違うが、名前はゴルゴの本名と同じ、恭介《きょうすけ》。長野出身のフリーランスのウェブデザイナーで三十七歳。この十年は誰ともつきあっていない……。問わず語りに教えてくれたこと以外はよく知らない。

つきあいは始まったばかりなのに、自分でも驚くほどに醒《さ》めている。あれほど焦がれたものが、あっけなく手に入ってしまったからか、それとも幸せな状態に自分が慣れていないだけなのか。

捨て置けない。初めて会った日にそう言われ、心をつかまれた。淋しい秋風のせいか、散り始めたイチョウの葉のいたずらか。あの言葉が心の隙間にぴたっとはまった。だが、なぜあれほどまでにあの言葉に魅かれたのかわからない。

さっきまで一緒だった佐々木はとても紳士的だった。なくなると思う前にワインをついでくれ、一枚一枚丁寧にハラミやカルビを焼いては、皿によそってくれる。阿紗が何かしようとすると、手で制された。

「アサさんは何もしなくていいよ」

なぜかと問うと、佐々木は笑顔で答えた。

「アサさんを見てると、放っておけないんだ。これまでひとりで一生懸命生きてきて、健気っていうのかな。何かしてあげずにはいられない」

八重が聞いたら、「きれいごと、抜かすな」と鼻を鳴らすところだ。

阿紗もふんっと鳴らしたかった。

顔にのせた泡がぽたぽたと湯船に流れ落ちていく。

両手で湯を掬い、顔をゆすぐ。

贅沢なのかもしれない。想いが通じて調子に乗っているのかもしれない。だが、自分が欲しかったのは同情ではない。もっとシンプルな情愛だ。

一瞬の淋しさを紛らわしたくて佐々木の言葉にすがった自分を少し後悔している。

ぴしゃぴしゃと湯が揺れる音に紛れて、動物の鳴き声が聞こえてきた。

どこかで犬を飼い始めたのか。

もう一度湯を掬う。

湯がまた揺れる。

また鳴いた。

犬じゃない。

ぎゃんぎゃんとさっきよりも大きく響く。

──ヨハネはね、めったなことじゃ鳴かないんだ。

鳴き声に混じって、八重の声が聞こえたような気がした。

阿紗はバスタブから飛び出た。

ぎゃんぎゃん

鳴いているのはヨハネだ。

洗面台の上からバスタオルをとり身体に巻きつけ家を出た。

ぎゃん

ぎゃん
ぎゃん
ドアの外からも聞こえる。

ドアノブを引く。

鍵はかかってなかった。

はだしのまま寝室に行く。

止まり木から降りて鳴き叫ぶヨハネの足もとに八重がうつ伏せに倒れていた。

「八重さん！」

「しっかりして」

昨日、一緒に食事したときはぴんぴんしていたのに。

意味がわからない。

「八重さん」

ライトグレーのワンピースを着た八重の背中に水滴が落ちる。頰を涙がつたう。黒い水玉が増えていく。

だらりと伸ばした手の先に皿とピンクマウスが何匹か転がっている。八重は、ヨハネの生きる糧、ピンクマウスをつかんだままだ。

「ううっ」

かすかなうなり声をあげた。

「わ、れる……あ」

八重の頭の中で今、大変なことが起きている。身体を揺さぶってはいけない。

救急車。

一刻も早く。

阿紗は立ち上がった。バスタオルがはらりと落ちた。

「ううっ」

八重が唸り続けている。

スマホがある自分の家へ、まっ裸で駆けていく。

13

道端で涙を流したのは何年ぶりだろう。

自分でもあんなことになるなんて思いもしなかった。道行く人は、四十女の号泣を怪訝な目で見て通り過ぎていった。

でもいい。他人にどう見られようが。

溢れ出る涙は心の石鹼だ。イチョウの木の下で泣けたせいで、心が軽くなった。

部屋に戻った阿紗は、掃き出し窓の横に立った。

八重の部屋から移してきた2×4材の棚の二段目には思い出の品を並べている。八重の写真、額に入れた二枚のポートレート、唐子の取っ手のついたボンボニエール、そしてもらった手紙……。

「八重さん、今戻りました」

木枠のフレームの中でタバコを手にした八重がこちらを見ている。阿紗は空から降ってきた銀杏と買ってきた絵本をその傍らに置いた。

三年前のイチョウの季節に、八重は脳こうそくで倒れた。ヨハネが知らせてくれたおかげですぐに病院に運ばれ、命を取りとめた。

二週間の入院を経て、家に戻り、これまで通り、散歩をし、これまで以上に部屋の物を減らし、ときどき子供たちに絵本を読んだりして暮らした。

穏やかな日々がずっと続くと思っていた。

だが、イチョウが色づき始めた一昨年の十一月、二度目の発作が起きた。散歩から帰ってきて、「じゃあまた」と手を振った瞬間に倒れ病院へ運ばれた。そのまま意識は戻らなかった。

佐々木とは、しばらくつかず離れずの関係を続けていたが、徐々に離れている時間が増え、自然消滅した。結局のところ、同情と愛情は違う。佐々木が好きだったのは、阿紗ではなかった。可哀想な女に手を差しのべる自分自身だった。努力はしてみたが、佐々木の自己愛を共有することはできなかった。

阿紗は手紙を手にした。口の悪さとは裏腹の、丸みのある柔らかい文字で「阿紗さんへ」と書かれている。

八重が亡くなったときに一度読んだきりだ。

罫線のないグレーの便箋に文字が詰まっている。

この二年間何度か読もうとしたことはあったが、読めなかった。でも、今なら読み返せる。八重が自分に何を遺してくれたのか、理解できるような気がする。

＊　＊　＊

前略……なんて改まった言葉で書き出しちまったけど、実のところ、何を書こうか迷っている。

なんたって、あんたがこれを読むとき、あたしはこの世にいないわけだからね。最初で最後のメッセージだ。

あたしは一ヶ月前に退院したところだ。

部屋で倒れたときのことはほとんど覚えていない。

ヨハネにおやつをやろうとしたら、急に誰かに頭をかち割られたんじゃないかってくらい痛くなった。ヨハネがぎゃんぎゃん鳴いていた。そこへあんたがやってきた。「八重さん、しっかり」そんな声と一緒にポタポタしずくが落ちてきた。雨漏り？　まさか涙？　そこで記憶が途切れている。

病院に運ばれて、三日三晩あたしは眠り続けた。

今だから言えるけど、寝ている間、あんたの夢を何回も見たよ。

夢の中でヨハネを連れて散歩しているんだ。何を話すわけじゃない。ただ歩いていく。ひたすら歩いていると、枯れていたイチョウに芽が出て青々した葉っぱが茂って、黄色くなったと思ったら、突然ハラハラ落ちてくる。

「悪くない景色だね」

　隣を見ると、あんたがいない。腕に止まっていたヨハネもいない。

　なぜか修道服を着て教会の中にいる。

　父と子と精霊のみなによりてアーメンとか言って十字をきっている。

　誰が歌ってるんだか、讃美歌まで聞こえる。

　もしや祭壇の先に三途の川でもあるんじゃないかと思ったら、傍らに小さなハルがいる。ガキのくせにスマホをいじっている。

「目が悪くなっても知らないよ」

「だって、ばあちゃんのテーブル捜してるんだもん」

「捜さなくたっていいだろ、ここにあたしはいる」

「いないよ、どこにも」

「バカだね、じゃあんたは今、誰と話しているんだ」

「阿紗さんと話している」

　どうも会話がかみあわない。やっぱり、これは夢なのか。頭がまっ白になり気づくと、また別の場所に行く。

　そんなことの繰り返しだったよ。

　だけど、どこへ行っても、あんたやヨハネやハルがいて、退屈はしなかった。

あたしは、フロイトもユングも読まない。だから、夢のメカニズムなんてわからない。でも、あんなに夢の中に出てきたってことは、きっとあんたなりにあたしの容態を心配してくれていたんじゃないかって勝手に思っている。

そんなこんなで、あんたにはほんとうに世話になった。死ぬまでに一回くらいは直接、礼を言いたいと思っているけど、言えるかどうか。

ダメだね。この前、頭やられて、働きもだいぶ緩くなってきたのか、言いたいことがまとまらない。

とりあえず、忘れないうちに言っておく。

この一ヶ月の間、しつこいくらい物入れやチェストの中の仕分けをしていらないもんは処分した。もしも明日、あたしがくたばっても、後片づけは簡単なはずだ。

部屋の後始末と遺産に関するあれこれはハルにまかせる。あたしを捜し出した罰に面倒な手続きを、ときどき顔を見せてくれた褒美にあたしが稼いだ金をすべてくれてやる。で、あんたには何を遺そうか。あたしなりに考えた。

なかなかいい案が浮かばなかったが、一昨日、ひらめいたんだ。

いつだったか、あんたは言ったね。

「いつかあたしのポートレートも描いてくれますか」

だから、描いてみた。あんたが掃除しているときの顔だ。

知ってたかい？　あんたはいつもこんな顔して壁や床を磨いていた。何かに立ち向かうみたいな真剣なまなざしで。必死に汚れを取っていた。あたしの瞼の奥に焼き付いているいちばんいい顔だよ。

話があっちこっちに飛ぶが気にしないでおくれ。

ときどき考えることがあるんだ。なんであたしは、あんなゴミ部屋で長らく暮らしていたのかって。

あたしは自堕落であることと自由であることをはき違えていた。

ずっと不自由な暮らしを強いられてきたからね。欲しいもん買って、寝たいときに寝て、食べたいときに食べる。片づけなんて面倒くさいことはしない。そんな生活に憧れていた。最初はよかった。でも、すぐに嫌気がさしていた。それを断ち切る気力もなかった。

部屋は頭ん中と似ている。あの頃のあたしの頭ん中は部屋と同じくらいぐちゃぐちゃで、これが自分の望んでいた生活なのか、考える隙間もなかった。物がないと不安だから買い物だけはやたらとする。それ以外は、何もする気が起きなくて、いつもイライラしていた。

そんなときにあんたに出会った。

あんたがこの部屋に大量のポリ袋を不機嫌な顔で持ってきた日のことは今でも覚えている。「これはゴミでいいんですよね」。そこいらに散らばってるもんを、すごい形相でゴミ袋の中に詰め込んでいたね。

随分、ピリピリしてたから、ついこっちも無愛想にしちまったが、ホントは有難かった。

最初はね、あんたは「捨てる神」なんだと思ってた。

でも、部屋が片づいてくる中で気がついた。あんたは、度が過ぎた物欲といらぬ不安で買い漁った物を捨て、本当に大事なものだけを「拾う神」なんだって。

片づけをしてると、不必要なもんは捨てざるをえない。そうすると、溢れる物の中で暮らしていた人間は不安になるんだ。これを捨てると生活できるのか、明日、天災が起きて捨てたことを後悔するんじゃないかって。でも、思い切って捨て去ると、見えなかったものが見えてくる。そうして、ゼロから出発した頃の気持ちに戻れる、清々しいくらい自由になれる。

いつだったか、あんたは言ったね。自分は大きなものを捨てた。後悔はしてないが、捨てたあとの穴からときどき隙間風が入ってくるって。

大きなものを捨てたとき、誰もがかすかな淋しさを感じるんじゃないかね。だけど心の中を吹き抜けていくその冷たい風はマイナスばかりじゃない。次に自分が何を拾えばいいのか、その方向へ導いてくれる。

あたしはあと何年生きられるのか、わからない。でも、捨てる神さまに教えてもらいながら、老後の宿題はクリアできた。おかげで、身軽になれた。

終活ってのはさ、身辺整理じゃないんだよ。身のまわりのもんをどんどん仕分けして、この人生で得たいちばんの収穫を見つけることだ。あたしはばっちり終活をすませたからね。いつなんどきでもすっきり天国へ（地獄にだって）逝ける。最後に残った大切なものの思い出を胸に抱いて旅立つつもりさ。

その昔、あたしは一生神に仕えて生きていこうと誓った。

しばらくして、山根一馬という男に仕えて生きていこうと思い直した。

でも、どちらも自分の生き方じゃなかった。

人生も終盤にさしかかってようやくそのことに気がついた。そうして共に歩める人間を見つけた。

つっけんどんなもの言い、あたしを見る冷たい目、繰り返しつくため息……そいつを護っていた硬い殻のせいで最初は気づかなかった。だけど、だんだんとその奥に潜んでいるものが見えてきた。そうして気がつけば、そいつもありのままの姿でありのままのあたしに接してくれた。

そいつが誰かは、いくらもの知らずのあんたでもわかるよね。

つらつらと文字を連ねながら気がついたよ。

手紙も片づけと似ている。頭の中のぐちゃぐちゃを言葉にしていくことで、いちばん大事なことが見えてくる。

あたしが遺せるものは、このポートレートとたったひとつの言葉。

阿紗さん、拾ってくれてありがとう。

十一月吉日

五百井八重

＊＊＊

遺書を畳んで封筒に戻し、棚の上に戻した。

八重らしい手紙。

でも、ひとつだけ間違っている。自分は拾う神さまなんかじゃない。積もり積もった不満や過去の忌々しい記憶の中でぎすぎすしていた心の角を削り、かすかに残っていた柔らかな部分を拾い出してくれたのは八重のほうだ。

「そうでしょう」

傍らの止まり木の上のヨハネが静かに羽ばたきをした。

同意のしぐさではない。腹が減ったという合図だ。

「おやつの時間だね」

キッチンに行き、シンクの上にある青い皿のラップを取る。散歩に出る前に冷蔵庫から出して常温に戻しておいたピンクマウスが二匹。人肌の温度になったか確かめる。

ヨハネを家に引き取ってから二年。いまだに餌を準備するときは手が強ばるが、ピンクマウスの死体を見ても、動じなくなった。解凍したウズラのヒナにも料理ばさみをバキバキ入れる。そうして人は慣れていく。

でも、八重さん、あなたのいない日々には慣れない、慣れたくない。

止まり木スタンドの脇にある餌台に皿を置いた。

「はい、どうぞ」

ヨハネはピンクマウスの頭を淡々とついばむ。もっと美味しそうに食べればいいものを。ヨハネが飼い主に似たのか、飼い主がヨハネに似たのか。八重もいつも「ギンコォ」のミニホットドッグを淡々と食べていた。

もう一度、二枚のポートレートを見た。ペリットを吐く前に顔をしかめる幼いヨハネ。眼光鋭く拭き掃除をする阿紗の横顔。

八重はもういない。

でも、この部屋にこの街に、風、光、木々の中に、八重の魂はたしかに息づいている。

阿紗の中に溢れんばかりの思い出が詰まっている。絶対に捨てられない鮮やかな混沌。

こればかりは未整理のままでいい。

八重が亡くなってしばらくして、母から譲り受けた三部屋のうち、一部屋を手放した。

いらない物を片づけてほんとうにやりたいことが何かが見えてきた。

昨年、残した一部屋が空室になったので近所の子供たちのコミュニティスペース「ハコブネ」として開放した。

週五回そこで読み聞かせをし、手作りおやつを提供している。

「ここ来ると、帰りたくなくなるんだよね」

学校が終わると友達を引き連れやって来る流香によく言われる。

「本読んでもらってるとさ、あっ、今やえちゃんがいるって感じるときがあるよ」

きょうもハコブネに子供たちがやって来る。

棚に置いた銀杏に目をやった。この小さな塊の中に死と再生の物語が詰まっている。

阿紗は傍らの絵本を手に取った。

宮沢賢治の「いちょうの実」。

ページをめくった。

飛び込んできた文章に息が詰まりそうになる。

いちょうの実はみんな一度に目をさましました。
そしてドキッとしたのです。
きょうこそはたしかに旅立ちの日でした。

装丁　須田杏菜
装画　しらこ

越智月子（おち・つきこ）
一九六五年、福岡県生まれ。二〇〇六年に『きょうの私は、どうかしている』でデビュー。他に『モンスターU子の嘘』『女優A』『帰ってきたエンジェルス』『お願い離れて、少しだけ。』『不惑ガール』『咲ク・ララ・ファミリア』『恐ろしくきれいな爆弾』など。

片をつける

2021年3月15日　第1刷発行

著　者　越智月子
発行者　千葉 均
編　集　三枝美保
発行所　株式会社ポプラ社
〒一〇二-八五一九
東京都千代田区麹町四-二-六
一般書事業局ホームページ　www.webasta.jp
組版・校閲　株式会社鷗来堂
印刷・製本　中央精版印刷株式会社

この作品は書下ろしです。

N.D.C.913/215p/19cm ISBN978-4-591-16900-1
P8008323